名师名校名校长书系

缔造完美教育
——我们的探索与实践

赵万田　刘蕊 / 著

光明日报出版社

图书在版编目（CIP）数据

缔造完美教育：我们的探索与实践 / 赵万田，刘蕊著．
—北京：光明日报出版社，2016.2
ISBN 978-7-5194-0004-0

Ⅰ.①缔… Ⅱ.①赵… ②刘… Ⅲ.①高中—教育研究 Ⅳ.①G632.0

中国版本图书馆CIP数据核字（2016）第029610号

缔造完美教育：我们的探索与实践

著　　　者：赵万田　刘蕊	
责任编辑：靳鹤琼	封面设计：北京言之凿文化
责任校对：傅泉泽	责任印制：曹净

出版发行：光明日报出版社
地　　址：北京市东城区珠市口东大街5号，100062
电　　话：010-67022197（咨询），67078870（发行），67019571（邮购）
传　　真：010-67078227，67078255
网　　址：http://book.gmw.cn
E-mail：gmcbs@gmw.cn　　caoy@gmw.cn
法律顾问：北京德恒律师事务所龚柳方律师

印　　刷：北京市华审彩色印刷厂
装　　订：北京市华审彩色印刷厂
本书如有破损、缺页、装订错误，请与本社联系调换

开　　本：787×1092　1/16	
字　　数：256千字	印　　张：16
版　　次：2016年3月第1版	印　　次：2018年6月第2次印刷
书　　号：ISBN 978-7-5194-0004-0	
定　　价：36.00	

版权所有　翻印必究

序言

要把金针度与人

（代序）

从古代到当代，从西方国家到东方国家，从官方到民间，议论最多的，恐怕就是教育问题了。因为教育不仅关乎一个国家、一个民族、一个家庭、一个人的现在，还关乎未来。教育应该是人类文明最核心的构成部分之一，今天的文明成果，无一不是教育的藤上挂着的果实。我们还可以这样说，文明文化之根，滋养出了硕壮繁茂的教育。我们，都是这些果实的享用者；我们，都是这些树荫下的栖息者。同时，我们正在参与创造新的文明、文化和教育。我们每个人，无不担当着创造和创新的使命。《诗经》曰："周虽旧邦，其命维新。"人总归要在时间的流逝中慢慢成为"旧人"，可是我们肩头的使命却是新的，是重的。先贤有言，叮嘱我们："任重道远，死而后已。"

尽管古今中外谈教育者数不胜数，可是至今没有一种看法，足以囊括教育的所有秘密和本质，让人们一劳永逸地用来解决实际生活中遇到的教育问题。因为教育具有"当下性"——不同时代、不同地域、不同族群和不同的孩子，需要不同的教育。教育的千变万化，正好说明了人的千差万别。每一个国家，不论是发达国家还是发展中国家，不论是大国还是小国，肯定都会遇到不同的教育难题。就是不同的学校，不同的班级，都会因为各种因素的"叠加"而面临不同的教育难题。尽管教育的问题纷繁众多，各个不同，可是千千万万的不同里，也有少数的相同，人们叫这种相同为"规律"。

现在我们面对的就是这么一本想从教育的"不同"里提炼出"相同"的教育随笔集子——《缔造完美教育：我们的探索与实践》。缔造，是雄心，是希望，是信心，是恒心。探索，是辛勤的播种，是劳作，是培养。实践，是有把握的收获。探索或实践，都需要付出力量、汗水，都需要知识与智慧。

全书内容都来源于作者的教育教学实践，根据内容侧重点大体分为五部分：坚守课堂、高考复习、管理微探、培训心得、教育碎思。

管理微探是这部集子的精华之所在。这部分所收作品，有的谈论班主任工作，有的谈论课堂教学工作，有的谈论学生习惯养成问题。最应为读者关注不可不读的作品，当属作者谈论读书的篇章。在《改进我们的工作，须从读书开始》一文中说："读书不够，思想自然僵化；学习不足，改变自然艰难。目前，多数教师即便是读书，常常也只读三本书：课本、教学参考书和练习资料。这就是问题的关键！毋庸置疑，无论是我们身边的名优教师，还是成果卓著的教育名家，无不以读书为乐、学习为趣。""让我们自觉地将读书的使命担当起来，多读教育理论、多读人文科学，博览群书，在读书中行进、思考，让工作不再只是苦和累，让上课不再只有枯和烦，让课堂焕发生命活力，让教育燃烧生命激情。"在《阅读，让学校更美丽》中作者写道："在一所学校里，校长不读书，教师是不会读书的；教师不读书，学生也不会主动去读书。读书，应该是每一位校长的神圣使命，应该是每一位教师的庄严职责，应该是每一位学生的人生修炼，崇尚读书更应该成为我们每所学校的办学追求！"

培训心得是作者专业成长足迹的再现。我们完全有理由这么说：培训，那些震撼人心的、给我们以醍醐灌顶之感的培训，就是我们和智慧的相遇、和非凡心灵的相遇。就是那些普通的培训，也得自友爱，属于佛学所说的"善缘"。作为教师，我们可能都有过培训经历，可是很多时候，我们都是抱着应付的心态，因而我们与那些素昧平生来自远方和各自习俗里的聪慧心灵擦肩而过、失之交臂。那些落在我们心里的语言花朵，瞬息开放，随时掉落。我们没有给它们智慧的思想种子预备下肥沃的泥土，我们的听觉系统基本已经生锈了。可是这本书的每一篇文字，都是作者养出的一畦花木。我想，人的优秀正是这样在爱的引领下，接纳新思想，面对惊奇，彻底信赖，日复一日所成就的。诚如古人所说："泰山不让土壤，故能成其大；河海不择细流，故能就其深。"

元好问有两句诗："鸳鸯绣出从教看，莫把金针度与人。"鸳鸯绣出，凭君细看，可是绣出鸳鸯之金针，却是秘密，是不出世的宝贝。而赵万田、刘蕊两位教育实践者，反其道而行："要把金针度与人。"并且，这鸳鸯活灵活现，这金针光芒耀眼。

最后我要说，赵万田、刘蕊夫妇在华亭一中已经工作了二十多年，他们和历代华亭一中人一样深深热爱着这所学校。过去,他们和许多人一样为华亭一中付出了青春和汗水;现在,他们又和三千多名师生员工一起为华亭一中的发展而执着前行。相信他们和所有华亭一中人一样,脚步会越来越坚定,我更加相信,华亭一中在一代代勤劳淳朴的关山父老的呵护下,在一代代华亭一中人的共同努力下,人才辈出,精英荟萃,声望卓著。我们完全有理由相信,华亭一中必将在全体华亭一中人的呵护下到达众望所归的金色远方。

那里——水流汤汤,花草茫茫!

康文昊(作者系华亭县教育局局长)

2015 年 11 月 8 日

缔造幸福的教育人生

（自序）

　　屈指算来，我从事教育工作已有二十五个年头。想想自己过往的岁月，常常因自己在课堂上的口若悬河而陶醉，因学生渴望求知的眼神而兴奋，因给学生答疑解惑而满足，更因学生茅塞顿开会意的微笑而幸福……这种心灵的满足，常常使我对教育充满热望，满怀期待，陡生职业幸福感。

　　有人撰文把教师失去了职业幸福感的原因归为四点：职业压力大；信任与尊重危机；教师待遇；行动与心态。我认同笔者的上述观点，从某种意义上来说，偷走我们幸福的不是别人，正是我们自己——没有路可以通往幸福，幸福就是路本身。

　　有这样一个故事：一个上了年纪的木匠准备退休了，雇主看到他的好工人要走感到非常惋惜，便问他能不能再建一栋房子，就算是给他个人帮忙。木匠答应了，可随着时间的推移，显而易见木匠的心已不在工作上，不仅手艺退步，而且还偷工减料。完工后，雇主把房门的钥匙交给木匠。对他说："房子归你了，这是我送给你的礼物。"木匠很吃惊——要是知道是在为自己建房子，他做事的方式便会完全不同。我们也是一样，我们每天都在书写自己的人生，但是往往并没有竭尽全力，到后来也会吃惊地发现我们不得不住在自己建的房子里。如果我们可以重来，情形就会大不相同，但人生无法回头。

　　其实，我们每个人都是那个木匠。每天钉一颗钉子，放一块木板，砌一面墙，如果我们认真做好了每一件事，幸福常常会不期而至。

　　我始终认为教师的职业幸福感，更多的来自于我们每天所面对的课堂。我们常常有这样的体验，如果哪天我们的课上得很精彩，那我们这一天甚至好几天都感到很兴奋、很幸福，干什么事都觉得朝气蓬勃；反之，如果哪天我们的课上得不好，那么接下来的一整天甚至好几天都会觉得心情沮丧，干什么事都觉得兴趣全无。

如何创造幸福课堂呢？可能最重要的一点就是读书了。教育家朱永新说："你不读《论语》，不读陶行知，不读杜威，不读苏霍姆林斯基，恐怕很难成为教育家。"有人说，要成为优秀教师就必须拥有四根支柱：深厚的文化底蕴、高超的教育智慧、广阔的课程视野、崇高的职业境界，而这一切的得来都与读书密不可分。教师是一个永远需要学习的职业，阅读是教师专业成长的重要途径。事实上，在学校里，教师接触最多的，除了学生之外，便是书籍了。所以，教师要想快乐，就必须首先选择爱好读书。教师要想不做浅薄的教书匠，就必须从阅读开始；教师要变枯燥乏味的职业现状为活色生香、多姿多彩的职业生涯，更要从阅读开始。

做一个实践的思考者，思考的实践者，并用文字固定自己的成果。勤勤恳恳，埋头苦干，精神固然可嘉，但是如果只顾用苦力和蛮劲，不懂得动脑去思考问题，做事的效果自然也就不会尽如人意。荀子说："学而不思则罔。"我们可以仿一句："教而不思则困。"作为教师，应当经常动脑去思考工作中遇到的新情况、新问题，仔细分析并加以解决，同时应及时用文字记录下自己的所思、所想、所得，思考会变得更深刻，思想会变得更丰满。

基于以上认识，并在妻子的建议和督促下，就有了这本《缔造完美教育：我们的探索和实践》，一个我们孕育二十几年的"孩子"，分为"坚守课堂""高考复习""管理微探""培训心得""教育碎思"五个模块，虽然它还不够成熟，有些地方难免浅陋或失之偏颇，但它确是我们多年学习、思考和实践的结果。全国知名特级教师郑立平说："最容易诞生成果的领域，就是你每天都在从事的工作！"如果我们的书对你有些许的帮助或者启迪，那我们就倍感欣慰了。

谨为序。

2015 年 10 月 26 日

目录

第一辑　坚守课堂 …………………………………………… 1

如何在课堂教学中抓细节 ……………………………………… 2
让我们在课堂中体验职业幸福 ………………………………… 10
化学计算中建立等式的依据 …………………………………… 18
例谈化学解题中常用的假设方法 ……………………………… 23
一类试题的多种解法 …………………………………………… 27
"等效平衡问题"课时设计 …………………………………… 30
《原电池原理及其应用》教学设计案例（第一课时） ……… 33
封闭式有毒气体反应演示仪 …………………………………… 38
全封闭硫化氢和二氧化硫反应装置 …………………………… 41
氢氯、氢氧爆鸣实验装置 ……………………………………… 43
浅谈实验教学中提高学生化学素养的途径和方法 …………… 45
课堂有竟时，思考无止境 ……………………………………… 48
我的政治课"四环节教学法" ………………………………… 56
课堂提问应处理好几种关系 …………………………………… 59
《人的认识从何而来》（课堂实录） ………………………… 61
思想政治课开展课堂辩论的尝试 ……………………………… 69
优化教学模式　提高课堂效率 ………………………………… 75

第二辑 高考复习 …… 79

谨防掉入高考计算型选择题的陷阱 …… 80
浅析高考化学计算选择题的类型 …… 83
浅谈化学总复习的体会和做法 …… 86
高考复习是一个制造半成品的过程 …… 90
要在习题教学上花心思 …… 92
化学专题复习备课夹精选 …… 93
高考最后十天化学复习要点 …… 105
巧记化学知识四法 …… 109
以能力立意　显学科素质 …… 111
高考政治试题答题"三要""五化" …… 117
主次矛盾与矛盾主次方面 …… 120
政治知识的记忆方法 …… 122
抓住关键词语　巧解哲学试题 …… 124
夯实基础强素质　突出重点提能力 …… 130
巧抓关键词　破解审题难 …… 136

第三辑 管理微探 …… 143

改进我们的工作，须从读书开始 …… 144
阅读，让学校更美丽 …… 147
培养习惯　激发兴趣　教会方法　提升能力　打造生本高效课堂 …… 149
我校课堂教学现状分析及改进意见 …… 153
关于改进我校实验班教育教学工作的建议 …… 159
我校师生关系问卷调查报告 …… 163
做好班主任工作的几点体会 …… 168

中学生应该养成的十种学习习惯 …………………………171
精诚团结　激情投入 ……………………………………174
培育高考文化　提升复习效率 …………………………177
三说高考复习 ……………………………………………180
中学生不良学习习惯及矫正策略 ………………………183

第四辑　培训心得 …………………………………… 189

培训之后谈体会 …………………………………………190
赴平泉中学参观学习有感 ………………………………195
参加2006年高考备考培训会的体会和思考 ……………197
赴静宁一中参观学习体会 ………………………………200
体验　感悟　收获 ………………………………………203
感悟　启示　任务 ………………………………………208
赴银川、兰州考察新课程实验工作的几点体会与思考 …211
《普通高中思想政治课程标准》学习之我见 …………215
应对新课程高考的几点做法 ……………………………220
参加2013年甘肃省高考研讨会心得体会 ………………224
赴静宁一中学习感悟 ……………………………………227

第五辑　教育碎思 …………………………………… 231

表扬的功效 ………………………………………………232
一次早读的观察、思考和感悟 …………………………234
细微之处　异彩纷呈 ……………………………………236
教育也要坚持科学发展观 ………………………………239
牵手心灵的幸福 …………………………………………241

第一辑

坚守课堂

如何在课堂教学中抓细节
——2007年全县"两抓一促"教学工作会专题讲座

尊敬的各位教育同仁，大家下午好！为了全面贯彻落实"两抓一促"（抓过程、抓细节、促质量）工作思路，根据县教育局的安排，下面我就以"如何在课堂教学中抓细节"为题和大家一同交流探讨，以期对在座的各位同仁有所启发和帮助。

我从以下几个方面谈谈自己的体会和认识。

一、什么是课堂教学细节

所谓教学细节，就是教学中的细小环节。对一堂课而言，新课的导入、兴趣的激发、问题的设计、板书的展示、教师的体态；教学时间的把控、课堂指令的表达、典型习题的选择；对学困生的关注、对优秀生的点拨、对学生回答问题的评价……这些都属于课堂教学细节。同时，教学细节也可以是特定教学情境下的课堂生成，是课堂教学中教师教学行为、教学策略或者教学机智的灵光闪现，它可能是学生困难时的帮助、迷茫时的指点、失败时的鼓励、成功时的共享、出错时的包容……细节是看得见、听得到、摸得着的东西。

细节虽小，却能透射出教育的大理念、大智慧，成功的教学离不开精彩的教学细节。可以说，课堂正是因精彩的细节而成功，正是因拙劣的细节而失败。

教学细节是课堂质量的缩影，同时也集中体现了一位教师的教学智慧。

二、为什么要抓细节

"过程决定结果，细节决定成败。"海尔集团的精细化管理理念，打开了国内国际市场，赢得了良好的社会信誉，被誉为"海尔现象"，它的成功秘诀就在于"精和细"。他们的管理理念是"把一件简单的事情做好就是不简单，把一件平凡的事情做好就是不平凡"。

教学亦是如此，课堂教学的得失与成败，很大程度上也决定于教学中每个细节的落实，精彩的教学细节构成了经典的教学。课堂细节虽小，但它对促进学生的进步与成长却具有十分重要的意义和价值，关注教学细节，不仅关系到学生情绪的调动、兴趣的激发和知识的掌握，更关系到学生习惯的培养、方法的习得、思维的发展和素养的提高。但是反思我们目前的课堂教学，却有很多教学细节常常被我们所忽视。

关注教学细节就是要求我们关注教学过程中每个教学环节的设计，捕捉教学过程中生成性的问题；关注教学细节，就是关注学生的生活、知识、情感、体验和生命发展的过程，就是舒展智慧、落实理念、改变行为、提升教育品质的过程。关注教学细节，需要我们用新的教学理念去反思"过去"的教学细节，改造"惯常"的教学细节，创造崭新的教学细节。关注了教学中的细节，能让自己的教学更加合理、更加精确，更富有智慧。发现和关注细节，反映教师的睿智和思想；捕捉和利用细节，体现教师的实力和功力。

关注细节的教学，必定是成功的教学；关注细节的教师，必定是成功的教师。

三、如何在课堂教学中抓细节

（一）在课堂和谐师生关系的构建上抓细节

"良好的师生关系孕育着巨大的教育亲和力""亲其师，信其道""学生喜爱一位老师，连带着也喜爱这位老师所带的课程"。这些耳熟能详的教育名言、警句，无不体现了教和学、教师和学生之间"亲密无间"的协同关系。课堂本身首先是一种情感交流的场所，其次才是信息交流的地方。新课程的理念更是倡导和谐师生关系的构建，要让学生在课堂中体验到平等、民主、自由、尊重、信任、友善、理解、宽容、亲情与关爱，同时受到激励、鞭策、感化、召唤、指导和建议，形成积极的、丰富的人生态度与情感体验。就我个人的认识而言，"情感态度与价值观"目标的达成可能更多地依赖于师生的情感交流与互动。

在这里，我的体会有两点。

1. 提高教师的自身修养，重小节

学生喜欢教师个性洒脱却不能忍受教师过分不拘小节，因为小节往往是一个人修养高低的体现。比如说有的教师提问学生往往用一个指头指着学生说"来，就是你来回答"；也有的教师擦完黑板往往把板擦往讲台上一扔，画出一条漂亮的抛物线，却溅了前排同学一脸的粉笔灰；还有的教师在讲课时一直手扶讲桌，而且把脚踩进讲桌的桌框里，或者干脆把脚蹬在黑板下方的墙壁上；有的教师过分不注重仪表修饰，衣服上带着酱油的污渍就走上讲台……所有这些，都会影响教师在学生心目中的形象，从而影响师生之间和谐的人际关系。"当教师在学生面前从口袋里掏出一条皱巴巴的脏手帕时，他就已经失去了站在讲台上的资格"，苏联教育家马卡连柯的这句警世名言，足以说明教师提升自身修养的重要性。

2. 尊重学生，并及时捕捉学生的闪光点，给予恰当的表扬和鼓励

我曾经对我所带的1998届高三（3）班朱耀忠同学的课堂表现给予了充分的表扬（他的课堂回答太精彩了！当化学学得好的其他同学都一时难以回答时，他却说："这道题可用电子守恒法一步求解。"），正因为这次表扬，他改变了学习化学的态度，后来居然奇迹般地成为这个班名副其实的化学尖子；在另外一堂化学课上，2009届高二（2）班马梓炜同学的课堂表现真是太精彩了（她对一个化学原理的比喻十分恰当）！我对她的回应是"你今天说得最好""你真的很聪明，好好学"。随后我发现，她在整堂课上都表现得异常兴奋，非常主动。下课后更是帮着听课老师提凳子。曾有一位受到我表扬的学生在课后递给我一张小纸条，上面写着："非常感谢老师的夸奖，可能曾经我让您失望，给您留下了不好的印象，也因为高一时一直没有状态，所以成绩平平，让很多人认为我不喜欢学习，其实我一直喜欢学习，享受学习的成就是我的最爱，通过这一个多月的复习，我感觉真正进入了状态，我相信高三将会是充满奇迹的一年！我也有信心重新学习好化学！"

尊重是最好的教育，老师的赞美往往是学生不断取得进步的最大动力。但老师却常常不注意这些，并且还会无意中伤害到学生。请看下面这个案例。

老师按照自己的教学设计讲完课后，问："同学们，听懂了吗？"全班学生大声说："听懂了。"老师又问："谁还有没有听懂的地方，请说出来，老师再详细讲解一下。"结果有同学站起来怯生生地讲了不懂的问题，老师认真做了解答。最后，老师说："记住，今后要专心听讲啊。"

上述案例中老师看似不经意的一句"今后要专心听讲"，实际上是向全班学生传递了一个错误信息，那就是学生有不懂的地方肯定是上课没有专心听讲，哪个学生愿意戴上"不专心听讲"的帽子呢？学生有没有听懂的地方，本身就很难为情，是鼓足了勇气才向教师请教的。老师的这句话，极有可能扼杀学生大胆提出疑问的勇气和自信，很可能导致学生再也不敢承认有"不懂"的地方了，这对教育教学的顺利开展会产生很大的负面影响。

课堂上我们还经常会遇到这样的情况，请学生回答问题，孩子们常常会有这样的表现：

（1）站起来回答，说了一大堆，却没说到点子上。

（2）站起来，紧张得说不出话来。

（3）站起来，说话结结巴巴，浪费了很长时间也说不出一个完整的句子。

（4）知道结果，却不知道怎样表达自己的思考过程。

（5）把别人的答案重复一遍，或者把别人的意思换一种表达方式。

当然这样的回答是令人不满意的，有些时候我们会忍不住数落学生几句甚至当众批评，这无疑是给学生当头一棒，不仅伤害了学生的自尊心，打击了自信心，还严重影响了学习的积极性，使智慧的火花从此熄灭。教师如果能注意到评价的细节，换成以下说法，结果肯定会截然不同。

（1）"你很勇敢，能把自己的想法告诉大家，可是还不够具体，谁来帮帮他呢？"

（2）"别紧张，下次会说得更好的，谁再来试试？"

（3）"我觉得你能说得更好的，是不是？再想想吧。"

（4）"你很善于动脑筋，这次说得不如以前好，多想想，好吗？请坐！"

（5）"你真了不起，能把××同学的意思更具体地告诉我们，谢谢你。"

这样的课堂评价，既保护了学生的自尊，又能促进其积极思考，无疑会对学生产生积极的情感效应。"人的心灵深处，都有一种根深蒂固的需要，就是希望感到自己是一个发现者、研究者、探索者，而在儿童精神世界里，这种需要则特别强烈。"因此，教师要练就一双慧眼，关注学生在课堂上的细节表现，及时捕捉其身上的闪光点，鼓励其求知欲，激发其创造欲，让他们真正对学习产生浓厚兴趣，不断地创造出属于自己的、独特的智慧。

（二）在教学基本功的提升上抓细节

从教这么多年，听过好多节课，有些课给我的影响是终生的。在学校举办的"英语周"活动中，平凉一中万建奎老师的一节英语课，板书字漂亮、流利，教态真诚，英语口语十分纯正，语言表述极富亲和力；在平凉市化学教学研讨会上，静宁一中王好学老师的一节化学课，板书非常规范，布局合理，一个多余的字也没有，王老师始终面带微笑，营造了一种亲切自然、祥和的课堂氛围，感觉超棒；静宁一中王祥子老师的一节化学课，老师独特的语言魅力、严密的逻辑推理让人久久回味，至今记忆犹新；我还清晰地记得来华亭送教下乡的西北师大附中数学老师蒋永鸿，那独具一格的打油诗开场白、过硬的粉笔字及徒手画图功夫、精深的数学专业功底和独到的数学思维，无不令所有在场听课的师生折服……从教时间愈长，就愈感教学基本功对一位教师的重要性。诚然，教学基本功最能体现教师的专业素养。优美的板书设计、风趣幽默的语言、大方得体的教态，往往给学生一种美的享受、一种艺术的陶冶，更易使学生投入教学情境中。作为教师，要把一笔好字、一篇好文章、一张好口才、一副好体态、一手好技能（使用现代化教学设备的技能）、一门好专业始终作为自己不懈的追求，使我们在课堂上书写挥洒自如，表达得体自然，仪态温文尔雅，思维推理严密，操作娴熟规范，讲解游刃有余。老师对这些教学基本功的高追求，必然会带来课堂教学的高效率。

但在现实中，目前许多教师，特别是年轻教师，在教学基本功方面是很欠缺的。应切实加强这方面的训练，在教学基本功上追求细节。

（三）在师生的交流互动中重细节

课堂教学过程既是思维碰撞的过程，也是生命价值提升的过程。教师只有多一些理解、宽容和欣赏，学生的主体性才能真正得以张扬，思想的交流才能真正抵达学生心灵的深处。但是，细细观察一些常见的教学细节，我们就会发现，一些教师在课堂上成了学生学习的干扰者，而不是促进者。

【案例1】 教师在黑板上展示了一道思考题，这道题对五年级的学生来说是很有挑战性的。果然，有个别学生皱着眉，啧啧几声："这么难，怎么做呢？"教师微笑着说："这是智慧大比拼，请同学们用5分钟的时间独立完成，看谁最聪明。"课堂顿时安静下来。没过多久，教师又提醒大家："注意独立思考，不要互相干扰！"有的学生向教师投以不屑的目光。教师开始在小组中巡视，走到学生的身边，有的学生连忙停下来用手捂着本子，还有的学生不好意思地看着教师……教师有点恼意，忍不住说："快点思考，不要浪费时间了！"他走到一位做好的学生身边，看了一下，说："不对，再想想。要认真读题，仔细思考！"然后，他又巡查了一番，终于看到一位学生做好了，就大声表扬道："世上无难事，只要肯思考！林春同学已经做出来了，其他同学要快点了！"有一个学生用双手堵住了耳朵。坐在最后排的两个学生在小声嘀咕："说了一遍又一遍，吵死了！"教师毫无察觉，仍然在喋喋不休……

在这一案例中，教师看似"随时引导"，但效果却适得其反——教师说得口干舌燥，学生被搅得头昏脑胀。用阿莫纳什维利的话来说，这位教师就是"课堂上的话袋"，他的"话袋"不仅浪费了宝贵的课堂时间，还对学生的独立思考和自主学习造成了严重干扰，破坏了本该和谐的学习氛围。因此教师应该管好自己的嘴巴，并时时反问自己："我的教学行为是不是干扰了学生的学习？"

【案例2】在课堂上，教师提出了一个问题，几个学生回答完之后，教师似乎并不是很满意，于是反问道："还有没有补充的？"一个学生将手迟迟疑疑地举了起来。教师异常高兴地说："好，你来说！"这个学生站起来回答道："这是……"还没等他说完，教师就急忙打断："这个观点刚才有一位同学说过了，请坐！"接着又叫另一个学生起来回答。这个学生似乎有点紧张，说话有点结巴，回答也不完整。教师淡淡地说："请坐，等想好后再说！"全班一阵嬉笑，这个学生红着脸，悻悻然地坐了下来。然后，教师又请一个女生来回答。这个学生似乎有些胆小，声音细若游丝。教师见状，果断地说："好，坐下，以后声音要响亮一点。"

以上现象在课堂中比比皆是，许多教师或习焉不察，或察焉不理。其根源在于教师忽视学生的情感体验，把课堂教学过程简化为知识传递过程，把答案的正确性置于独一无二的地位。而事实上，在教育教学中，对学生产生长远影响的，并不是一道题的答案，而是教师对学生的态度。从这个意义上说，教师关注学生怎么说、想说什么，比关注学生实际在说什么更重要。在这个案例中，教师看似在调动学生的积极性，但实质上却缺乏对学生起码的尊重，而且干扰了学生的思维进程。其实，教师只要多一些耐心、多一些鼓励，就能发现学生的真正问题所在，就知道该如何帮助他们。尊重学生思考的价值，尊重学生表达的权利，这是每个教师都应遵循的教育原则。

【案例3】有些教师不注意课堂教学的节奏，教学指令一个接一个。"请大家默读课文，想想文中写了什么。""还没读好的课后再读，先看黑板上的几个生字怎么写。""还没写好的课后再写，现在请大家齐读第一自然段。"……学生还没完成第一个任务，第二个任务便接踵而至。

由于教师对课堂教学任务不明确，教学环节安排不合理，或过于墨守预设的环节，因此，在教学中常常指令过多，让学生疲于应付。这种只追求速度的教学，实际上剥夺了学生的思考时间。而没有思考的课堂，就谈不上有效。

（四）在课堂教学设计上抓细节

1. 问题设计要新颖

好的问题设计能激发学生强烈的求知欲，调动学生积极的学习兴趣，可达到一石激起千层浪的效果，引导学生进入"不愤不启，不悱不发"的状态；而古板、单调、陈述式的问题设计会使学生顿时觉得兴趣索然，大大降低教学效果。

例如下面案例中关于圆周率概念的教学，两个老师的问题设计就截然不同。

老师1：什么叫作圆周率？圆周率的数据是多少？然后指导学生看书记忆。

老师2：同学们，你们知道圆的周长是其直径的多少倍吗？引发了学生强烈的求知欲。然后引导学生自己用纸板做圆，自己想办法分别计量（然后学生一个个给老师汇报数据），在分析归纳中得出了倍数关系，得出圆周率的概念。

前者是老师"给予"知识的方法，而后者则是学生主动参与探究的过程，展现了知识的形成过程，很好地落实了"过程与方法"这一目标。

2. 环节设计要自然

一堂完整的课肯定是由一个个具体的教学环节构成的，如展示目标、课堂导入、自主学习、合作探究、答疑解惑、展示交流等。对这些环节的设计，若能循序渐进、环环相扣，不仅能有效提高课堂效率，而且一定会将学生的思维引向深入，将课堂气氛推向高潮，收到很好的教学效果。

3. 教法选择要恰当

教学有法，但无定法。选择什么样的教学方法，要在充分掌握学情、教情及教学内容的基础上做出最佳选择。作为教师，要从教育学、心理学及教学法的角度出发，认真研读诸如目标教学法、问题探究法、问题归纳法以及"先学后教、当堂训练"等教学模式，掌握其原理及精神实质，并在实践中细化研究，这样才会使教学方法在课堂教学中发挥最大效益。但无论选择什么教法，都要遵循"教为主导、学为主体"的原则，把时间交给学生，把课堂变成学堂，努力做到"五个要让"，即能让学生观察的要让学生观察；能让学生思考的要让学生思考；能让学生表述的要让学生表述；能让学生自己动手的要让学生自己动手；能让学生自己推导出结论的要让学生自己推导出结论。只有这样，才能从根本上提高课堂教学效率。

4. 学法指导要实在

学习方法是学生在学习过程中实实在在的做法，老师常常会把空洞的说教看成学法指导，这其实是一种教学误区。所以诸如如何制订学习计划，如何阅读，如何记笔记，如何预习，如何复习，如何进行单元小结，等等，这些都需要老师实打实地示范、手把手地帮助、面对面地指点，在细微处指导，在薄弱处用力，也只有这样，学生才会习得方法，掌握要领，养成习惯，增强学力。

四、几点教学感悟

1. 一节课不要告诉学生过多的结论

须知"重点＋重点＝非重点"。老师讲得事无巨细，学生听得昏昏欲睡，这样做，只能是苦了教师、烦了学生，浪费了时间，降低了效率。

2. 千万不可把学生看成装知识的容器

如果真是一个容器那也好办，我们就能给他灌进去，而且也能倒出来，那老师就完全可以靠自己的个体劳动搞好教学。但学生是一个活生生有思想、有情感、有思辨的独立人，仅靠灌输，他们定会变成一个"全封闭的容器"。教学中要重视过程与方法、情感态度价值观的设计，要靠老师积极的情感、态度、人生观、价值观、学识魅力、人格修养去感染教育学生。

3. 课堂上犯错误是学生的权利

如果课堂上学生不犯错误，那老师就没有在课堂上存在的价值。

4. 学生有权不听老师的课

看看我们的成人世界，谁愿意专心去听他认为毫无意义的讲座、会议和报告？倘若我们能换位思考，那我们就一定不难理解，一个对学习没有产生兴趣的未成年人，一天连坐六节课是多么痛苦和煎熬。

5. 学习、反思、研究和改进，应该是每位教师工作的基本状态

否则，新课程改革会给教师带来一场灾难，会给学生带来一场灾难。

让我们在课堂中体验职业幸福

——2014年平凉市名师"三个一"活动讲座

尊敬的泾川县的各位教育同仁,大家下午好!很高兴能作为平凉市名师"三个一"活动的参与者承担本次讲座活动。今天,我以"让我们在课堂中体验职业幸福"为题,同大家一同探讨一下有关我们的职业幸福问题。

一、教师的职业幸福感偏低

屈指算算,我当老师、从事教育工作已有23个年头。想想当教师的感受,谈不上喜欢,也说不上不喜欢,但有一种感觉似乎很清晰:现在让我离开教育,似乎自己什么也干不了。想想自己过往的岁月,也颇有几多感受:我常常因自己在课堂上的口若悬河而陶醉,因给学生答疑解惑而满足,因学生渴望求知的眼神而兴奋,更因学生茅塞顿开会意的微笑而幸福……这种心灵的满足,常常使我对教育充满热望,满怀期待;同时,我也往往因课堂上调动不起学生的学习热情而失落,因达不成课堂预设而沮丧,因学生听不懂知识而着急,因学生的成绩下滑而失望……这种煎熬,也往往使我对教学心生倦怠,兴趣全无。我想,绝大多数老师的感受同我一样。

2011年,人民网教育频道与现代教育报联合做过一次关于"教师的幸福指数"的调查,在参与调查的近13973名教师中,认为自己生活和工作幸福的不到两成,近六成教师认为还过得去,幸福指数一般,近三成教师认为自己不是很幸福。调查显示,67%的教师在一天工作结束时,会感到疲惫不堪,近三成教师觉得虽然很累,但是很满足。影响教师在工作中获得幸福感的原因,近五成是学生能否取得较好的成绩,18%的教师是源自对职业的热爱。提及对教师这份工作的感受,47%的人认为是一般或者喜欢,25%的人选择厌倦。由此看来,在大部分教师心里,自己的职业幸福感是比较低的。这种心态,将会使许多教师常年处于亚健康状态,这对教师的生活无疑是一种摧残，而且很容易形成工作生活中的恶性循环。曾有人撰文《谁偷走了教师的职业幸福感》，文章把教师失去了职业幸福感的原因归咎于四点：职业压力大——经常处于忙碌又焦虑的状态（质量要求很高、学生厌学严重、教育难见成效、形成恶性循环）；信任与尊重危机——教师面临社会的质疑；教师待遇——总是期待阳光普照的那一天；行动与心态——亟待全方位调整的教师自身。我认同笔者的上述观点，更赞同笔者的主张，从某种意义上来说，偷走我们幸福的不是别人，正是我们自己。在《幸福多了40%》一书中，美国心理学教授索尼娅·柳博米尔斯基提出一项幸福感公式：幸福感=50%的遗传+10%的环境+40%的个体行为。基于此，北京师范大学心理学院教授刘儒德认为，外部环境因素对人幸福水平的影响，大约只能起到10%的作用。持久的幸福不是来源于生活环境的改善，幸福的关键在于人们的主观意识和行为。也许可以这么说，幸福就是一种感觉！假如有100个人具有相同的遗传基因和生活环境，他们的幸福水平仍然存在40%的差异。如果观察那些真正幸福的人，就会发现他们是在忙碌的同时享受着幸福。他们在忙于寻求对事物新的理解、为新的目标而奋斗或者调整自己的思想和情感。一个经常不开心的人想要享受人生的乐趣、热情、满足、平和与幸福，通过学习幸福的人的习惯和行为，是可以做到的。刘教授认为：我们的幸福水平有40%的提升空间，这是我们能够控制和改变的40%，是我们可以通过日常行为和思维来提升或降低的40%。

  没有路可以通往幸福，幸福就是路本身。这个世界上没有绝对的好和坏，有的只是不同的角度和参照系。就像在镜子里，同样的一个自己，一些悲观的人看到了"老之将至"，而另一些乐观的人看到的是"风华犹存"。决定幸福感差异如此之大的，不是上帝的不公，是我们自己内心的差异。所以，所谓好世界、坏世界，也许更多的是我们内心的好心态、坏心态。

  作为教师的我，更愿意认为，教师的职业幸福感，更多的来自于我们每天所面对的课堂。对课堂教学的无力感、无愉悦感和无成就感，是我们幸福指数偏低的最直接的原因。我们常常有这样的体验，如果哪天我们的课上得很精彩，那我们这一天甚至好几天都会感到很兴奋、很幸福，干什么事都觉得朝气蓬勃；反之，如果哪天我们的课上得不好，那么接下来的一整天甚至好几天都会觉得心情沮丧，见了谁都想发脾气。在现实中，漫长的课堂生涯，消磨了我们大部分的青春和时光，课堂教学的低效化和无力感，使我们常常把本应在课堂中能够解决的问题带到了课外，从而造成了我们日复一日的加班加点和高耗低效，而更为可怕的是我们的低效教学给学生带来了无穷的负面效应，造成了教学上的"破窗原理"。习总书记曾讲过这样一句话："让每一个中国人都享有人生出彩的机会！"那我想，教师人生出彩的机会就在课堂！要提升教师的职业幸福感，首先要在课堂里寻找幸福！

二、读书是创造幸福课堂的源泉

已逝教育学者商友敬先生曾说过："教师要在读书中生存，要处在真正的读书状态中，但有相当一部分教师，除了教材和教辅材料之外，其他的书基本不读，这是反常的现象。"事实上，在学校里，教师接触最多的除了学生外，就是书，如果教师不把读书看成自己的爱好、自己喜欢的事情，那么教师就会永远生活在痛苦之中。所以，教师要想快乐，就必须首先选择爱好读书。一个停止学习、停止读书的教师，一个任凭教育改革如何轰轰烈烈仍然"风雨不动安如山"的教师，难以想象在教学方面会有什么长进，在学生当中能树立什么令人信服的威望。朱永新认为，作为课程、知识传递者的教师，其自身专业化程度不高往往成为整个教育系统中最难突破、最难改造的部分，从而使系统其他方面的改进劳而无功。教师要想不做辛苦劳作的教书匠，就必须从阅读开始！教师要变枯燥乏味的职业现状为活色生香、多姿多彩的职业生涯，更要从阅读开始！

三、走进新课程，让新理念催生幸福课堂

有一句话值得我们认真反思："一位没有教育理念的人也能当老师，如果他教得好，好得很有限，但是糟糕起来，则每况愈下。"时下有许多教师折服于魏书生的改革，默默地学习魏书生，有的甚至用魏书生同样的教学方法、同样的教学程序、同样一篇课文去教自己的学生，结果却大相径庭。这是为什么呢？我想首先是教育理念的差距，因为理念决定思维方式，理念指导教学行为，只有先进的教育理念才能催生出高效课堂。因此，走进新课程，教师需要转变许多；打造幸福课堂，我们需要做得更多。

（一）我们要克服传统教学的种种弊端

传统课堂教学是由19世纪初德国教育家赫尔巴特创立的，后经苏联教育家凯诺夫发展而形成的一种教学思想和模式，即"五环节教学法"（组织教学、复习旧课、讲解新课、巩固新课、布置作业）。传统课堂教学只关注

知识的授受，学生成为盛装知识的容器，而不是具体的有个性的人——生命主体，这依然是目前新课程背景下的课堂主流，受这种教学思想的束缚，我们目前的课堂大多缺乏情感交流，缺少情绪体验，鲜有人文关怀，学得不愉快，教得不幸福，颇有穿新鞋走老路的感觉。我们要努力克服三种本位思想。一是以书本知识为本位的思想。以书本为本位的教学必然导致重理论、轻实践，重理性、轻感性，重结论、轻过程等诸多不符合规律的教学行为，大大降低了师生在教学过程中的情感体验。二是以教师为本位的思想。以教师为本位的教学，必然导致以教为中心、学围绕教转和以教为基础、先教后学的学习主体倒置的现状，难以真正激发起学生学习的欲望和热情，从而也把教师的教陷入了艰难的境地。三是以教案为本位的思想。这也是我们目前课堂的基本现状，教师期望学生按教案设想做出回答，教师的任务便成了努力引导得出预定答案，学生实际上扮演了配合教师完成教案的角色，这样的教学到最后也往往变成了教师一厢情愿的单打独斗，师生的课堂体验可想而知。

（二）我们要确立新课程教学的基本观点

观念是行动的灵魂，教学观念对教学起着指导和统率的作用，一切先进的教学改革都是从新的教学观念中发展出来的，一切教学改革的困难都来自旧的教学观念的束缚，因此，确立新的教学观念是教学改革的首要任务。面对新课程的教学，我们务必确立三种基本观点。

1. 要确立全面发展的教学观

课堂教学首先要以人为本，促进学生的全面发展。可以预见，课堂教学中若不关注学生的情感态度和价值观等这些人的因素，不注重知识形成的过程和方法，知识与技能这一最基本的教学目标就难以达成，所以如果我们冷静反思以前的传统教学，就不难发现，其实我们一直在做着一件本末倒置的事情。事实上，面对新课程，我们许多人还在不假思索地做着这件本末倒置的事情，难怪现在好多教师普遍感觉，现在的新课程更难教了。全面发展的教学观需要我们在设计教学时努力做到重结论更要重过程，关注学科更要关注人，要关注每一位学生，关注学生的情绪生活和情感，关注学生的道德生活和人格养成。

下面就让我们听听迈克尔·乔丹的成长故事吧！

一个黑人父亲引导孩子买衣服
——家教的智慧

13岁那年,有一天父亲突然递给他一件旧衣服。"这件衣服能值多少钱?""大概一美元。"他回答。"你能将它卖到两美元吗?"父亲用探询的目光看着他。"傻子才会买!"他赌着气说。父亲的目光真诚中透着渴求:"你为什么不试一试呢?你知道的,家里日子并不好过,要是你卖掉了,也算帮了我和你的妈妈。"他这才点了点头:"我可以试一试,但是不一定能卖掉。"他很小心地把衣服洗净,没有熨斗,他就用刷子把衣服刷平,铺在一块平板上阴干。第二天,他带着这件衣服来到一个人流密集的地铁站,经过六个多小时的叫卖,他终于卖出了这件衣服。他紧紧攥着两美元,一路奔回了家。以后,每天他都热衷于从垃圾堆里淘出旧衣服,打理好后,去闹市里卖。如此过了十多天,父亲突然又递给他一件旧衣服:"你想想,这件衣服怎样才能卖到20美元?""怎么可能?这么一件旧衣服怎么能卖到20美元?它至多值两美元。""你为什么不试一试呢?"父亲启发他,"好好想想,总会有办法的。"终于,他想到了一个好办法。他请自己学画画的表哥在衣服上画了一只可爱的唐老鸭与一只顽皮的米老鼠。他选择在一个贵族子弟学校的门口叫卖。不一会儿,一个管家为他的小少爷买下了这件衣服,那个十来岁的孩子十分喜爱衣服上的图案,一高兴,又给了他5美元的小费。25美元,这无疑是一笔巨款!相当于他父亲一个月的工资。回到家后,父亲又递给他一件旧衣服:"你能把它卖到200美元吗?"父亲目光深邃。这一回,他没有犹豫,而是沉静地接过了衣服,开始了思索。两个月后,机会终于来了。当红电影《霹雳娇娃》的女主角拉佛西来到纽约做宣传。记者招待会结束后,他猛地推开身边的保安,扑到了拉佛西身边,举着旧衣服请她签名。拉佛西先是一愣,但是马上就笑了,没有人会拒绝一个纯真的孩子。拉佛西流畅地签完名。他笑着说:"拉佛西女士,我能把这件衣服卖掉吗?""当然,这是你的衣服,怎么处理完全是你的自由!"他"哈"的一声欢呼起来:"拉佛西小姐亲笔签名的运动衫,售价200美元!"经过现场竞价,一名石油商人以1200美元的高价买了这件运动衫。回到家里,他和父亲,还有一家人陷入了狂欢。父亲感动得泪水横流,不断地亲吻着他的额头:"我原本打算,你要是卖不掉,我就叫人买下这件衣服。没想到你真的做到了!你真棒,我的孩子,你真的很棒……"

一轮明月升上山头，透过窗户柔柔地洒了一地月光。这个晚上，父亲与他抵足而眠。父亲问："孩子，从卖这三件衣服中，你有明白什么吗？""我明白了您是在启发我，"他感动地说，"只要开动脑筋，办法总是会有的。"父亲点了点头，又摇了摇头："你说得不错，但这不是我的初衷。我只是想告诉你，一件只值一美元的旧衣服都有办法高贵起来，何况我们这些活着的人呢？我们有什么理由对生活丧失信心呢？我们只不过黑一点、穷一点，可这又有什么关系？""是的，连一件旧衣服都有办法高贵，我还有什么理由妄自菲薄呢？"

20年后，他的名字传遍了世界的每一个角落。他的名字叫迈克尔·乔丹。

2. 要确立交往与互动的教学观

现代教学论指出，教学过程是师生交往、积极互动、共同发展的过程。新课程背景下，教师应该越来越少地传递知识，而是越来越多地激励思考；教师应该越来越成为一个顾问，一位交换意见的参与者，一位帮助发现矛盾论点而不是拿出现实真理的人；教师应该集中更多的精力和时间去从事那些有效果的和有创造性的工作：相互影响、讨论、激励、了解、鼓舞。

3. 要确立开放与生成的教学观

开放，从教学内容角度讲，意味着科学世界（书本世界）向生活世界的回归；从课程角度讲，要把学生的个人知识、直接经验、生活世界看成重要的课程资源；从教学角度讲，要鼓励学生对教科书的自我理解、自我解读，尊重学生的个人感受和独特见解，使学习过程成为一个富有个性化的过程。只有开放，才能达成生成的目的，才会使学生每节课都有实实在在的认知收获，才会有或多或少的生命感悟，唯其如此，才能走出"教师教死书、死教书、教书死；学生读死书、死读书、读书死"的怪圈，才会把我们从不良的教学情绪中释放出来，体验到教书的精彩和快乐。

四、提升课堂幸福感的几点思考

1. 课堂首先是师生情感交流的地方，其次才是信息交流的地方

在这个知识爆炸的信息时代，在这个需要向年轻人学习的时代，老师再尽力也不一定能超越所教的数十位学生拥有知识的总和。因此，我们在强化学习充实自己的同时，更应该转变我们的教学观念，充分利用学生学习水平的差异所产生的课堂教学资源，把知识的单向传授变为师生之间的知识交流，

15

而实现知识交流的前提是师生的情感交流。一位有经验的教师，一定会把师生的情感交流放在信息交流之前，亲其师才能信其道，老师获得了学生的喜爱，教学效果一定会好。所以，请把我们的爱心、激情和微笑这三样宝贝带进课堂，这样，我们的课堂一定会大变样，我们的课堂幸福感也一定会提升。

2. 三分教学、七分管理

随着课程改革的不断深入，我们提倡让课堂活起来，让学生动起来，但是目前却出现了部分教师放弃课堂管理和秩序的现象，使缺失规则的课堂教学走向了秩序混乱的极端：多了热闹，少了安静；多了自主，少了秩序；多了涣散，少了专心；多了合作，少了独立……这样的课堂状况，实际上使许多学生的心思游离于课堂之外。研究表明：上课不注意听讲，是学生诸多错误行为当中最为严重的缺点。我国学者皮连生说："教师要顺利完成教学各个环节的任务，必须自始至终对课堂进行有效的课堂管理。"德国教育家赫尔巴特说："如果不坚强而温和地抓住管理的缰绳，任何功课的教学都是不可能的。"因此，教师要想使课堂教学效益最大化，就必须加强课堂管理！在我们这种大班额授课制的学校教学中，课堂教学与课堂管理用"三分教学、七分管理"来表述一点也不为过。只教学，不管理，就如农民只在春天播种，而不去施肥、除草，任种子自由成长，秋天的收获只能是甚微的！

这里我们说的课堂管理不是压制，不是将教师的意志强加于学生，关键在于引导学生积极主动地参与课堂，让课堂成为充满温暖、师生之间彼此熟悉、相互接纳、安全轻松的学习场所，这是我们课堂管理的目标，也是对新课程改革关于新型师生关系的呼唤的最好回应。在现实课堂中，并不是每个老师都能管理好课堂，要管理好课堂，有四点我们可以借鉴，一是制定规则，这是实施有效管理的前提；二是激发兴趣，这是实施有效管理的前提；二是尊重鼓励，这是有效管理的生命力体现；四是树立威信，这是有效管理的必要条件。

3. 书是学生读出来的不是老师教出来的

洋思中学的"先学后教，当堂训练"有没有道理，我们只需要看看体育教练怎么训练运动员就知道了，再优秀的教练员，如果运动员不下水，也不会培养出游泳世界冠军。中国有许多体育名人，姚明、李娜、刘翔、王濛等，关于他们训练的报道说明了一个道理：技能是练出来的，不是教出来的！同样的道理，书是学生读出来的不是老师教出来的！所以，我们需要做的是，首先要解放学生的时间，解放学生的空间，把课堂还给学生，让讲堂变为学堂，只有这样，学生才会在更多的学习领悟中尝到学习的乐趣，提升学习能力。教了再学还是学了再教，既是区分新旧教学方式的主要标志，也是判定教师教学策略是否科学的重要标准之一。有人说，只有学生学得好，才能证明老师教得好！我想这应该成为我们老师的教学追求！

4. 高考是富有中国特色的教育，想说爱你也容易

作为高考的受益者，我本人对高考心存感激。对一个13亿人口的发展中大国来说，就业形势日趋严重，老百姓"望子成龙、望女成凤"的传统观念依然盛行，高考依然是一种现实的必然选择。眼下，高考依然是最大的民生。因此，作为高中教师，我们依然要责无旁贷地担负起研究高考、指导高考、成就学生、造福家庭的责任，体验这份担当和荣耀带给我们的满足感。我们不必把高考看成单纯应试教育的产物，有人说素质教育更能提高升学率，这话一点不假。我认为，我们在应对高考时，应该对高考复习教学有三点新的思考，即复习过程蕴含新的认识；复习教学中学生是积极的探究者；复习教学是接受式和探究式的融合。应该和学生达成三点共识，即高考复习要达到"三化"（知识结构化、考点题型化、训练高考化）；高考复习是一个制造半成品的过程；高考题中有陷阱，藏智慧，考思维！有了这样的思考，我们可能会克服盲目的应试训练，崇尚科学的素质培养，从"山重水复"的境地到达"柳暗花明"的彼岸。

教育能开启学生的心扉，净化学生的心灵，启迪学生的智慧，让我们守望教育，创造幸福的教育，享受教育的幸福！

化学计算中建立等式的依据

多年的教学实践使我深刻地体悟到，之所以许多同学对化学计算题学不得法，心生畏惧，主要原因有两点：其一，好多同学对化学反应原理及概念理解不透、运用不熟，对化学学科的重要思想方法领悟不深、变通不够；其二，好多同学不善于用数学学科中的函数与方程思想来谋求建立等式，寻求解题策略。基于此，本文对化学计算中常见的建立等式的依据进行举例分析，以求对化学计算的教学有所启迪。

一、依据化学方程式建立等式

这是化学计算的基础，也是化学计算中建立等式时使用最普遍的一种方法。其基本原理就是数学中的正比例关系，即依据化学反应方程式中已知物质和所求物质之间的理论量关系和实际量关系，建立一个四比例关系，即可求得所求物质的相关量。这里需要特别说明的是，在列比例关系时，不同物质所用的物理量可以不同，但是同一物质必须采用同一物理量，即"左右可不同，上下须统一"。在中学课本中此类示例很多，此处不再赘述。

二、依据概念、公式建立等式

纵观中学化学教材，其中涉及的基本概念、基本公式很多，如以物质的量、浓度、溶解度、pH、电离度、化学反应速率、转化率、产率等这些核心概念为基础，从而衍生出许多基本公式。准确把握这些概念、公式的原理及其内在关系，依据基本公式便可建立等式，从而使问题得以顺利解决。

需要指出的是，对于此类计算题的教学，在引导学生熟练掌握概念、公式的内涵和原理的基础上，注重培养学生的逆向思维能力是顺利解决此类问题的关键。

例1：（2003年上海）某温度下，甲、乙两个烧杯中各盛有100g相同浓度的KCl溶液，现将甲烧杯中的溶液蒸发掉35g H_2O，析出晶体5g；乙烧杯

中的溶液蒸发掉 45g H_2O，析出晶体 10g。则原溶液的质量分数为（　　）

  A. 10%   B. 15%   C. 20%   D. 25%

解析：此题是关于求溶液质量分数的计算题，其中就涉及质量分数和溶解度两个重要的概念，紧紧抓住概念中所包含的一些基本公式，便可依据公式建立等式。依据条件可知，甲溶液蒸发掉的 35g 水中溶解了 5g 晶体，剩余 60g 溶液为饱和溶液，所以找到另一个饱和溶液，从而利用公式求出 60g 溶液中的溶质质量 m 便是本题的关键。可以把乙溶液中的变化看成在甲溶液蒸发掉 35g 水后再蒸发掉 10g 水的结果，因此，10g 水中溶解 5g 晶体便是一个饱和体系，从而得出关系式 $60:m=15:5$，解得 $m=20g$，进而求得原溶液的质量分数为 $(5+20)/100 \times 100\% = 25\%$。答案为 D。

  例 2：（2004 年天津）在一定温度下，某无水盐 R 在水中的溶解度为 23g，向 R 的饱和溶液中加入 Bg 该无水盐，保持温度不变，析出 R 的结晶水合物 Wg，从原饱和溶液中析出溶质 R 的质量为多少？

  解析：由于 R 为饱和溶液，所以加入 Bg 无水盐后，从溶液中析出的"溶液"也构成了一个饱和体系，因此依据溶解度公式便有 $(W-B):m=(123:23)$，解得 $m=23(W-B)/123$。

三、依据差量关系建立等式

  化学变化过程中存在好多差量关系，如化学反应前后的质量差、物质的量差、气体体积差、气体压强差、热量差等，利用这种差量关系（理论差量和实际差量）可以建立所求物质和差量之间的四比例关系式，从而使化学计算问题得以顺利解决。

  例 3：8.0g Fe_2O_3 和 CuO 的混合物被足量 CO 充分还原后，固体减轻 2.0g。求原混合物中 Fe_2O_3 和 CuO 各多少克？

  解析：
$$Fe_2O_3 + 3CO = 2Fe + 3CO_2 \quad \Delta m$$
    160   112   48

    $m(Fe_2O_3)$ Δm_1

$$CuO + CO = Cu + CO_2 \quad \Delta m$$
    80   64   16

    $m(CuO)$ Δm_2

依据差量关系得到比例关系：$\dfrac{160}{m(Fe_2O_3)}=\dfrac{48}{\Delta m_1}$ $\dfrac{80}{m(CuO)}=\dfrac{16}{\Delta m_2}$

$$\Delta m_1 = \frac{48m(\text{Fe}_2\text{O}_3)}{160} = \frac{3m(\text{Fe}_2\text{O}_3)}{10}, \quad \Delta m_2 = \frac{16m(\text{CuO})}{80} = \frac{m(\text{CuO})}{5}$$

依据题意可知：$\dfrac{3m(\text{Fe}_2\text{O}_3)}{10} + \dfrac{m(\text{CuO})}{5} = 2.0\text{g}$ ①

$m(\text{Fe}_2\text{O}_3) + m(\text{CuO}) = 8.0\text{g}$ ②

联立①、②式解得：$m(\text{Fe}_2\text{O}_3) = m(\text{CuO}) = 4.0\text{g}$。即原混合物中两种固体均为4.0g。

四、依据守恒因素建立等式

守恒思想是化学学科中的一种重要的学科思想方法。化学变化中的守恒因素很多，主要有化学反应中的原子（微粒）守恒、质量守恒，氧化还原反应中的电子守恒，溶液中的电荷守恒，某些反应前后气体的体积守恒等，抓住化学变化中蕴含的守恒因素，便能建立起已知量和未知量之间的等量关系，从而使计算问题得以顺利解决。

例4：（1999年上海）将1.92g铜粉与一定量浓硝酸反应，当铜粉完全作用时收集到气体1.12L（标准状况）。则所消耗硝酸的物质的量是（　　）

A．0.12 mol　　　B．0.11 mol　　　C．0.09 mol　　　D．0.08 mol

解析：此题的生成物可能是$\text{Cu}(\text{NO}_3)_2$、NO、NO_2、H_2O，反应前后Cu原子和N原子守恒，依据此守恒关系可得出等式$n(\text{HNO}_3) = 2n(\text{Cu}) + n(\text{NO}、\text{NO}_2) = 2 \times 0.03\text{mol} + 0.05\text{mol} = 0.11\text{mol}$。答案为B。

例5：（2007年四川）足量铜与一定量浓硝酸反应得到硝酸铜溶液和NO_2、N_2O_4、NO的混合气体，这些气体与1.68L O_2（标准状况）混合后通入水中，所有气体完全被水吸收生成硝酸。若向所得硝酸铜溶液中加入5mol/L NaOH溶液至Cu^{2+}恰好完全沉淀，则消耗NaOH溶液的体积是（　　）

A．60mL　　　B．45mL　　　C．30mL　　　D．15mL

解析：此题中的变化过程可以简单表述为，$\text{Cu} + \text{HNO}_3 \rightarrow \text{Cu}(\text{NO}_3)_2 + \text{NO} + \text{N}_2\text{O}_4 + \text{NO}_2 + \text{H}_2\text{O}$，$\text{NO} + \text{N}_2\text{O}_4 + \text{NO}_2 + \text{O}_2 + \text{H}_2\text{O} \rightarrow \text{HNO}_3$，$\text{Cu}^{2+} + 2\text{OH}^- =\!=\!= \text{Cu}(\text{OH})_2$，上述前两个反应属于氧化还原反应，因此存在电子守恒关系，第三个反应中存在Cu^{2+}和OH^-之间的电荷守恒关系，观察前两个反应的变化过程，依据电子守恒关系可得出等式$2n(\text{Cu}) = 4n(\text{O}_2)$；观察第三个反应，依据电荷守恒可得出等式$2n(\text{Cu}^{2+}) = n(\text{OH}^-) = n(\text{NaOH})$。因此有$n(\text{NaOH}) = 2n(\text{Cu}^{2+}) = 2n(\text{Cu}) = 4n(\text{O}_2) = 0.3 \text{ mol}$，其溶液体积

为 60mL。答案为 A。

例 6：二硫化碳（CS_2）能够在氧气中完全燃烧生成 CO_2 和 SO_2。今用 0.228g CS_2 在 448mL 氧气（标准状况时的体积）中完全燃烧，反应后气体混合物在标准状况时的体积为（　　）

A. 112mL　　　　　B. 224mL　　　　　C. 336mL

D. 448mL　　　　　E. 201.6mL

解析：该反应的化学方程式为 $CS_2 + 3O_2 =\!=\!= CO_2 + 2SO_2$，仔细观察此反应便不难发现，此反应前后气体体积守恒，不用计算便知答案为 D。

练习 1：27.2g 铁粉和氧化铁的混合物，放入 500mL 的稀 H_2SO_4 中，发现固体完全溶解，并放出 4.48L H_2（标准状况）。加入 NH_4SCN 溶液，无颜色变化。然后向溶液中加入 3mol/L NaOH 溶液，当溶液呈中性时，消耗 NaOH 溶液 500mL，求原 H_2SO_4 溶液的物质的量浓度。

练习 2：n mol 硫化亚铜跟足量稀 HNO_3 反应，生成 $Cu(NO_3)_2$、H_2SO_4、NO 和 H_2O，则参加反应的 HNO_3 中被还原的 HNO_3 的物质的量为多少？

练习 3：为了测定某 Cu、Ag 合金的成分，将 30.3g 合金溶于 80mL 13.5mol/L 的浓 HNO_3 中，等合金完全溶解后，收集到气体 6.72L（标准状况），并测得溶液中 H^+ 的浓度为 1mol/L。假设反应后溶液的体积仍是 80mL，试计算：

（1）被还原的 HNO_3 的物质的量。

（2）合金中 Ag 的质量分数。

五、依据题中的统摄条件建立等式

在包含多种成分、涉及多个反应的化学计算中，其中往往包含多个统摄条件，如混合物的总量（质量、体积及物质的量等）、混合物中某元素的含量、多步反应中消耗同一反应物的量等，仔细分析题中涉及的反应关系，利用上述这些统摄条件，即可顺利建立方程或方程组，从而使问题得以顺利解决。

例 7：将金属钠在空气中燃烧，生成 Na_2O 与 Na_2O_2 的混合物。取该燃烧产物 7.48g 溶于水制成 1000mL 溶液，取出 10mL 用 0.1mol/L 的盐酸中和，用去盐酸 20mL，由此可知该产物中 Na_2O 的质量分数约为（　　）

A. 16.6%　　　　B. 20%　　　　C. 80%　　　　D. 78.4%

解析：此题是混合物之间的多步反应计算题，其中包含两个统摄条件，即混合物的质量及消耗盐酸的总量，依据化学反应中的各物质之间的比例关系，便可得出如下等式：$62n(Na_2O) + 78n(Na_2O_2) = 7.48g$，$2[n(Na_2O) + n(Na_2O_2)] = 0.1mol/L \times 2L$。联立解上述方程组，得出 $n(Na_2O) = 0.02mol$，$n(Na_2O_2) = 0.08mol$。$\dfrac{0.02mol \times 62g/mol}{7.48g} \times 100\% = 16.6\%$。答案为 A。

例8：将70g过氧化钠和氧化钠的混合物跟98g水充分反应后，所得氢氧化钠溶液的质量分数为50%。计算原混合物中过氧化钠和氧化钠的质量。

解析：此题包含两个反应，其中70g和50%为两个重要的统摄条件，依据这两个条件即可建立两个等式。具体而言，依据70g即可得到等式 $62n(Na_2O) + 78n(Na_2O_2) = 70g$；依据50%，说明反应后溶液中氢氧化钠的质量等于剩余的水的质量，便可得到 $40 \times 2[n(Na_2O) + n(Na_2O_2)] = 98 - 18[n(Na_2O) + n(Na_2O_2)]$。联立解方程组得 $n(Na_2O) = n(Na_2O_2) = 0.5mol$，进而得出 $m(Na_2O) = 31g$，$m(Na_2O_2) = 39g$。

练习4：在25℃、101kPa条件下，将15L O_2 通入10L CO 和 H_2 的混合气体中，使其完全燃烧，干燥后，恢复至原来的温度和压强。

（1）若剩余气体的体积是15L，则原 CO 和 H_2 的混合气体中 $V(CO)$ = _____ L，$V(H_2)$ = _____ L。

（2）若剩余气体的体积为 aL，则原 CO 和 H_2 的混合气体中 $V(CO):V(H_2)$ = _____。

（3）若剩余气体的体积为 aL，则 a 的取值范围是_____。

例谈化学解题中常用的假设方法

假设是科学研究过程中常用的一种思维方法，也是化学解题的常用技巧和策略，只要认清问题的本质，巧妙地假设，便可简化思维过程，从而降低解题的难度。本文就中学化学解题中常见的几种假设方法做一举例分析，以求对读者有所帮助。

一、极端假设

极端假设法是运用极限思维解决一些模糊复杂问题的思想方法。它是从极端的角度将题设情景假设为问题的几种极端情况，从而使复杂问题、模糊问题变成了"理想状态"，并通过对"理想状态"的逐一分析，使问题得到简化处理并顺利得出结论。化学解题中常见的极端假设情景有：把可逆反应假设为正向或者逆向进行到底的反应；把混合物假设为纯净物；把几个同时发生的并行反应假设为几个单一反应。

例1：将可能混有下列物质的硫酸铵样品13.2g，在加热条件下与过量氢氧化钠溶液反应，可收集到气体4.3L（标准状况），则该样品内不可能含有的物质是（　　）

A. 碳酸氢铵和硝酸铵　　B. 碳酸铵和硝酸铵
C. 氯化铵和碳酸氢铵　　D. 氯化铵和碳酸铵

解析：假设原样品为纯净的硫酸铵，则13.2g硫酸铵（恰好为0.1mol）应放出4.48L氨气，故等质量的杂质比硫酸铵放出氨气少。因此杂质混合物中氮原子的平均质量分数小于硫酸铵中氮原子的质量分数，依据平均值法可求解得出答案为D。

例2：某K_2CO_3样品中含有Na_2CO_3、KNO_3和$Ba(NO_3)_2$三种杂质中的一种或两种。现将13.8g样品加入足量水，样品全部溶解，再加入过量的$CaCl_2$溶液，得到9g沉淀。对样品所含杂质的正确判断是（　　）

A. 肯定有KNO_3

B. 肯定有 KNO_3，可能还含有 Na_2CO_3

C. 肯定没有 $Ba(NO_3)_2$，可能有 KNO_3

D. 肯定没有 Na_2CO_3 和 $Ba(NO_3)_2$

解析：依题意定性分析可知，原样品中不可能含有 $Ba(NO_3)_2$。假设原样品为纯净的碳酸钾，则13.8g碳酸钾（恰好是0.1mol）反应后最终生成 $CaCO_3$ 沉淀 10g。故等质量的杂质比等质量的碳酸钾生成 $CaCO_3$ 少，因此原样品中一定含有 KNO_3（因等质量的 Na_2CO_3 比 K_2CO_3 生成沉淀多）。答案为 A、B。

例3：在一密闭容器中，用等物质的量的 A 和 B 发生如下反应：A（气）$+ 2B$（气）$\rightleftharpoons 2C$（气），反应达到平衡时，若混合气体中 A 和 B 的物质的量之和与 C 的物质的量相等，则这时 A 的转化率为（　　）

A. 40%　　　　B. 50%　　　　C. 60%　　　　D. 70%

解析：若 A 和 B 的物质的量均为 1mol，假设 B 完全消耗掉，则 A 将转化 0.5mol。此时转化率为 50%，但由于是可逆反应，则 B 不可能完全消耗掉，A 的转化率不可能达到 50%。对照选项，答案为 A。

例4：在密闭容器中进行的 A（g）$+ 3B$（g）$\rightleftharpoons 2C$（g）反应，其中 A、B、C 起始时分别为 1mol、3mol、2mol，容器为 10L，反应达到平衡时，各物质的浓度可能是（　　）

A. $c(A) = 0.2mol/L$，$c(B) = 0.6mol/L$　　　　B. $c(B) = 0.5mol/L$

C. $c(A) = 0.2mol/L$ 或 $c(C) = 0.4mol/L$　　　　D. $c(C) = 0.4mol/L$

解析：假设正反应可完全进行到底，则生成物 $c(C) = 0.4mol/L$，因反应实为可逆反应，所以 C 的浓度肯定小于 0.4mol/L，故答案 C、D 不合题意；又假设逆反应可进行到底，则反应物 $c(A) = 0.1mol/L + 0.1mol/L = 0.2mol/L$，$c(B) = 0.3mol/L + 0.3mol/L = 0.6mol/L$，因反应实为可逆反应，所以 $c(A) < 0.2mol/L$，$c(B) < 0.6mol/L$。答案为 B。

二、定值假设

在有些计算题中，若能依据题意巧妙地假设一些特定数值，则能化繁为简，从速求解，起到事半功倍的效果。

例5：在化合物 X_2Y 和 YZ_2 中，Y 的质量百分比分别约为 40% 和 50%，则在化合物 X_2YZ_3 中 Y 的质量分数约为（　　）

A. 20%　　　　B. 25%　　　　C. 30%　　　　D. 35%

解析：在仔细观察题给条件的基础上，若假设 X、Y、Z 三种元素的相对原子质量分别为 3、4、2，则可迅速求解得出化合物 X_2YZ_3 中 Y 的质量分数为 25%。答案为 B。

三、等值假设

在某些化学问题的求解过程中，若将实不相等的两个化学量假设为相等量，则可显化题给条件，优化思维程序，简化解题过程，提高效率。

例 6：已知 25% 氨水的密度为 $0.91\text{g}/\text{cm}^3$，5% 氨水的密度为 $0.98\text{g}/\text{cm}^3$，若将上述两溶液等体积混合，所得氨水溶液的质量分数是（　　）

A. 等于 15%　　B. 大于 15%　　C. 小于 15%　　D. 无法估算

解析：假定两种氨水溶液的密度相等，则等体积（相当于等质量）混合后，溶液中氨的质量分数应为 15%，但实际上由于 5% 的氨水密度大，因而等体积混合后，5% 的氨水质量应大于 25% 的氨水，故混合溶液中提供的氨的质量将相对减少，氨的质量分数将小于 15%。答案为 C。

例 7：已知自然界中铱有两种质量数分别为 191 和 193 的同位素，而铱的平均原子量为 192.22，这两种同位素的原子个数比应为（　　）

A. 39∶61　　B. 61∶39　　C. 1∶1　　D. 39∶11

解析：假定两种同位素原子个数比为 1∶1，则铱的平均原子量应为 192，而实际结果为 192.22，大于 192，所以质量数 193 的同位素所占比例应大一些，即上述比值应小于 1∶1。对照选项，答案为 A。

四、等效（过程）假设

等效（过程）假设是指在不改变题意的前提下，将题中的变化过程进行恰当的假设，变为一个与题意等效的过程，从而使问题得到简化解决的一种假设方法。尤其在解决一类化学平衡难题时，该方法显得十分有效。

例 8：体积相同的甲、乙两个容器中，分别都充有等物质的量的 SO_2 和 O_2，在相同温度下发生反应：$2SO_2 + O_2 \rightleftharpoons 2SO_3$，并达到平衡。在这个过程中，甲容器保持体积不变，乙容器保持压强不变，若甲容器中 SO_2 的转化率为 p，则乙容器中 SO_2 的转化率（　　）

A. 等于 p　　B. 大于 p　　C. 小于 p　　D. 无法判断

解析：为了将甲、乙两容器中发生的变化联系起来，可以将乙容器中的变化过程做等效假设：

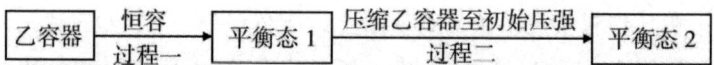

过程一中发生的变化和甲容器完全相同,所以当达到平衡态1时SO_2的转化率为p;在过程二中,平衡正向移动,转化率增大。因此在整个转化过程中转化率将大于p,故答案为B。

一类试题的多种解法

一、题型特点

反应物相同,但因反应物用量比不同而导致产物不同的计算题,如:$NaAlO_2 + HCl \longrightarrow Al(OH)_3$、$AlCl_3$;$P + Cl_2 \longrightarrow PCl_3$、$PCl_5$;$AlCl_3 + NaOH \longrightarrow Al(OH)_3$、$NaAlO_2$;$H_2S + O_2 \longrightarrow S$、$SO_2$;$Fe + HNO_3 \longrightarrow Fe(NO_3)_2$、$Fe(NO_3)_3$;$Cu + HNO_3 \longrightarrow NO$、$NO_2$;$H_2S$($H_2SO_3$、$H_2CO_3$、$H_3PO_4$ 等)+ $NaOH$(NH_3、$Ca(OH)_2$ 等)$\longrightarrow Na_2S$、$NaHS$……此类题型在各种考试中出现频率较高,它们的特点相似,且大都可用多种解法进行求解,如守恒法(微粒守恒、电子守恒、电荷守恒等)、十字交叉法、图像法、直写方程式法等。在这类计算题的教学中,重视一题多解,有利于学生对所学知识加深理解,培养学生灵活运用知识,多层次、多角度分析问题、解决问题的能力,并可诱发学生的学习兴趣和探索精神。

二、解法举例

题目:在 75mL 1mol/L $AlCl_3$ 溶液中加入 2mol/L 的 $NaOH$ 溶液 120mL,可得沉淀多少克?

简析:此题中可能发生的反应为

$AlCl_3 + 3NaOH == Al(OH)_3 \downarrow + 3NaCl$ ①

$Al(OH)_3 + NaOH == NaAlO_2 + 2H_2O$ ②

因 $\dfrac{1}{4} < \dfrac{n(AlCl_3)}{n(NaOH)} = \dfrac{1 \times 0.075}{2 \times 0.12} = \dfrac{5}{16} < \dfrac{1}{3}$,故产物中既有 $Al(OH)_3$,又有 $NaAlO_2$,亦即生成的 $Al(OH)_3$ 有部分溶解变为 $NaAlO_2$。

解法 1:利用连续反应求解。

依题意可知:①式反应中需 $NaOH$ 为 $3 \times 1mol/L \times 0.075L = 0.225mol$,生

成 Al（OH）$_3$ 0.075mol；②式中消耗 NaOH 为 2mol/L×0.12L－0.225mol＝0.015mol，可溶解 Al（OH）$_3$ 0.015mol，最后剩余 Al（OH）$_3$ 为（0.075mol－0.015mol）×78g/mol＝4.68g。

解法2：利用并行反应求解。

将①式与②式加合，可得：

$AlCl_3 + 4NaOH == NaAlO_2 + 3NaCl + 2H_2O$ ③

设①式中消耗 AlCl$_3$ 的物质的量为 x，③式中消耗 AlCl$_3$ 的物质的量为 y，依题意有 $\begin{cases} x+y=0.075 \\ 3x+4y=0.24 \end{cases}$，解得 $x=0.06$ mol。

故生成 Al（OH）$_3$ 的质量为 0.06mol×78g/mol＝4.68g。

解法3：十字交叉法。

由①式可知：使 0.075mol AlCl$_3$ 生成 Al（OH）$_3$ 需 NaOH 为 3×0.075mol＝0.225mol，由③式可知：使 0.075mol AlCl$_3$ 转化为 NaAlO$_2$ 时，需 NaOH 为 4×0.075mol＝0.30mol，由题意知 0.075mol AlCl$_3$ 生成 Al（OH）$_3$ 和 NaAlO$_2$ 混合物时，需 NaOH 为 2×0.12 mol＝0.24mol，故依十字交叉法得①式、③式反应中消耗 AlCl$_3$ 的物质的量之比为

0.225 ╲   ╱ 0.06
         ╲   ╱   ——— ＝ 4/1
         0.24   0.015
         ╱   ╲
0.30 ╱   ╲ 0.015

。即①式中消耗 AlCl$_3$ 为 0.075mol×4/5＝0.06mol，生成 Al（OH）$_3$ 为 0.06mol×78g/mol＝4.68g。

解法4：微粒守恒法。

反应前后 Al^{3+}、Na$^+$ 的物质的量守恒，设反应后生成 Al（OH）$_3$ 的物质的量为 x，NaAlO$_2$ 为 y，则依 Al^{3+} 守恒有 $x+y=0.075$；依 Na$^+$ 守恒有 $y+3\times0.075=2\times0.12$，联立解得 $x=0.06$ mol，质量为 0.06mol×78g/mol＝4.68g。

解法5：电荷守恒法。

反应后溶液中存在 NaAlO$_2$ 和 NaCl 溶液，溶液中正负电荷守恒，设反应后生成 NaAlO$_2$ 的物质的量为 x，依电荷守恒得关系式 n（Na$^+$）＝n（AlO$_2^-$）＋n（Cl$^-$），代入数据 $2\times0.12=x+3\times0.075$，解得 $x=0.015$ mol，则生成 Al（OH）$_3$ 的质量为（0.075mol－0.015mol）×78g/mol＝4.68g。

解法6：直写方程式法。

因产物为 NaAlO$_2$ 和 Al（OH）$_3$，且 $n_{AlCl_3}:n_{NaOH}=0.075:0.24=5:16$，故据题意可直写如下方程式：$5AlCl_3 + 16NaOH == xAl(OH)_3 + yNaAlO_2 + 15NaCl$

$+z\mathrm{H_2O}$。依 $\mathrm{Al^{3+}}$、$\mathrm{Na^+}$ 守恒有 $\begin{cases} x+y=5 \\ y+15=16 \end{cases}$，解得 $x=4$，故由 $\mathrm{AlCl_3}$ 的量知生成 $\mathrm{Al(OH)_3}$ 物质的量为 $0.075\mathrm{mol} \times 4/5 = 0.06\mathrm{mol}$，质量为 $0.06\mathrm{mol} \times 78\mathrm{g/mol} = 4.68\mathrm{g}$。

值得一提的是，运用直写方程式法求解此类计算题，具有快速、巧妙的优点。

"等效平衡问题"课时设计

等效平衡问题是中学化学中的一个难点内容，为了在高考复习中突破这一难点，我试图引导学生通过对课本知识的深入探究，着力体现"三维目标"，并以问题探究的方式，展现知识的形成过程，进而达成教学目标。为此，我精心设计了这节课时教案，并邀请我们备课组的化学教师现场听课评议，共同探讨本节课的教学设计。

一、教学目标

（1）在教师的引导下，学生通过对具体实例的分析探究，理解等效平衡的特征，掌握其规律，并能解决常见的等效平衡问题。

（2）通过对课本知识的探究，体会高考题"源于课本、高于课本"的特点，增强深入探究课本知识的意识。

二、教学方法

目标教学法＋问题归纳法。

三、教学设计

基本流程为，提出问题—引导探究（变式探究）—总结规律—实践应用。

1. 展示目标

教师交代本节课的知识内容特点，明确课时学习任务，并及时鼓励学生，增强学生学好等效平衡问题的自信心。

2. 实施目标

（1）问题的引入。

问题1：我们课本上有没有出现过等效平衡问题的语言描述？［全日制普通高级中学教科书（必修加选修）第二册34页、35页］（学生重温课本内容）

(2) 问题的探究。

问题2：你是怎么理解等效平衡问题的？（让学生用自己的语言来描述，并理解其中的关键含义，再引导学生得出准确定义，并板书。）（条件一定，起始量不同，反应途径不同，但平衡状态相同。）

问题3：我们将课本中的例子做如下变形，则平衡量又是多少？你认为它们还是等效平衡吗？为什么？

变式		CO（g）	+H$_2$O（g）	$\rightleftharpoons$CO$_2$	+H$_2$（g）	是否等效平衡
参照体系	起始量	0.01mol	0.01mol	0	0	
	平衡量			0.005mol	0.005mol	
变式一	温度为500℃			?	?	?
变式二	起始量	0.02mol	0.02mol	0	0	?
	平衡量			?	?	
变式三	起始量			0.03mol	0.03mol	?
	平衡量			?	?	
变式四	起始量	0.01mol	0.02mol	0	0	?
	平衡量			?	?	
变式五	起始量	0.01mol	0.02mol	0.02mol	0.02mol	?
	平衡量			?	?	
变式六	如果将原体系的容积变为2L或0.5L，则结果如何？					?

问题4：从以上的变式分析中，你认为对于上述反应，在恒温恒容条件下及恒温恒压条件下，要和参照体系达到等效平衡，反应体系的起始量应满足什么关系？（通过师生的分析讨论得出结论。）

总结规律

（板书）对于反应前后气体的物质的量守恒的可逆反应而言，无论是在恒温恒容条件下，还是在恒温恒压条件下，只要由极端假设法确定出的初始量和参照体系中的物质的量之比相同，即可达到该条件下的等效平衡（实为等含量型等效平衡）。

问题5：在恒温恒容（500℃、1L）条件下，若将上述反应变为N$_2$（g）+3H$_2$（g）$\rightleftharpoons$2NH$_3$（g），试讨论下列变式能否和参照体系构成等效平衡。

变式		N_2 (g)	$+3H_2$ (g)	$\rightleftharpoons 2NH_3$ (g)	是否等效平衡
参照体系	起始量	1mol	1mol	0	
	平衡量			amol	
变式一	温度为400℃			?	?
变式二	起始量	0	0	2mol	?
	平衡量			?	
变式三	起始量	0.5mol	1.5mol	1mol	?
	平衡量			?	
变式四	起始量	1mol	3mol	2mol	?
	平衡量			?	

问题6：从以上的变式分析中，你认为对于上述反应，在恒温恒容条件下，要和参照体系达到等效平衡，反应体系的起始量应满足什么关系？（通过师生的分析讨论得出结论，旨在训练学生对图表数据的观察分析能力。）

总结规律

（板书）对于反应前后气体的物质的量不守恒的可逆反应而言，在恒温恒容条件下，只要由极端假设法确定出的初始量和参照体系中的物质的量对应相等，即可达到该条件下的等效平衡（实为等同平衡）。

对于上述反应，若要在恒温恒压条件下构成等效平衡，反应体系的起始量应满足什么关系？（通过师生的分析讨论得出结论。）

总结规律

（板书）对于反应前后气体的物质的量不守恒的可逆反应而言，在恒温恒压条件下，只要由极端假设法确定出的初始量和参照体系中的物质的量之比相同，即可达到该条件下的等效平衡（也即为等含量型等效平衡）。

3. 达标检测、反馈矫正

精选典型高考题，由学生自主完成（略）。

注：同行对这节课设计给予了充分肯定，他们普遍认为设计思路新颖，遵循循序渐进的教学原则及学生的认知规律，充分再现了知识的发生、发展的过程，很好地达成了"过程与方法"教学目标。从学生的课堂表现来看，学生在真思、真研，尽管内容很难，但是学生并没有表现多大的畏难情绪，回答问题主动积极，探讨热烈，下课后，仍有不少学生争论不休。尽管部分学生仍似懂非懂，但是他们所表现出来的探究热情和钻研精神是最值得赞赏的。有一位同行说："这样的课堂教学，肯定十分有利于培养学生的学习能力。"

《原电池原理及其应用》教学设计案例（第一课时）

一、教学目标

（1）学生通过探究学习，体验原电池知识的形成过程，进而理解原电池的概念、原理及构成条件。

（2）通过原电池知识的学习，使学生的自主学习、合作学习及探究学习能力得到加强。

二、教学内容及重点、难点分析

本节主要内容是原电池的原理和组成条件，是中学电化学知识的基础。

教学重点是原电池的原理。教材是通过实验得出结论的。教学中可以采用层层设疑（投影）、实验探究的方法使学生通过合作学习、自主学习掌握这一重点知识。

教学难点是原电池的组成条件。教材中以讨论题的形式出现，教学时可以结合实验过程，让学生通过讨论分析 Flash 动画习题（见后）而得出结论。

三、教学对象分析

一方面，由于学生在生活中接触过各种各样的化学电源（干电池、纽扣电池等），因此很容易产生探究欲望；另一方面，由于原电池的化学原理较为复杂，因而学生在学习中可能会产生畏难情绪。教学中应充分利用学生善于探究的心理，层层设疑，鼓励学生进行自主实验，最后根据实验结果讨论、分析，得出结论。

四、教学策略及教法设计

通过"目标教学法＋问题探究法"教学模式，以"展示目标→实施目标

→达标检测→反馈矫正"的四环节目标教学法为教学流程，在"实施目标"环节中，采用分组实验探究的方式，让学生体验自主学习、合作学习和探究学习，从而体验原电池知识的形成过程，并通过 Flash 动画展示原电池的微观本质，使学生系统掌握知识结构。

本节课实验仪器简单（只需原电池演示仪和一节干电池即可），可在教室上这节课。

五、教学媒体设计

主要采用 PowerPoint 幻灯片投影向学生展示思考讨论题及实验探究题，并链接 Flash 动画以展示原电池的原理及组成条件。多媒体的使用将贯穿整节课。

六、教学过程设计与分析

（一）展示目标（见前）

向学生展示学习目标，明确学习任务。

教师用 PowerPoint 课件向学生展示并说明学习目标。

（二）实施目标

1. 问题引入

（1）化学反应中常常伴随着哪些现象发生？（发光、放热、出现气体、生成沉淀等）

（2）化学反应中的发光、放热现象说明了什么？（化学能可以转变成光能和热能）

（3）化学能能否转化成电能？（我们见到的电池都是将化学能转化成电能的装置）

（4）一个小小的电池是如何产生电能的？（引发实验探究）

说明：这一教学环节的实施程序为，教师质疑→学生合作讨论→师生补充完善。

上述问题及答案用课件随机展示。

2. 实验探究一

实验 1：我们将一锌片和铜片插入稀硫酸中，会出现什么现象呢？

（锌片上有气泡，铜片上没有任何现象。）

质疑 1：为什么会出现这种现象？（学生讨论回答。）

实验2：我们将锌片和铜片用导线连接后再插入稀硫酸中，又会出现什么现象呢？（铜片上有气泡出现。）

质疑2：铜片上为什么会出现气泡呢？（锌片上失去的电子经导线移动到铜片，并发生 $2H^+ + 2e^- = H_2$ 反应。）

说明：这一教学环节的实施程序为，学生自主实验，观察实验现象→教师质疑→学生合作探究→师生共同总结，得出结论。

上述实验题、质疑思考题及答案教师用课件同步展示。

过渡：我们对上述现象产生原因的推理是否合理呢？

Flash 动画展示：（Cu–Zn 原电池的反应原理）

说明：Flash 动画展示能形象地揭示原电池的基本原理，加深学生对原电池原理的理解，并能很好地突出本节课的教学重点。

3. **实验探究二**

教师设疑、学生自主实验（实验3）：Flash 动画显示，在上述装置中，产生了电子的定向移动（电流），那么如何用实验来验证呢？（连接电流计检测。）

归纳、板书：（上述装置中的化学能转化成了电能，得出原电池的概念。）

4. **实验探究三**

教师设疑、学生自主实验（实验4）：如何确定这一装置的电流方向呢？（方案：先用干电池测定电流方向与电流计指针偏转方向之间的对应关系，再用电流计测定装置中的电流方向。）（课件展示）

归纳、板书：（得出原电池的原理。）

说明：这一教学环节的实施程序为，教师质疑→学生合作探究→自主实验→师生归纳、板书。

5. **问题探究**

质疑：要构成一个完整的原电池，应具备哪些条件？（课件展示）

Flash 动画展示：在下列①②③⑤中加稀硫酸，④中加硝酸银溶液，各有

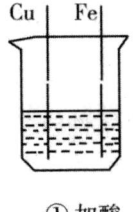

① 加酸

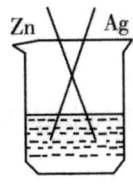

② 加酸

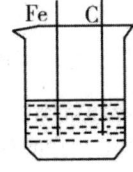

③ 加酸

什么现象?哪些构成了原电池?写出电极反应及总反应式。

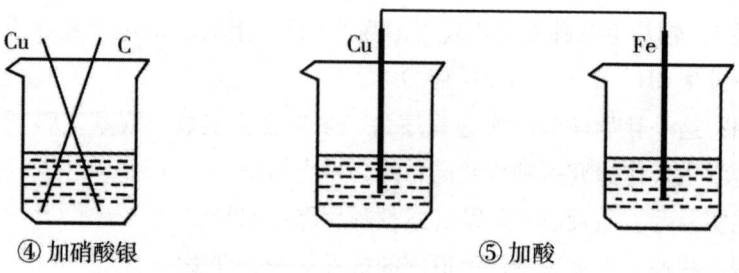

④加硝酸银　　　　⑤加酸

归纳、板书：（得出原电池的组成条件。）

说明：这一教学环节的实施程序为，展示习题→学生自主或合作探究→观看Flash动画→师生归纳、板书。（通过展示反应过程，让学生明确原电池的组成条件，从而突破教学难点。）

（三）达标检测，反馈矫正：（课件展示。）

习题

根据下列装置，回答以下问题：

（1）指出A、B、C各装置中各电极的名称，并写出电极方程式。

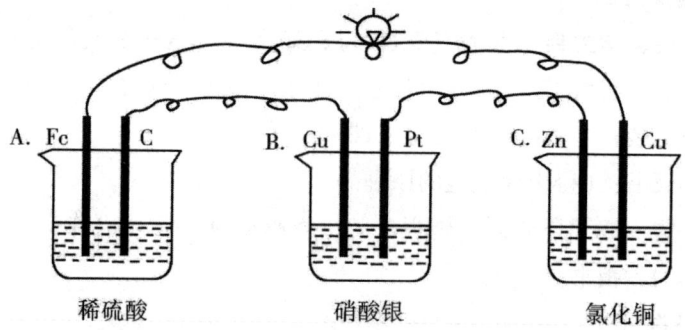

A. Fe　C　　　B. Cu　Pt　　　C. Zn　Cu
　稀硫酸　　　　　硝酸银　　　　　氯化铜

（2）上述装置工作20分钟后，发现Pt电极质量增加了10.8g，则Fe电极质量如何变化？质量变化了多少？

（3）20分钟内，通过上述装置的电量是多少？

（4）通过上述装置的电流是多少？

上述习题的教学，力图使学生加深对原电池原理的理解，并发现学生学习中存在的问题，及时矫正。

七、板书

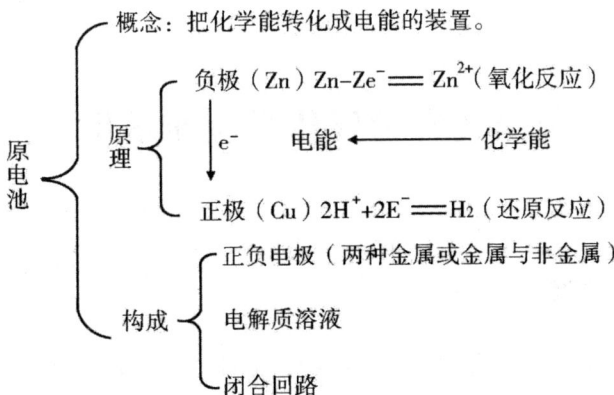

八、练习设计（略）

封闭式有毒气体反应演示仪

一、实验原理

在两具支试管中分别装盛一种反应物（固体或液体），然后用两支注射器分别将另一种反应物注入其中。常温下即可反应并同时生成两种气体，经导气管流入玻璃筒内并发生反应，即可观察到实验出现的现象。反应完毕后，尾气可被吸收液吸收掉，不会引起污染。

二、特点和用途

此教具可用于演示 H_2S 和 SO_2、H_2S 和 Cl_2、H_2S 和 Br_2、NH_3 和 Cl_2、NH_3 和 HCl 等一系列中学化学中常见的有毒气体反应。

特点主要有以下几个。

（1）制气与反应于同一装置中进行，操作简单，节省时间，且现象易于观察。

（2）整个反应于全封闭系统内进行，且带有尾气吸收装置，不会引起污染。

（3）反应用药量少，可节约药品，节省经费。

三、制作材料

具支试管 2 支、玻璃筒 1 个、5mL 一次性注射器 2 支、带针头输液细管 2 根、玩具塑料杯 1 个、小气球 2 个、单孔胶塞 4 个、T 形管 3 支、胶管 3 段、止水夹 2 个、橡皮筋、图钉等。

四、教具装置图（图1-1）

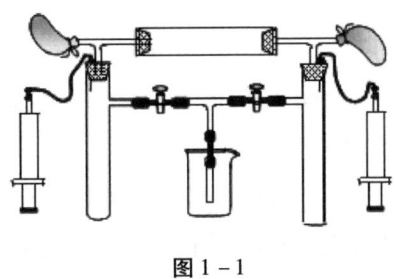

图1-1

五、制作方法

步骤一：取两支 T 形管，将相互垂直的两端各插入一单孔胶塞（导管露出胶塞即可）中，在另一端扎上一小气球，然后用四个胶塞将两只具支试管和玻璃筒连起来。在支管试管的胶塞上沿 T 形管外壁各插入一根带针头的输液细管（针头露出胶塞），在输液管的另一端各接上一支 5mL 注射器，如图1-2所示。

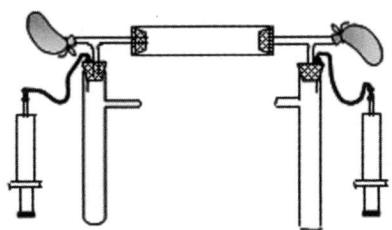

图1-2

步骤二：在具支试管的支管上各夹一个止水夹，然后用橡皮管将支管和第三支 T 形管连接起来。T 形管的另一端用橡皮管连接一段适当长短的玻璃管，然后将玻璃管伸入一玩具塑料杯内，即得到如图1-1所示的装置。

步骤三：自制一个"⊥"形木架（底座板规格为 32cm×8cm，垂直板规格为 30cm×23cm），在木架上打几个小孔，然后用橡皮筋、图钉将整个装置固定于木架上。

六、使用方法

以 H_2S 和 SO_2 反应为例做一说明。

（1）在两具支试管中分别装入少量的 FeS 和 Na_2SO_3，两支注射器中吸入约 4mL 较浓的 H_2SO_4 溶液，然后如图 1-1 所示连接好装置。

（2）关闭两止水夹，并同时推动注射器使 H_2SO_4 溶液进入具支试管中，反应可分别生成 H_2S 和 SO_2，两气体经 T 形管流入玻璃筒内并相互反应，可观察到在玻璃筒的内壁上生成大量的淡黄色固体硫。

（3）实验完毕后，打开两止水夹，残余气体会进入玩具塑料杯中，被 NaOH 溶液吸收，不会引起污染。

在做其他几组实验时，Cl_2 可用高锰酸钾和浓盐酸制取；NH_3 可用氧化钙（或氢氧化钠）和浓氨水制取；Br_2 可用浓溴水（或液溴）挥发制取；HCl 可用浓硫酸和浓盐酸制取。其他操作方法同上。

全封闭硫化氢和二氧化硫反应装置

一、实验器材

支管试管 2 支、直通管 1 支、T 形管 3 支、小气球 2 个、注射器 1 支、单孔胶塞 4 个、胶管 3 段。

二、实验装置（图 1-3）

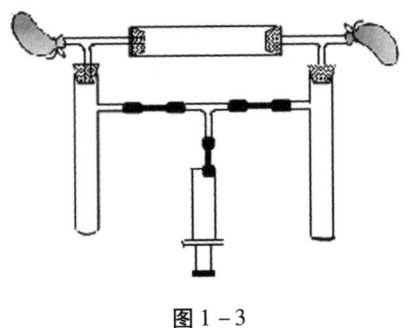

图 1-3

三、操作步骤

（1）在一支支管试管中装入约 0.6g FeS 固体，在另一支支管试管中装入约 0.4g Na_2SO_3 固体（二者的物质的量之比约为 2∶1）。在注射器中吸入足量较浓的硫酸溶液，如图 1-3 所示连接好各仪器。

（2）推动注射器使硫酸溶液同时进入两支管试管中，并分别生成硫化氢和二氧化硫气体，这时能看到两个小气球迅速鼓起来。两种气体在玻璃筒中发生反应，能明显观察到有淡黄色固体硫和液体水生成。随着反应的进行，两个小气球渐渐地瘪下去。

四、几点说明

（1）操作过程中可不时地略微倾斜装置，使进入装有 FeS 固体支管试管中的硫酸溶液多一些，以保证两种气体能及时、充分地反应掉。

（2）整个反应在全封闭装置中进行，不会带来污染。

（3）现象明显，并通过小气球的变化清晰地观察到反应器内压强的变化，很适宜用作演示实验。

（4）制气和反应在同一装置中进行，操作简单，节省时间。

氢氯、氢氧爆鸣实验装置

一、实验器材

支管试管2支、注射器1支、冰淇淋盒（或者小烧杯等）1个、T形管1支、Y形管一支、输液管（带输液管夹和插管）2根、单孔胶塞2个、胶管4段、橡皮筋、图钉。

二、实验装置（图1-4）

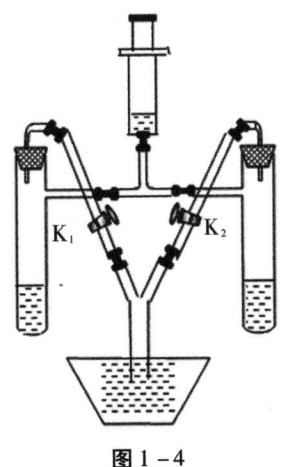

图1-4

三、制作方法

（1）选取两个适当大小的胶塞，将两根带输液管的插头分别插入其中，输液管的另一端用胶管和Y形管相连，然后用胶塞塞住支管试管。

（2）用橡胶管将支管试管同T形管连起来，T形管的另一端用橡胶管同5mL注射器连起来。

（3）自制一个"⊥"形木架（底座板规格为32cm×8cm，垂直板规格为30cm×23cm），然后在木板的下板中央用图钉将饮料盒钉住。在垂直板上打几个小孔，然后用橡皮筋、图钉将整个装置固定于木架上。

四、实验原理

在两支管试管中分别装入锌粒和 $KMnO_4$ 固体（或者 Na_2O_2 固体），然后用注射器将浓盐酸（或者稀盐酸）同时注入两支管试管中，随即发生反应并分别生成 H_2 和 Cl_2（或 O_2），两种气体流入 Y 形管中混合后导入肥皂水中，形成肥皂泡并用镁条点燃，即可听到尖锐的爆鸣声。

五、特点和用途

此教具主要演示中学化学中的两个重点、难点实验——H_2 和 Cl_2、H_2 和 O_2 的爆鸣实验。其特点主要有以下几点。

（1）制气和爆鸣实验于同一装置中进行，操作简单，节省时间，现象明显，能有效地提高课堂演示效果。

（2）反应用药量少，可节约药品。

（3）此装置还可用于做 H_2、Cl_2 等气体的制取及性质实验。

浅谈实验教学中提高学生化学素养的途径和方法

著名化学家戴安邦曾精辟地指出："化学实验教学是实施全面化学教育的一种最有效的形式。"由此可见，化学实验在实施化学素质教育中具有不可替代的作用。但是当前很多教师对化学实验在教学中的作用缺乏正确的认识，普遍存在重理论轻实验、重结论轻过程的现象，那么如何改变这种现状，在化学实验教学中提高学生的化学素养呢？我认为可以从以下几个方面着手。

一、优化演示实验，激发学生学习兴趣，培养学生主动参与意识

演示实验具有鲜明、生动和真实性，是激发学生学习兴趣，培养学生参与意识的重要手段。在教学中我的做法有以下两点。

（1）打破常规，创设有趣的实验情景，增加实验的趣味性。例如，在讲授"白磷的着火点很低"时，我没有按课本上的既定程序直接去做，而是做了一个"煽风点火"的魔术，顿时，课堂气氛十分活跃，教学效果很好。

（2）让学生成为"小老师"登台演示，培养学生的主动参与意识。对于一些现象明显、操作简便且安全的实验，我要求他们在课前认真预习，明确实验原理，熟悉操作规范，上课时由学生充当"小老师"登台演示，并引导其他学生观察实验现象，分析反应原理及出现的各种问题等，使学生得到独立锻炼的机会。另外，我还根据具体教学内容，增设一些演示实验，使更多的学生得到锻炼。实践表明，这种做法能极大地调动学生学习的积极性，培养学生的主动参与意识和动手操作能力。

二、改进学生实验，培养学生严谨求实的科学态度

科学态度的核心就是"实事求是"。但是，长期以来，我们的学生总是带着报告进实验室，看着报告做实验，对照教材填报告。由于习惯于"照方抓药"，因而他们根本不注意从实验中主动获取感性认识，很少去理性地思考实验中蕴含的科学认知过程和科学方法，只是照搬照抄课本结论，因而学生实

验形同虚设。为了改变这种现状，我提出了带着"手""眼""脑"进实验室的要求，即要求学生除了做记录之外，不准带教材和实验报告进实验室，并要求学生对实验中出现的偏差运用所学知识进行合理的探讨与分析，查找原因。同时还加强了实验时的巡回检查与指导，以杜绝学生实验时"作弊"。这样学生就不得不在课前认真预习，在实验过程中仔细观察，如实记录认真分析，从而由"看一步做一步"转变为"一边想一边做"，达到了手的操作、眼的观察、脑的思考协同发展的目的，从根本上改变了学生"玩实验"的不正确态度，严谨求实的科学态度在学生身上日益体现出来。

三、实施探索性实验教学，培养学生探索精神

化学教材中的实验大多属于验证性实验，若让学生沿着课本给定的程序去做实验，则难以更大程度地激发学生的好奇心和探索精神。为此，我便根据学生的学习实际和学校实验室条件，将课本中的一些验证性实验改为探索性实验，让学生在老师的指导下事先设计方案，然后由学生登台演示或上学生实验课。例如，在讲 SO_4^{2-} 的检验方法时，我将课本演示实验设计成一道鉴别题——如何鉴别 $AgNO_3$、Na_2SO_4、Na_2SO_3、Na_2CO_3 四瓶无色溶液？问题一提出，学生便异常活跃：有默默沉思者，有互相讨论者，更有为方案不统一争得面红耳赤者……于是，我便让几位持不同方案的学生分别登台演示，在实验法庭上明辨是非，谁知实验现象一出现，竟令好多学生始料未及——一些学生的实验方案竟无法确认 Na_2SO_4、Na_2SO_3、$AgNO_3$ 三瓶溶液。这是为什么呢？正当他们疑惑不解时，我便顺势引导学生分析探讨出现不同结果的原因，并最终确立了最佳鉴别方案。

在实际教学中，我还鼓励学生根据学习的需要自行设计一些探索性实验，并开放实验室，给学生提供第二课堂阵地，让学生带着自己的问题走进实验室，独立解决自己的困惑。这种做法极大地调动了学生学习的主动性，常常课外活动时间有不少学生"泡"在实验室里，他们说"有一种做科学家的感觉"。也正是在这种感觉的驱动下，科学家严谨求实的工作态度和献身科学的探索精神日益在学生身上形成并得以强化。

四、开展实验制作，培养学生创新精神

创造性思维是所有思维形式中品质最高、最有价值的一种思维形式。为了培养学生的创造能力，在实验教学方面，我们开展了实验装置的改进和微

型实验装置制作的活动。在教学实践中，我们发现教材中的一些实验存在着明显的不足：或操作不便，或现象不清，或污染环境等，加之受我们学校实验条件的限制，某些实验无法开展。为此，我便有意识地引导学生分析、讨论课本实验的不足之处，并鼓励学生大胆创新，对课本原有装置进行改革，或自行设计制作微型代用装置。由于学生跳出了教材原有装置的限制，于是"八仙过海，各显其能"，人人争当小发明家、创造家，近年来，在师生的共同参与和努力下，我们成功研制了"H_2S 和 SO_2 反应装置""氢氯、氢氧爆鸣实验装置""封闭式有毒气体反应演示仪"等多件微型实验装置，并获得了1995 年、1998 年、2006 年甘肃省优秀自制教具展评一、二等奖，其中"封闭式有毒气体反应演示仪"还获得了全国自制教具展评三等奖。微型实验装置的研制，不仅可以大大改善课堂演示实验条件，而且更重要的是可以使学生从中领略到从未有过的成功喜悦，使他们的创造能力得到极大的开发，增强他们向科学高峰攀登的信心和决心。

五、开展科技活动，强化学生综合素质

为了适应新课程改革的需要，使学生的化学视野从书本转移到社会、科技、生活、环境（STSE）中，增强他们对化学学科与社会、科技、生活、环境之间相互关系的认识，强化他们的科技意识和社会责任感，培养他们的科学态度和科学方法，在化学教学中，可以设计一些综合实践活动课，将学生领出教室、走进社会、走进生活，去实地察看附近的污水河流、水泥厂、自来水厂、火电厂等，使学生切身体会到科学技术的利用给人类带来的利益和危害，从而培养他们正确的化学情感。同时也可以结合本地区的实际和学生的水平，设计简单的实验课题，让学生进行"研究性学习"，如可以组织学生进行"附近河流水质测量""回收废旧电池中的锌片和 MnO_2""从废旧瓶胆中回收银"等科技活动。同时还可以精选高考实验试题，让学生尝试"研究性学习"。例如，我们以 1998 年高考第 27 题为题材，开展了"Cu、Al 合金中 Cu、Al 质量分数的测定"的实验研究。这些活动，将会大大提高学生的实验设计能力、创新思维能力，强化中学生的科技意识，提高他们的综合素质。

课堂有竟时,思考无止境

——2014年平凉市高中政治课堂教学讲赛活动总结报告

尊敬的各位领导,各位老师,大家好!

备受全市教育界关注的2014年中小学课堂教学讲赛活动政治学科决赛,在市教育局、市教科所的正确领导下,在崇信县教育局、崇信一中的精心组织下,经过为期4天的准备和角逐,今天圆满结束。

首先,感谢市教育局、市教科所给我们搭建了这次一起研讨、相互交流、共同提高的学习平台,感谢崇信一中为我们提供了各种教学所需资源和热情周到的服务,感谢各位参赛老师给我们奉献了11节精彩纷呈的优质课。作为一名从教二十多年的老教师,能够全程参与这次活动,与全市各地的优秀政治学科教师共同探讨课堂教学,我倍感荣幸。因为,面对新课程,我只是个小学生。我的知识老化,观念陈旧,方法单一,急需在教学理念、教学方法、知识结构上来一次全面"大换血"。这次活动对我来说无疑是一次雪中送炭。其次,我能以评委组长的身份参与整个讲赛活动的听课、评课全过程,既学习了各位参赛教师严谨认真的治学态度,精彩独到的教学设计,举重若轻的问题处理,又迫使我思考了政治课课堂教学中存在的一些问题,对照自己平时的教学,不能不说,这是在给自己"照镜子"。这次活动对我个人乃至对于我市高中政治课教育教学必将产生深远的影响。下面,是我对这次讲赛活动的简要总结。

一、基本情况

本次政治课讲赛活动,从2014年11月17~20日,为期4天。11名参赛教师来自于平凉市7个县区,都是通过县级讲赛活动选拔推荐的本县区从事一线教学的优秀教师,担任本次讲赛活动的7位评委也是来自各县区教学一线的专业教师。整个讲赛过程受到市教育局、市教科所领导高度重视,特别是朱所长、曹主任等领导亲临现场,全程参与,使活动紧张有序,忙而不乱。整个活动前有部署,中有互动(说课、评课),后有总结。讲赛程序公开透明，评价标准统一使用平凉市教育科学研究所制定的普通高中课堂教学评价表，评委现场亮分，参赛选手当场签字，当天公示成绩，评判结果真实、有效。赛课后当天进行评课活动，更进一步提升了活动的品位和品质。

二、特点和优点

1. 参赛教师的教育教学基本功扎实，专业素养过硬

所有参赛教师穿着得体，举止文雅；精神饱满，富有活力；语言规范，表达准确；板书设计合理，线索清晰，简洁明了；绝大多数教师都能用普通话教学，善于使用现代化教学手段；课件制作精美，有声有色，图文并茂。如平凉一中任雅民老师的板书，工整美观，富有体系，能与课堂教学进程同步，善于使用彩色粉笔，对学生学习、梳理知识和教师的板书教学极具示范作用。再如平凉五中袁琰莉老师的多媒体课堂小结，线索清晰，角度新颖，给人印象深刻。庄浪紫荆中学的侯之亮、灵台一中的薛罡两位老师的课件制作有视频、图片、漫画，对重点词句能用不同颜色做出标记，前后一致，都收到了很好的教学效果。参赛教师娴熟的教学技艺也给人留下深刻印象。标准流畅的普通话，富有感染力的表达，行云流水般的课堂驾驭，充满智慧的课堂教育机智，都体现出教师应有的专业素养。

2. 参赛教师治学态度严谨认真，教学理念新颖独到

每位参赛教师课前有精心的准备，课中有精彩的展示，课后有精细的反思，充分发挥了优质课的示范与引领作用。每一节参赛课，教师只有不到一天的准备时间，有10参赛位教师准备了导学案，教学详案，制作了课件。有10位参赛教师课前能与学生见面，了解学情，给学生布置预习任务，课后能坚持认真听其他教师的课。

每一位教师在教学设计和教学实施中都能以新课程理念为指导，以学生为主体，坚持"先学后教""因学施教""当堂训练"，师生角色定位准确。能够围绕"三维目标"，坚持"三个贴近"，体现"三个基于"。无论是教学环节的设计、教学问题的提出，还是教学情境的引入都能围绕"三维目标"进行，充分体现了目标的导向性。教师在知识的处理上不再是苦口婆心讲解，不再是用理论阐释理论，而是创设多个情境，选取典型案例，将问题置于情境与案例之中，使学生在对情境与案例的分析中解决问题、提高能力、明白道理、升华情感。选取的教学素材、教学案例、创设的教学情境或是发生于学生身边，或是为学生所熟悉，或是学生所关注的热点和焦点。如崇信一中

的肖对红老师以"崇信县财政对本县经济社会的作用"导入新课；平凉五中的袁琰莉老师让学生"列举我们身边哪些事情需要国家掏腰包"；庄浪紫荆中学的侯之亮老师与灵台一中的薛罡老师以"犀利哥"和"潇洒哥"的系列情景剧为情境让学生体会税收的三个特征以及违反税法的几种行为，诙谐幽默，符合学生特点，增强了学习的趣味性；等等。这些都体现了"贴近学生、贴近生活、贴近实际""基于情境、基于案例、基于问题"的教学原则。

3. 参赛教师的教学设计独具匠心，教学方法灵活多样

这次大赛给我印象最深刻的一点，就是几乎每位参赛教师的教学设计都是独一无二的。11位参赛教师，共上了两课时教学内容，5位教师上的是《国家财政》，6位教师上的是《征税与纳税》。参赛教师同上一节课，教学设计独特而不怪异，所选素材新颖而不雷同，课件制作精美而不花哨。参赛教师在教学环节的设计、教学问题的提出、教学素材的运用、教学目标的确定、教学方法的选取等方面科学合理、操作性强，充分体现了教师厚实的知识功底、良好的学科素养和鲜明的个性风格。

具体到每个教学环节而言，很多参赛教师的设计也非常有创意。就导入来说，形式多样，让人耳目一新。有用图片导入的，有用情境导入的，有用歌曲导入的，有用问题导入的，有用视频导入的，不一而足。所选素材都很新颖。如华亭一中王燕老师用《走向复兴》歌曲导入，使课前氛围轻松活跃；泾川三中赵继鹏老师用"神十"、鸟巢图片导入新课，让学生深深体会到国家财政的作用；庄浪紫荆中学的郭鹏斐老师用视频"扶贫开发是最大的民生"导入新课，让学生感受到财政与我们生活息息相关；泾川一中李小强老师用买彩票中奖要纳税导入新课，让学生感受到税收离我们并不遥远，等等。这些导入都不同程度地收到了激发兴趣、集中思维、衔接新旧、融洽关系、体验情感的良好效果。

在教学内容的总结上，也出现了一些新的形式。如平凉五中的袁琰莉老师围绕一个"钱"字梳理知识线索，简洁明了，克服了以往生硬的总结知识，缺乏趣味的问题。再如静宁文萃中学杨浩老师让学生自建本框内容知识体系，克服了以往教师用多媒体展示或用板书总结，学生动手少的问题等。

在教学方法和教学模式上，有相对传统的启发引导式、讲练结合法，有新课程理念下的自主探究法、合作探究法、案例教学法，还有"三段式""七环节"教学法以及复习导入—展示目标—自学检测—合作探究—知识梳理—课堂练习的六环节教学模式等。这些教学方法和教学模式都能很好的服务于

不同的教学内容，对推动全市高中课堂教学改革发挥了积极的引领作用。

4. 绝大部分参赛教师教材研究深入透彻，重难点确立准确，处理得当

研究教材，吃透教材、了解学生是备好课，上好课的前提。本次参赛教师都能深入挖掘教材，能对教材内容重新整合处理，能根据自己的教学方法、教学风格灵活运用教材，能做到用教材教而不拘泥于教材。如侯之亮、薛罡等老师在引导学生学习完税收的基本特征之后，不是按课本顺序进行增值税与个人所得税的学习，而是运用"潇洒哥"手中的资料顺势引出违反税法的几种行为，水到渠成，费时不多，效果不错。再如肖对红老师运用背景材料和课本中财政收入与财政支出的知识点，让学生自主探究、合作探究后，引导学生感悟、总结出财政的三大作用，使学生感受深刻，符合学生认知规律。华亭一中的王燕老师、平凉二中的张莉老师注重知识之间的内在联系，善于运用已学知识帮助学生理解个人所得税的意义，等等。这些都是对教材深入挖掘、吃透嚼烂的体现。

绝大多数参赛教师既能在设计教学时科学准确地确立教学重点、难点，更能在实施教学时巧妙地突出重点，突破难点。如平凉五中的袁琰莉老师、庄浪紫荆中学的郭鹏斐老师对财政第三个作用这一难点的突破不惜时力，用课本理论作支撑，用线索图示帮助理解，用新闻素材与现实相对接，全方位化解难点，值得借鉴。静宁文萃中学杨浩老师在个人所得税的计算这一难点的教学上，采用传统的板书示范法，对超额累进税率的计算一步一步给学生示范计算步骤，让学生有相对充足的时间思考回味，使这一难点问题的学习不再艰难。

5. 参赛教师虚心学习，评委教师精细点评

参加本次讲赛课的教师，都能在备好、上好自己的课后，专心听其他教师的课，虚心向其他教师学习，深刻地反思自己的教学设计和实施过程，研讨教学、交流感悟，总结经验，吸取教训。尤其是在说课环节，每一位参赛教师不论年龄大小、教龄长短都能够以一种学习和交流的心态回过头来反思自己的教学设计和实施效果，真正做到了"勤于课前，精于课中，思于课后"，让人肃然起敬，深受感动，充分体现了参赛教师精益求精的治学态度和虚心好学的进取精神。

七位评委教师本着严谨求实的态度，抱着交流切磋的想法，怀着打磨课堂的初衷，对每位参赛教师的课进行了细致中肯的点评，可以说评在了点子上，点到了精要处，既挖掘了 11 节课隐含的教者的思想之髓，充分肯定了每位教师教学设计和实施过程中的亮点，又分析了课堂教学中的疏漏之处，并对每节课的教学提出了改进意见与建议。可以说评课环节启迪了我的思维，激发了我的灵感，让我受益匪浅。

三、问题与建议

课堂是有缺憾的艺术。任何一节课都不可能是十全十美的，总是或多或少地存在一些缺憾与不足，值得我们去反思与改进。本次讲赛活动，虽然精彩不断，亮点频现，但是不得不承认，某些课堂和教师，在新课程理念的实践、学科思想的渗透、学习方法的指导和学习习惯的培养、教学目标的落实及课堂效率的提高等方面还存在着一定的不足和急需改进的问题。

1. 面对新课程，我们教学行为的落实跟不上教学理念的转变，存在着不同步、不一致的现象

虽然，甘肃是最后一批实施新课程的地区，真正实施新课程的时间不长，但全国教育形势的发展要求我们晚起步快行动。这次讲赛活动中，绝大多数参赛教师的教学理念转变了，这从教学设计的各个环节都能反映出来。但在实施过程中，对于自主学习，存在着给学生的学习时间不足，干预太多，不敢放手的问题。对于合作学习，存在形式大于内容，价值不够，方式单一等问题。如多数课堂设计了讨论交流环节，但在落实时明显存在讨论时间不充分，对讨论效果检查不力，给学生表达、汇报的机会偏少等问题；有些教师教学设计中有自主学习环节，但教学过程中未见落实；有些教师设计的是合作学习，但落实的是自主学习。

面对这些问题，要尽快实现由教学理念的转变到教学行为的转变，真正实现由"形转"到"心转"的变化。自主学习要舍得放、敢于放，给学生充分的自主权，让学生自己学完后能够向老师提出问题，而不是老师用问题牵着学生的鼻子走。

合作探究要创造条件让学生积极思考、动手实践、合作交流，要保证探究活动有广泛的参与度，而不是让多数学生听少数几个学生发表他们的观点。这要求教师：一要在活动开展前给予充分的指导，让学生的思维目标有总方向；二要在活动中不断铺路架桥，为学生搭建从设问到结果的"思维之桥"，即分解设问、缩小设问切入口、降低设问难度，帮助学生拾级而上，循序渐进，抵达目标；三要仔细聆听、点评和升华学生的发言。教师对学生发言的关注、点评和升华，不仅是和学生真正的深层次的互动，而且能极大的调动学生自主学习和合作探究的积极性，更好的达成教学目标。

2. 对学生学习方法的指导和学习习惯的培养重视不够

新课程要求教师的教学行为和学生的学习行为都要转变。学生学习行为要从以前被动接受知识转向主动学习，即自主学习，需要合作时再进行合作学习。这要求教师要指导学生的学习方法，培养学生良好的学习习惯，让学生会学。教学的第一要义就是使学生"会学习"。但是这次参赛的 11 节课，绝大多数课缺乏学法指导和学习习惯的培养。

因此，从高一年级开始，一定要重视对学生学习习惯的培养和学习方法的指导。首先，要培养学生预习的习惯，预习是自主学习的好时机。在预习时，要指导学生学会阅读，学会抓关键词、快速提取有效信息的方法；要培养学生的问题意识，让学生善于找出自主学习中存在的问题并做好标记；要做好动员和鼓励，不断检查督促，使其形成习惯。其次，要培养学生记笔记的习惯。要养成阅读时勤动笔勾画、圈点、批注，整理重点知识、梳理知识线索和框架的习惯。再次，要培养学生限时限量完成学习任务的习惯，以增强学生的效率意识。

3. 课堂教学中预设多生成少，预设和生成的关系处理欠妥当

预设是课前对教学目标、教学内容、教学过程、教学方法的预先设计。预设是课堂教学的基本特性，是保证课堂教学质量的基本要求。但教学不只是单纯的"预设"操作，叶澜说："课堂教学就像是向未知方向挺进的旅程，随时都有可能在旅程中发现意外的欣喜和美景，而不是一切都按照固定线路而没有激情的行程。"如果我们的课堂只有预设而没有生成，就只能陷入僵化、庸俗、沉闷的泥潭，学生的学科素养和综合运用能力的培养将无从谈起。

预设与生成是对立统一的关系，预设过度必然导致对生成的忽视，挤占生成的时间和空间；生成过多也必然影响预设目标的实现以及教学计划的落实。本次讲赛活动中，几乎所有授课教师的教学预设都很完美，环节也很齐全，把课堂时间预设得满满当当，结果把学生框得太死，不敢给学生充分的自由和充足的时间表达自己的想法和看法，害怕学生出现错误，学生偶尔出色的、出人意料的回答也没有及时点拨和激励，从而也就失去了诸多稍纵即逝的精彩生成。

要处理好预设与生成的关系，我认为首先要预设生成，即在预设教学目标、教学内容、教学过程及教学方法时要同步预设课堂生成。在避免课堂教学的盲目性和随意性的同时，给学生留出一定的时间和空间，允许学生犯错，鼓励学生创新，保护学生的自信心和学习的积极性，以培养学生的问题意识

和创造性思维。其次，需要教师提高课堂应变能力，要有处理课堂生成的教育机智，变"节外生枝"为意外收获。

4. 教学目标设置不恰当、不全面，落实不到位。忽视了过程与方法目标，对情感、态度、价值观目标落实不力

教学目标是课堂教学的出发点和归宿，它关系到课堂教学的导向、教学内容的取舍、教学方法的运用和教学效果的评价。本次讲赛活动中，绝大多数教师十分重视对教学目标的设计和叙写，在教案设计与课件展示中都有这一环节。但存在部分教学目标设置不准确、不具体，无法操作，无法检测的问题；存在有些教学目标的设计与新课程教学理念不符合的现象。如一位教师对《国家财政》一框的知识目标设置为：识记财政的一般知识；另一位教师对《国家财政》一框的知识目标设置为：识记财政、财政收入、财政支出的含义。那么财政的一般知识是哪些？新课程要求要淡化概念教学，对绝大多数概念不再要求识记了，本框内容学习中，要识记的不是这几个概念。新课程要求实现三维目标，所有参赛教师的教学目标设计中都没有涉及到过程与方法目标，把三维目标理解为知识目标，能力目标，情感态度价值观目标。还存在个别参赛老师的授课情况和说课及教学设计大相径庭的问题，课前预设的教学目标尤其是情感、态度、价值观目标不能达成。

以上现象和问题，细究原因，一是课改意识不浓。没有真正理解教学目标对教学效果的重要作用，认为教学目标的叙写只是教案书写过程中的一个环节。二是没有树立生本思想。心中没有学生，不考虑学生的思维特点、知识水平和认知规律，固守教师为中心的旧习惯，只追求自己教学内容的完成，不考虑学生接受的效果。三是对新课程背景下学生的课程评价理论研究不透，导致教学目标取向单一，只重视知识与技能目标，忽视过程与方法及情感态度价值观目标。新课程对学生的评价注重综合评价，全面评价，发展评价。

因此，我们必须树立正确的教学理念，建立科学的教学评价机制，改变传统教学中只重视知识与技能，忽视过程与方法，淡化情感、态度、价值观的现状。

5. 学生当堂收获单一，课堂教学效率有待提高

一堂成功高效的课堂，应该是三维目标达成更多的课堂，应该是学生收获更多的课堂。这个收获，既包括知识的增长和能力的提升，又包括习惯的养成和方法的习得，还包括情感的体验和升华，态度和价值观的转变。本次讲赛活动，11位参赛教师，有10位教师在课前给学生印发了导学案，布置了预习任务,但是在具体教学中,由于任务不明,指令不清,调动乏力,加之不必要的合作讨论,使得课堂效率大打折扣。总体感觉,从教学方法的选择上,预习过和没预习过所使用的教学方法没有多大区别;从课堂效果评估来看,先学后教和未学即教的效果也没多大区别。并且绝大多数教师还存在着课堂教学时间不足、课堂小结草草收场、课堂检测不充分甚至落空的现象。课堂效率不高,学生当堂收获的主要是知识与技能,而对获取知识的过程与方法体验不多,在情感、态度、价值观的转变上效果不佳。

因此,在以后的课堂教学中,必须努力做到目标明确,任务具体,指令清楚,方法可行,检测及时,反馈有效,当堂巩固。牢记三维目标,将每节课的学习任务十分具体的落实到学生头上,让学生动口、动手、动脑,在收获知识、训练技能的同时,还能养成良好的学习习惯,掌握正确的学习方法,还能有情感的体验和升华,有态度和价值观的转变。

6. 课堂教学中对"现代与传统关系"的处理上稍有不足

随着现代信息技术的发展,多媒体技术在教学中得到了越来越广泛的应用,PPT、Flash 等课件集图画、声音、动画等于一体,得到了广大教师的青睐,在课堂教学中发挥着日益重要的作用,与此形成鲜明对比的是挂图、实物、板书、简笔画、实验等传统教学手段似乎成了"落后"的代名词,逐渐退出了课堂,成为"明日黄花"。在本次讲赛活动中,大多数教师十分重视对现代教学媒体的运用,但忽视了对传统教学方式的继承。比如,本次赛讲课,绝大多数课堂对板书重视不够。殊不知,层次分明、脉络清晰、重点突出、提纲挈领的板书,对吸引学生注意,理清知识脉络,凸显教学重点,强化学生理解等方面都有很好的促进作用。因此,教师在教学中要务必做到"现代要用,传统不丢"。

活动虽已结束,但思考仍在继续,也许我们还应该从更深的层面去思考思想政治课的学科功能;去思考新高考下政治课的学科地位;去思考新高考对政治课教师提出的能力要求;等等。本次活动给我最大的感受是:教无止境,学无止境!要想在教学这条道路上走得更远,飞得更高,就必须善于学习,向书本学习,向优秀学习,向身边学习;还要善于反思,不断总结,提高自己,才能向着更高更远的目标不断迈进。

这份总结,由于时间紧迫,思考不够成熟,见解不够深刻,认识也很局限,问题、错误在所难免,不妥之处,敬请各位领导、专家、同行批评指正。

我的政治课"四环节教学法"
——培养习惯，指导方法，努力构建高效课堂模式

依据新课程教学理念及学校课改要求，针对学生学习中存在的问题，我确立了"先学后教""因学施教"的教学策略，积极探索课堂教学改革，并通过借鉴和实践摸索，总结出政治课"课前预习，自主探究—交流互动，合作探究—释疑解难，矫正完善—当堂达标，总结提高"的四环节教学模式，通过培养习惯，指导方法，努力构建高效课堂模式。这一模式符合高效课堂首倡者、当代著名教育改革实践者李炳亭的"预习—展示—反馈"的教学流程。下面我对这一教学模式分环节简要说明。

一、课前预习，自主探究

高效课堂首倡者、当代著名教育改革实践者李炳亭在《高效课堂22条》中明确指出，高效课堂有三条高压线：预习不充分的课不准上；严禁教师与学生"抢风头"；必须当堂落实达标。长期以来，我们的教学流程都有欠科学欠合理之处，特别是缺少了预习环节，课堂上不管学生懂与不懂、会与不会、能否自己学会，老师都是从头到尾讲授所有教学内容，哪怕再简单的问题，不讲都不放心。教学缺乏针对性，漠视了学生的主体地位，忽视了学生的思维过程，教学效果自然不佳。基于这种认识，我调整了教学思路，坚持新的教学内容必须先让学生预习，自主探究。要做到这一点，开始时很难，学生不会预习、不爱预习、预习不深入的问题普遍存在，要通过不断地指导、检查、督促，使学生形成习惯。最初，我给学生印发导学案，让学生依据导学案阅读课本，完成导学案，并在课本中找出相关内容，标注清楚。渐渐地，我不给学生印发导学案了，让学生自己分析课本，分析本框内容讲了哪些知识点，各自的具体内容是什么，并整理好笔记。还要求学生自主探究学习后必须向老师提出问题（最少两个）以培养学生的问题意识。

这个环节是学生自主学习的主要环节，在这个环节中，我着重培养学生

良好的阅读习惯，指导学生阅读的方法。在预习时，我要求学生系统、全面地阅读教材，要重视每一部分内容的开头、结尾，不能掐头去尾、断章取义；要把握教材的内在逻辑，找出知识之间的内在联系，不能把所有内容都并列成一二三四；要养成阅读时勤动笔勾画、圈点、批注的习惯；要求每读一段内容都要明白就里、抓住关键、提取有效信息。另外，针对学生阅读时只看"干条条"，不重视其他内容的现象，我告诉学生，"干条条"就是最重要的，就是统帅性的观点，是"帽子"，必须重视，并要牢记。但"干条条"后面的内容，是对"干条条"的进一步阐释，是帮助你理解观点的，只有理解了才记得快记得牢，才能灵活运用。高考不仅要考查识记能力，更要考查有效提取信息的能力，考查理解及运用能力。有些学生之所以记住了课本内容但不会灵活运用知识，问题就出在这里。

经过一学期坚持不懈的努力，学生预习的习惯基本形成，阅读能力也大大提高。

二、交流互动，合作探究

对于学生预习过的内容，在复习旧课、导入新课之后，我首先要检查学生通过课前预习、自主学习，对该部分知识的掌握程度。检查的方式可灵活多样，既可以通过生生互动合作方式检测，也可以通过师生互动合作方式检测。生生互动合作方式就是先让学生单独"说课"，说本框讲了哪些知识点，具体内容是什么；说本框内容与前一框内容之间的联系；说他在自主学习中存在的问题等。由其他学生解答疑难并补充完善。师生互动合作方式就是通过老师设计问题或练习的方式检测。对于简单的、一目了然的问题，我通常采用老师设问、学生集体回答的方式检测；内容较多的、较为复杂的问题，我就采用单独提问的方式检测；对于需要理解及运用的知识点、容易混淆的知识点，我通过设计练习题的方式检测。检测时把学生回答中正确与错误的内容分别写在正副板书处，待后师生共同矫正完善。

这个环节是展示学生思维过程的重要环节，在这个环节中，我着重训练学生的思维能力。通过课堂检测，学生的思维过程得以充分展示，学习中存在的问题及原因也得以充分暴露，老师可以针对学生回答问题的情况，通过变换设问角度，训练学生思维的灵活性、变通性，引导学生多角度全方位思考问题、回答问题，以提高学生的逻辑思维能力和语言表达能力。

三、释疑解难，矫正完善

通过预习检测，对学生通过自主学习、互助合作学习能够解决的问题，老师绝不重复讲解。在这个环节，老师主要强调重点，提示易混点、易错点、易漏点。对于学生通过自主学习、合作学习仍不能解决的共性问题，老师要做精要的点拨、引导、讲解。老师要讲的主要是课本内容的延伸部分，这些内容课本中不讲或讲得很少，但高考经常考查。

在交流互动、矫正完善结束后，本节课所学内容的板书也基本完成。

在矫正完善环节中要指导学生记好笔记，培养学生记笔记的习惯。对于本框内容的主要知识点、知识线索和框架一定要整理出来，便于以后复习。

四、当堂达标，总结提高

这是培养学生学习习惯、提高课堂教学效率的关键环节，教学时一定要落实好。政治学科，就课本而言，学生基本都能学懂，似乎不用讲，但一到做题，问题就很多。如果我们忽视了当堂识记、当堂训练、当堂达标，抓不住课堂这一关键环节，把许多任务都留在课后，那我们的教学效果就会大打折扣。因此，我坚持让学生当堂识记重点知识，当堂巩固训练，当堂内容当堂消化。当堂识记、当堂训练都必须限时限量，开展记忆力比赛和做题正确率比赛，培养学生争分夺秒、讲求效率的意识和认真细致、沉着冷静的审题答题习惯。

在当堂达标后，给学生3~5分钟时间，让他们从知识、方法、能力几个方面认真总结并构建知识树，感悟自己本堂课的收获。通过总结，能搞清知识脉络，系统地掌握知识，最终达到升华提高。

教是为了不教，授人以鱼不如授人以渔。经过一年多的课改实践，学生的预习习惯逐步养成，阅读能力明显提高，合作意识进一步增强，课堂效率也大大提高。学生不仅学会了知识，还培养了倾听的意识、思考的习惯、质疑的素养、思辨的能力、包容的品质、创新的品格与合作的团队精神。学生会学了，也爱学了，政治课成绩明显提高了。

课堂提问应处理好几种关系

课堂提问的过程既是向学生传授知识的过程，也是训练学生思维的过程。课堂提问应贯彻因材施教原则，处理好以下几种关系。

一、点与面的关系

提问应力戒个别化，做到既抓"点"又带"面"。有的教师偏爱优秀学生，而对后进生很少过问，这也许基于上课时间短的关系，但这对调动学生学习的积极性有害无益。因为在学生看来，被老师提问是一种受重视的表现，实践也证明，经常被提问的学生学习主动，思维积极，进步较快；反之，则学习被动，思维迟缓。因此，老师在设计和组织课堂提问时，应考虑每位学生的个性差异，贯彻"全面性""民主性"原则，不能顾此失彼，特别是对后进生，要注意给予更多的机会、更多的表扬和鼓励。

教学内容上也有点与面的关系。这里的"点"，指知识中的重点、难点、关键点及社会热点等；这里的"面"，既可以是"框""节""课"，也可以是"整本教材""学科"等。课堂提问既要集中在那些"点"上，又要照顾其他知识，在"点"与"面"的内在联系上，在知识体系的联系上下功夫。如"国家的性质（国体）"是高三《思想政治》全书的重点，在教学时，首先集中力量弄懂弄透这一重点，在此基础上，通过提问等方式，让学生搞清楚它与国家的政体、职能、结构形式、执政党的性质、政治制度、对外政策等其他内容之间的关系，从而真正体现其重点地位。

二、难与易、曲与直的关系

课堂提问还要处理好难与易的关系。教学内容有难易之分、深浅之别，提问最忌走极端。对一些难度较大的内容，提问要力求深入浅出。课堂提问若照本宣科，平铺直叙就会使学生感到乏味，这就需要直题曲问。例如，政治课教学中，在讲授"矛盾就是对立统一"时，若直接提问"何为对立？"，就难以引起学生的兴趣，如果改为"教与学也是矛盾的双方，它们的"对立"是什么？"就能调动学生思考，把知识学活。需要注意的是，直题曲问，不能太难太深，故弄玄虚；曲题直问切忌太直太露，单调乏味。

三、快与慢、多与少的关系

课堂提问多数情况都要稍作停顿，以便让学生思考和老师观察学生的反应，收集各种信息。但具体的提问速度和节奏则主要视提问的具体种类而定，低级的认识问题，可以很快提出；高级的认识问题，在提出前应有短暂的停顿，然后缓慢、仔细地提出。如果以快节奏提出一个复杂的问题，则往往"欲速则不达"。课堂提问还必须贯彻适度原则，处理好多与少的关系，切忌过多或过少，提问过多，学生应接不暇，没有思考回旋余地，慌乱紧张，难以消化所学知识；提问太少，学生难有参与机会，教师也收不到应有的反馈信息，于教与学不利。

《人的认识从何而来》（课堂实录）

课题：人教版必修四《人的认识从何而来》
时间：2015年4月1日
地点：甘肃华亭一中多功能厅
授课人：刘蕊
学生：甘肃华亭一中高二（18）班学生

【教学实录】
（课前候课）
师：大屏幕展示"课前两分钟速记"：意识的作用。
生：（复习识记。）
（上课问好。）

一、新课导入

师：同学们，课前两分钟速记内容记住了吗？
生：记住了。
师：哪位同学复述一下意识的作用？
刘瑞：意识的作用有两个方面：人能够能动地认识世界；人能够能动地改造世界。能动地认识世界包括两个方面：意识活动具有目的性；意识活动具有自觉选择性和主动创造性。能动地改造世界也包括两个方面的内容：意识对改造客观世界具有指导作用；意识对于人体生理活动具有调节和控制作用。
师：刘瑞同学回答得非常好，很全面很准确！其他同学记住了吗？
生：记住了。
师：好！我相信大家都记住了。（导入新课，老师大屏幕展示意识的两个作用。）意识作用的第一个方面是人能够能动地认识世界，那么，人对世界的认识从何而来呢？
生：来自实践。

师：对，看来同学们已经预习过了，这个问题就是我们这一节课要探讨和解决的问题。

二、新课学习

1. 明确目标，把握重点

师：首先，我们要明确本节课的学习目标以及重点、难点，请同学们看大屏幕，并大声朗读。（大屏幕展示教学目标及重点难点）

生：（齐读本节课的学习目标以及重点、难点。）

师：请大家注意用蓝色标注的词，这是对学习这些知识点的具体要求；另外，情感、态度和价值观目标中"牢固树立实践第一的观点"，既是本框的学习目标，也是对同学们提出的要求，学习了这一框内容后，同学们一定要牢固树立实践第一的观点。

2. 预习检查

师：下面，我们检查一下同学们预习的效果。哪位同学说说本框主要讲了哪些知识点？

王欢：本框有两目，主要讲了三个知识点：实践的含义、实践的特点、实践是认识的基础。实践的含义是实践是人类改造客观世界的物质活动。实践有三个特点：客观物质性、能动性、社会历史性。实践是认识的基础表现在四个方面：实践是认识的来源；实践是认识发展的动力；实践是检验认识真理性的唯一标准；实践是认识的目的。

（学生口述，老师板书知识点。）

师：好！王欢同学回答得非常好！哪位同学还有不同意见？

张婧婧：我认为本框还有一个知识点，是实践的基本形式。

师：哦，还有实践的基本形式！实践的基本形式有哪些呢？

张婧婧：实践的基本形式有改造自然的生产实践、变革社会的实践、科学实验活动。

（老师补充板书。）

师：张婧婧同学又补充了一个知识点，其他同学有没有注意到这个知识点呢？（学生大多沉默。）请同学们在课本中找出这个知识点，并做出标注。这说明，同学们对课本中的"相关链接""专家点评"等栏目重视不够，以后要重视这些栏目。

师：其他同学还有不同意见吗？

生：没有了。

3. **重难点理解及运用**

师：好！通过预习，同学们对本框的主要知识点及其"是什么"的问题基本解决了，但本框内容的学习重在理解和运用，这节课，我们主要通过案例、问题、习题来帮助大家理解和运用知识点。下面请同学们看一组图片。（老师用大屏幕展示长江三峡大坝、医疗改革、蜘蛛结网、学生学习、杂交水稻实验的图片。）

师：请同学说说前面看过的五幅图片中，属于实践活动的有哪些？

金亮：①②④⑤。

苏玉娇：①④⑤。

王欢说：①②⑤。

（学生答案不统一，最后经过争论统一为①②⑤。）

师：那么，③④为什么不是实践活动？

生：（不能回答。）

师：要区分实践活动与非实践活动，必须理解实践的含义。同学们再次读书，把握实践含义中的几个要点。（学生读书。）实践的主体是什么？

生：人们。

师：对！动物本能的适应性活动是不是实践？

生：不是。

师：实践改造的对象是？

生：客观世界。

师：对！改造主观世界的活动是不是实践？

生：不是。

师：实践还是一种物质性活动，而不是纯思维活动。现在请同学们回答③④为什么不是实践活动？

生："蜘蛛结网"主体不是人；"学生学习"是一种改造主观世界的纯思维活动。

师：很好！那么，①②⑤分别属于实践的哪一种形式？

生：①是改造自然的生产实践，②是变革社会的实践，⑤是科学实验活动。

师：很好！我们继续下一个知识点——实践的特点，这是本框学习的难点。请同学们看大屏幕，探究问题。以自主探究为主，自己实在不能解决时，

可与同桌、邻桌合作解决，时间3分钟。（案例与问题见下）

案例：为方便人们出行，改善人们生活，我们修建了京沪高铁。京沪高铁的建成不是一个人的成就，而是千千万万中国铁路人共同奋斗的成果。京沪高铁整个工程水泥使用量2700多万吨、钢材470多万吨、混凝土6000多万方、钢轨37.6万吨，并大量使用了现代化的机械设备和高新技术手段。

从愚公移山时的肩挑手拿到现代化机械设备的使用，人类改造自然的实践不断发展。

问题：上述材料体现了实践的哪些特点？

师：时间到。哪位同学有答案了？请举手回答。

马佩玲：材料中"京沪高铁整个工程水泥使用量2700多万吨、钢材470多万吨、混凝土6000多万立方米、钢轨37.6万吨，并大量使用了现代化的机械设备和高新技术手段，体现了实践的客观物质性。

师：你是如何知道这些材料体现实践的客观物质性的？

马佩玲：实践的客观物质性就是指实践的主体、对象、手段都是客观的。材料中"京沪高铁整个工程水泥使用量2700多万吨、钢材470多万吨、混凝土6000多万立方米、钢轨37.6万吨"这些内容体现出实践的对象是客观的；"并大量使用了现代化的机械设备和高新技术手段"体现了实践的手段是客观的。

师：材料中能体现出实践的主体是客观的吗？

马佩玲：材料中"京沪高铁的建成是千千万万中国铁路人共同奋斗的成果"。体现出实践的主体是客观的。

师：对！实践的主体是人，人的体力、智力也是受客观因素制约的，也具有客观性。那么，实践的客观性还体现在哪些方面？

生：（不能回答。）

师：不会回答时，记得读书。请同学们再读"实践的客观物质性特点"这段内容。

生：（读书后回答。）实践的客观性还体现在实践的过程及其结果是受客观事物及其运动规律制约的，也具有客观性。

师：对！京沪高铁修建中也受到气候条件、地理条件等客观条件的制约，也要遵循客观规律。那么，上述材料还能体现实践的什么特点？请大家举手回答。

伍鹏飞：材料中"为方便人们出行，改善人们生活，我们修建了京沪高铁"体现了实践的能动性特点。

师：伍鹏飞回答得对吗？

生：对！

师：对！这个特点看来大家没有问题。那么，实践的社会历史性材料中能体现出来吗？哪位同学回答？

糟丽红：材料中"京沪高铁的建成不是一个人的成就，而是千千万万中国铁路人共同奋斗的成果"体现出实践的社会历史性。

师：这些材料体现的是实践的社会性？还是实践的历史性？还是社会历史性？

糟丽红：（又一次看书后回答。）是实践的社会性。

师：那实践的历史性能体现出吗？

糟丽红：能。材料中"从愚公移山时的肩挑手拿到现代化机械设备的使用，人类改造自然的实践不断发展"体现出实践的历史性。

师：好！同学们要注意实践的社会性与历史性是有区别的，要注意区分。关于"实践的特点"这一知识点的理解和运用就到此为止。我们继续下一个知识点：实践是认识的基础，这是本框的学习重点。请同学们看大屏幕上的案例，并探究问题，时间3分钟。（案例与问题见下）

案例：①记者亲自踏上京沪高铁之后，感受到"时速300公里如履平地，人性化设计安全温馨"。

②记者为了检验手机信号的强弱，现场打电话验证。

③在修建桥墩时，项目部请了一个专业的钻孔桩队伍，用他们的方法打孔，直径1.5米的钻孔24小时才打进去两三厘米，按照这个速度根本不能按期完工。面对这个问题，施工人员展开新的探索和研究，发明一种新的方法——预钻，施工时间平均缩短309小时。

④为了能做出美味可口的红烧肉，我上网查找了红烧肉的做法。

问题：上述案例是如何体现实践是认识的基础的？

师：时间到。哪位同学有答案了请举手。

刘瑞：材料中①体现出实践是检验认识真理性的唯一标准，②体现出实践是认识的目的，③体现出实践是认识发展的动力，④体现出实践是认识的来源。

师：哪位同学还有不同观点？

赵文瑄：①体现出实践是认识的来源，②体现出实践是检验认识真理性的唯一标准，③体现出实践是认识发展的动力，④体现出实践是认识的目的。

生：对！

师：大家都认为赵文煊同学的看法是对的。下面，我们一起分析一下这几个案例，看哪位同学的看法正确。案例①"记者亲自踏上京沪高铁之后，感受到时速300公里如履平地，人性化设计安全温馨"。这里，记者的"感受"是一种认识，这种认识从何而来呢？

生：来源于"记者亲自踏上京沪高铁之后"。

师：对，这说明案例①体现出实践是认识的来源。再看案例②"记者为了检验手机信号的强弱，现场打电话验证"。这里，手机信号是强是弱，我们自己说了算不算？

生：不算。

师：手机自己会不会告诉我们？

生：不会。

师：那唯一的办法就是？

生：实践。

师：怎么实践？

生：打电话，通过打电话检验。

师：很好。这说明实践是检验认识真理性的唯一标准，没有别的标准。那么，实践为什么是检验认识真理性的唯一标准？

生：（读课本内容回答）

师：（老师点拨）实践之所以是检验认识真理性的唯一标准，实质是由实践的特点决定的。只有实践才能把主观认识与客观事物结合起来进行对照。那么，实践是如何检验认识的真理性呢？

生：通过实践，把主观认识和实践所产生的结果加以对照，从而检验认识是否正确地反映客观事物。

师：对！再看案例③，刚才同学们对案例③的看法都是一致的，即实践是认识发展的动力。那么实践是如何推动认识发展的呢？

生：案例③中"面对这个问题，施工人员展开新的探索和研究，发明一种新的方法——预钻"就是认识产生于实践的需要的表现。

师：同学们回答得很好！下面我们再看案例④"做红烧肉"是目的还是"上网查做红烧肉的做法"是目的？

生：做红烧肉是目的。

师：对！我上网查做红烧肉的做法是在获取一种认识，其目的就是要做出美味可口的红烧肉。所以，案例④体现出实践是认识的目的。四个案例我们全部分析完了，下面我们总结一下这一重点知识，实践是认识的基础体现在哪几个方面？

生：实践是认识的来源，实践是认识发展的动力，实践是检验认识真理性的唯一标准，实践是认识的目的。

师：现在，同学们对"实践是认识的基础"这一重点知识还有问题吗？

生：没有了。

师：大家没有问题了，我还有一个疑惑，请看大屏幕，请同学们帮我解答。（"我的疑惑"见下）

我的疑惑：我没有乘坐过京沪高铁，但是通过广播、电视等新闻媒体也知道京沪高铁的高速和舒适，这说明，书本、电视等媒体也是认识的来源，对吗？

生：（看大屏幕，思考后回答）不对。

师：为什么呢？我就是通过电视等媒体知道京沪高铁的快速和舒适的，并没有亲自去乘坐京沪高铁啊。

生：我们通过书本、各种媒体获得的认识最终都来源于实践。

师：哦，感谢大家帮我解除疑惑。我明白了，不能把认识的来源与获得认识的途径混为一谈。认识的来源只有一个，即实践（直接经验）；获得认识的途径则是多样化的——实践、读书、看电视、听广播、上网等，但概括起来不外乎直接经验和间接经验两个。对吗？

生：对！

师：请同学们也在书上标出这个知识点。

（学生标注）

师：既然实践是认识的来源，是认识发展的动力，是检验认识真理性的唯一标准，是认识的最终目的，即实践决定认识，没有实践就没有认识。那大家还不赶快去参加实践，还坐在教室干什么？

生：学习。

师：那既然坐在教室，通过学习也能获得认识，说明实践并不重要，对吗？

生：不对，实践也很重要。

师：到底实践更重要还是认识更重要？

（学生开始争论，且越来越激烈）

师：看大家争论得这么激烈，我们干脆来一次激情辩论，如何？

生：好！（异口同声，激情高涨）

4. 激情辩论

师：我们以座位为基础，把全班同学分成两大组，每组选出四个主辩手，其他同学都是亲友团，也可随时发言，自由辩论。比赛规则和我们以前的辩论一致，时间5分钟。

辩题：正方：实践比读书更重要

反方：读书比实践更重要

（学生通过自愿举手和推选各产生四位主辩手）

师：辩论开始！首先请正方一辨阐述本方观点，然后按程序进行。

（具体辩论过程略）

师：停！时间到，双方四位辩手请坐。双方辩论很激烈，但是双方亲友团发言不积极。我们是即兴辩论，更多的是要依据双方临场辩论的观点进行辩论。那么，辩论的结果怎么样呢，我让后面五位听课老师担任评委，现在请评委亮分。

（评委亮分，4∶1反方获胜）

师：反方获胜说明反方在辩论技巧上胜于正方，不能说明实践并不重要。作为学生，我们既要尽可能多参加实践活动，获得一些直接经验，同时，也要认真学习书本知识，因为一个人一生的时间和精力是有限的，事事亲自去实践既不现实也不必要，对于前人已经总结出的实践经验，我们必须继承。所以，学习和实践都很重要。

三、课堂小结，布置作业

通过本节课的学习，我们懂得了实践是认识的基础，因此，我们要牢固树立实践第一的观点。（老师板书：牢固树立实践第一的观点）

生：（补充笔记）

师：这节课就上到这里。今天的课后作业是（大屏幕展示）：结合本节课的学习，列举现实生活中具体事例或名言警句，阐明实践是认识的基础。下课！

生：老师休息！

师：同学们休息！

思想政治课开展课堂辩论的尝试

常规课堂教学模式，尽管教师课前准备很充分，课堂调动很卖力，但由于教学形式单一、内容枯燥，学生主动性不高，始终处于教学的被动状态，教学效果并不理想。思想政治课适合辩论的内容很多，尝试在思想政治课堂开展辩论的新型教学模式，是实施素质教育、培养学生能力、调动学生积极性的有效方式。本案例是在教学高中思想政治人教版必修四《人的认识从何而来》时，围绕教学内容，开展的一次课堂即兴辩论。

一、辩题

正方：实践比读书更重要

反方：读书比实践更重要

二、辩论规则

（1）时间：8分钟。

（2）程序：1. 由双方一辩陈述本方观点。（各1分钟）

（3）双方二辩、三辩、四辩依次交替发言。双方辩手要运用理论和事例大量举证验证本方观点，反驳对方观点。（不超过3分钟，每个辩手发言时间不超过30秒）

（4）双方自由辩论。由正反双方交替发言，注意辩论时的辞令、风度及应变技巧，辩出本方气势。（不少于3分钟，每个辩手发言时间不超过30秒）

（5）评委：五位听课老师。（评价细则见"辩论评价量规"）

辩论评价量规

	项目	优	良	需努力
观点	观点是否清晰			
	观点是否符合辩论的主题			

续表

项目		优	良	需努力
材料准备	所提供的支持材料是否能够支持观点			
	反驳别人的观点是否能够切中要害			
表达能力	语言表达是否清晰，有说服力			
	举止是否得体			
	在辩论过程中是否能做到倾听他人			
小组合作	是否在辩论前准备了充分的材料			
	辩论选手的观点是否能代表全组的观点			
	组员们有没有给选手以充分的支持			

三、辩论实录（根据录像课整理）

时间：2015年4月1日

地点：华亭一中高二（18）班教室

学生：华亭一中高二（18）班

师：我们以座位为基础，把全班同学分成两大组，每组选出四个主辩手，其他同学都是亲友团，在自由辩论环节可参与辩论。请看辩论规则（大屏幕展示）。给大家两分钟时间准备。

（学生通过自愿举手和推选各产生四位主辩手）

正方一辩、二辩、三辩、四辩分别是李亚男、张廷珍、李颖、伍鹏飞。

反方一辩、二辩、三辩、四辩分别是马佩玲、赵文瑄、张靖靖、桑陇兵。

师：辩论开始！首先请正方一辩阐述本方观点，然后按程序进行。

正方一辩：我方坚定不移地认为，实践比学习更重要。首先，实践是人们改造客观世界的物质活动，而读书则是一种主观意识活动，从唯物论的角度来看，物质第一性，那么实践比学习更重要。其次，实践是认识的来源、动力、检验认识真理性的唯一标准，是认识的目的，而读书从属于一种认识活动，显而易见，实践比认识更重要。再次，实践观点是马克思主义首要的基本的观点，所以，实践比学习更重要。

反方一辩：我方认为，学习比实践更重要。首先，读书可以在更短的时间内获取前人的经验和知识，对于学生来说，不可能事事都从头实践，重复原有的实践路线来掌握前人的经验,所以我们要通过学习来获得前人的直接经验。其次,我们的实践活动是为了更好地来理解和巩固我们所学的知识,学生的实践活动是服从于我们的学习目的的,所以我方认为,学习比实践更重要。

正方二辩:我方认为,知识是从实践中得来的,如果没有实践,知识将会毫无用处,也就是说实践是认识的目的,所以,请你们举出一个关于知识能够引导实践的例子来反驳。

反方二辩:球王贝利说过,会踢球不读书的人是一头驴子。牛耿生曾说过,君欲善其事,必先利其器,说明学生必须以学习为主,以实践为辅。

正方三辩:完全反驳。著名教育家陶行知说:行动是老子,知识是儿子,创造是孙子。请问,你如何理解学以致用一词?你认为看完一百本养生书和给父母做一顿饭哪一个更重要?

反方三辩:理论可以指导实践,请问如果没有理论你们如何去实践?

正方四辩:您的例子从客观上肯定了认识的作用,但不能以偏概全的说认识比实践更重要,把认识说成第一性,这是一叶障目的。

反方四辩:你能肯定认识的能动作用,那么,请问,一个小学毕业生和一个大学毕业生能做什么?一个小学毕业生只能卖茶叶蛋,一个大学毕业生能参与导弹制作。如果有一个国际活动,你是选择卖茶叶蛋的出国呢还是制作导弹的出国?

(下面是自由辩论)

正方:这里就考察了认识和实践的更进一步的关系。我们请问,卖茶叶蛋的和研制导弹的,他们的共同目的是什么?不都是参加实践,运用所学的知识为社会做出一些贡献吗?

反方:请对方辩友注意你们已经跑题了,现在说的是学习与实践的关系,你已经说到之后了,已经跑题了。

正方:那卖茶叶蛋和研究导弹难道不也是一种实践吗?难道你能单凭你的意识去卖茶叶蛋和研究导弹吗?

反方:我反对对方观点,学习是在比较短的时间内进行的,难道你每天都在花大量的时间实践而不去学习吗?

正方:没有实践的学习是没有作用和价值的,只有在实践中探索、发现、运用、感悟,学习到的知识才有它的价值。

反方:如果说实践比学习更重要,那我们每天为什么要上 N 节课呢?

正方：因为以后我们有实践的机会，现在只是学习阶段，实践在以后等我们。

反方：实践不是等到以后，而是要从现在开始，如果实践比学习更重要，那我们就应该现在就去实践而不是以学习为主。

正方：条件不允许！条件不允许！

反方：对，你说的条件不允许，就说明学习比实践更重要。

正方：请对方辩友注意，不要给我们今天的辩题加上一个定语，我们说的实践比学习更重要，而不是现阶段的实践比学习更重要。

反方：可是咱们现在辩的就是现阶段的问题，因为咱们现在属于学生状态，如果你认为实践比学习更重要的话，我们现在可以不学习了，到处去实践，可是没有这回事。

正方：刚才说的什么呢？实践是认识的目的，现在我们通过间接地或直接的途径获得的知识，都是为了实践。

反方：你刚才说的知识点是书本上的知识点对吗？你刚才说的这一切都是刚刚学来的知识点对吗？如果你没有前面所学的知识点，你现在用什么语言来跟我辩论呢？

正方：现在写在书本上的知识点，不是以前千千万万的人从实践中总结的吗？

反方：如果你的总结不是通过书本来记录，你现在从何来学到这些总结？

正方亲友团：反方的观点只局限于学生，如果是一个农民，他要种地，他又目不识丁，他要如何学习书本知识，通过书本知识来指导他的农耕实践呢？

反方：我反对。

师：时间到！双方四位辩手请坐。双方辩论很激烈，但双方的亲友团发言不积极。我们是即兴辩论，就是靠临场发挥，要踊跃参与。那么，这次辩论的结果怎样呢，我让五位听课老师担任评委，现在请评委亮分。

（评委亮分，4∶1，反方获胜）

师：反方获胜说明反方在辩论技巧上胜于正方，不能说明实践并不重要。作为学生，我们既要尽可能多参加实践活动，获得一些直接经验，同时，也要认真学习书本知识，因为一个人一生的时间和精力是有限的，事事亲自去实践既不现实也不必要，对于前人已经总结出的实践经验，我们必须继承。所以，学习和实践都很重要。

四、辩论总结

（一）本次辩论成功之处

（1）由于有老师听课并录像，学生思想重视，配合积极，进入状态快，辩论过程紧凑，秩序良好，未出现"冷场"和"跑题"状况。

（2）加深了学生对教学重点、难点的理解。理不辩不明，通过辩论，让学生更深刻体会到读书和实践都很重要，不可偏废。

（3）学生语言表达能力和思维能力得到了充分的锻炼。辩论使学生的思维活动总是处在积极活跃的状态，不仅锻炼了语言表达能力，还有助于培养和提高学生辩证思维、创造性思维和批判性思维能力。

（4）增强了学生的自信心。心理学表明，人人都有一种自我表现的欲望，特别是青年学生。参与辩论的学生在热烈的掌声、笑声中体验成功后的自豪、满足、振奋等情感，增强了自信心和勇气。

（二）本次辩论中存在问题

（1）由于是即兴辩论，学生没有事先准备，省略了搜集材料、整理材料的过程，辩论的深度不够。

（2）时间不充分，在学生渐入佳境、思想真正开始交锋时，没有时间了，学生感觉意犹未尽，有些遗憾。

（3）亲友团参与不积极，只有正方一位同学参与，其他同学或是被辩手的精彩辩论所吸引，或是找不到参与辩论的时机，使参与学生未达到预期人数。

（4）学生辩论技巧欠缺，尤其是正方，一直被反方牵制，需要给予指导。

（三）开展课堂辩论的几点思考

1. 开展课堂辩论的价值所在

新课程要求教师的教学行为和学生的学习行为都要转变。高效课堂首倡者、当代著名教育改革实践者李炳亭在《高效课堂22条》中明确提出：高效课堂的终极目标是致力于学生学习能力的培养；高效课堂学生的学习方式是自主学习、合作探究、对抗质疑；高效课堂的评价标准之一是看学生自主的程度、合作的效度和探究的深度。针对目前学生合作学习中合作方式单一，形式大于内容，给学生表达、展示的机会偏少等问题，把辩论赛引进课堂是对学生合作学习方式的创新，不仅能调动学生的积极性，增强学生的自信心，培养学生团队精神，还能加深学生对教学重点、难点的理解，提高学生语言表达能力、逻辑思维能力、动手搜集整理资料的能力、临场应变能力、情绪自控能力。符合新课程教学理念，符合高效课堂学生的学习方式和评价标准。

2. **开展课堂辩论应注意的问题**

（1）根据辩题的具体内容确定辩论的时间、方式。内容较难、理论性较强的辩题，可提前布置，让学生在预习新课后，组织双方辩手，分工协作，通过多种途径搜集相关材料，充分理解辩题，提高辩论质量。辩论时间可稍长一些，以 10—15 分钟为宜。如果辩题内容较简单，与实际联系紧密，可采用即兴辩论的方式，先抽出 5 名同学担任评委，其他同学分成两组，当堂组织辩手，开展辩论。时间以 5—10 分钟为宜。

（2）要让学生轮流担任主辩手，也要规定亲友团参与的人数。尽可能使每一位同学都有参与锻炼的机会，尝到成功的喜悦，不断提高学习的主动性、积极性。

（3）多进行辩论技巧指导。给学生从搜集整理资料、问题设计、辩论中进攻与避让的方法、辞令与辩风、如何相互救援补台等方面给予指导。

（4）要引导学生正确认识辩论。辩论的目的是明辨是非，捍卫真理。教育学生既要学会辩论技巧，又要懂得如何"解剑息仇"。如果败了，且败得其所，就要有向真理低头的胸怀，以坦诚的态度表达自己在这场辩论中所受的教益，以此弥补因辩论失败造成的遗憾。如果胜势已定，切不可"赶尽杀绝"，应给对方留有余地，使对方有台阶可下，让辩论和谐愉快。

优化教学模式　提高课堂效率
——"四环三导"模式在高三政治二轮复习中的运用

高三第二轮复习是高考复习的关键阶段，复习质量如何直接关系到高考的成败。二轮复习中构建一种相对稳定且科学有效的课堂教学模式是提高课堂教学效率的重要保障。"四环三导"模式是根据高三政治第二轮复习课的教学特点，通过发挥学生主体地位和教师主导作用，充分调动学生学习的积极性、主动性，使课堂效率显著提高，使学生的学科思维和各项能力不断提升。

"四环三导"模式中，"四环"是指教学流程要经历"依据考纲，确定目标——学案导学，自主建构——合作探究，交流共享——时政导练，提升能力"四大环节。"三导"是指通过学案导学、问题导思、时政导练发挥教师的主导作用。下面对这一模式按流程做简要阐述。

一、依据考纲，确定目标

本环节由教师根据《考试说明》，确定教学目标，让学生明确目标。教学目标是教学活动实施的方向和预期达成的结果，是一切教学活动的出发点和最终归宿，是一堂课的灵魂。确定准确、合理的教学目标能够克服复习教学的随意性，提高复习课的效率。高三二轮复习阶段，当年的《考试说明》已经出台了，二轮复习课首先要依据当年的《考试说明》，出示本堂课的教学目标，并解读目标，让学生清楚《考试说明》中规定的每个必考知识点及具体要求，以引起学生重视。教学目标的确定必须准确、具体、合理，具有可操作性和可检测性。（时间不超过3分钟）

二、学案导学，自主建构

本环节由学生依据导学案，自主探究，建构体系。二轮复习要着重于主干知识的梳理，特别要注意知识之间的内在联系，注重知识的迁移与内化，构建知识网络体系。布鲁纳认为："获得的知识如果没有完满的结构把他联在一起，多半会遗忘知识"。政治知识本身是有结构的，但学生在各节课里获得的知识是零散的，常有"见叶不见枝，见木不见林"的感觉。因此，必须重视知识结构的建构。（时间不少于15分钟）

本环节学习中，导学案的质量和使用是关键。导学案的编写要精细，容量要适中；教师课前要了解学情，以学定教，课后要全批学案，巩固学习成果。在内容的设计上，要按照由根（中心问题）到干（知识主干），由干到枝（知识联系），由枝到叶（知识要点）的思维顺序，设计问题，引导学生回归课本，总结知识，构建知识网络。

在学生自主建构时，教师主要"导"在两个方面：一是学案导学。让学生按照导学案的环节、步骤和问题自主学习，建构体系。二是学法指导。教师要在学生自主学习前进行自学方法指导，督促学生按照教师指导的方法自主学习，确保完成自学任务。在学生自主学习时，教师要全身心投入，善于发现问题，解决问题，驾驭好课堂。通过行间巡视、个别交谈、板演等形式及时发现学生自学中的疑难问题，认真分析是共性还是个性问题，是旧知回生还是新生成的问题。对于个性的问题，应个别指导，就地解决。把倾向性的、共性的问题进行梳理、归类，为"合作学习"作好准备。

三、合作探究，交流共享

本环节是学生充分自学后，学生与学生、教师与学生之间互动式的合作学习、合作研讨。合作学习更能体现出学生的主体地位，培养学生主动参与的意识，激发学生的求知欲。能让不同层次的学生都有所提高：不仅能帮助学困生解决基本问题，是"补差"；还能通过讲解，让尖子生更透彻地理解知识，提升能力，培养互助合作精神，是"培尖"。（时间12分钟左右）

本环节的具体做法是：

（1）组内交流。一方面，小组成员就自主学习中存在的问题进行交流，纠正自学结果，完善知识构建。重点对自己不能解决的疑难问题寻求他人帮助。另一方面，展示自己建构的知识网络，在小组长的带领下再次进行归纳、概括，形成本小组相对完整的知识结构。

（2）全班交流。选择有代表性的知识结构向全班展示，供其他小组借鉴、补充、完善。此时，教师可做必要的点拨引导，使学生进一步理解知识间的联系，完善知识结构。

（3）解决导学问题。对"环节二"中存在的共性问题，教师要创设情境，巧妙设疑，让学生讨论、质疑、交流，找出学生出错的症结所在，进行精要的讲解、点拨，并适时拓展延伸，提升学生的能力；提醒学生注意区分易混易错知识，增强知识储备的有效性。

这一环节最大限度发挥了"兵教兵"的作用，教师则退居幕后，运筹帷幄，静观全局，伺机而动，随时指导。教师的主要任务仍然是"导"，对"环节二"中存在的共性问题，通过巧妙设疑，用恰当的方法引导学生通过思考得出结论，而不是一讲了之。

四、时政导练，提升能力

本环节着重训练学生运用重点知识分析说明社会热点的方法和技能。这是帮助学生理解、消化、巩固知识，形成解题能力，落实课堂教学实效性不可缺少的重要环节。要严格按照高考试题的能力要求训练学生，不断提升学生获取和解读信息的能力，调动和运用知识的能力，描述和阐释事物的能力，论证和探讨问题的能力。（时间15分钟左右）

教师可根据学生在知识、能力、方法以及情感态度价值观等方面的欠缺，围绕重点、难点、易错点，结合时政热点，设计练习题，供随堂检测使用。练习题的设计要注意以下原则：

（1）题量适中，难易适度，确保能够当堂完成。

（2）既符合考纲要求，又具有典型性，能够达到举一反三，触类旁通的效果。

（3）要有综合性、层次性和变通性。复习课上的练习应侧重于将知识结构转化为认知结构，因此，必须要有一定的综合性；要注意学生的个性差异，分层练习，让所有学生都能享受成功的喜悦，调动各层次学生学习的积极性；非选择题的设计可以在一个基本问题的基础上变通设问。

（4）要理论联系实际。以国家大政方针、国际国内时政热点和社会焦点为素材设计练习，培养学生综合运用所学知识分析、评价、解决现实问题的意识和能力。

检测时要创设真正的考试氛围，要求学生独立自主、限时完成；检测过程中，教师要巡视督促，收集信息，为针对性讲评做好准备；检测后，要及时讲评纠错，指点问题症结，对学生学习中的偏差和失误及时矫正和补救。讲评要做到以下几点：教师要指导学生审题答题的基本思路和方法，要在理论与实践之间架起一座思维的桥梁，让学生真正知其所以然，能够由个别到一般，掌握解题技巧和规律；要告诫学生，做题时警惕可能出现的错误、失误和陷阱，使学生少走弯路；要从不同角度变通原有的设问，帮助学生实现脑筋急转弯，提升学生思维能力和思维品质；要强化解题规范训练，按照"训练高考化，高考平常化"的要求训练学生，提高学生限时限量做规范题的能力；要培养学生练后反思，总结提高及建立纠错本的学习习惯。

这一环节教师主要通过时政导练和问题导思发挥主导作用。以国际国内时政热点和社会焦点为素材精心设计训练题，引导学生规范答题，学以致用，提升能力；通过变通试题，引导学生变通思路，总结答题的共性规律。

一切教育改革的核心在于提高课堂效率上。高效课堂首倡者、当代著名教育改革实践者李炳亭在《高效课堂22条》中明确提出：高效课堂的终极目标是致力于学生学习能力的培养；高效课堂学生的学习方式是自主学习、合作探究、对抗质疑；高效课堂的评价标准之一是看学生自主的程度、合作的效度和探究的深度。"四环三导"教学模式符合新课程教学理念，符合高效课堂学生的学习方式和评价标准，是高三政治第二轮专题复习课行之有效的教学模式。

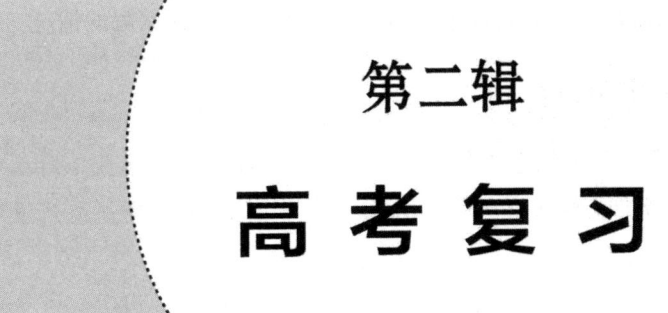

第二辑

高考复习

谨防掉入高考计算型选择题的陷阱

在高考化学试题中，命题者常会设计一类计算型选择题，旨在考查学生对所学概念、原理的理解程度以及思维的灵活性、深刻性，并不注重对计算能力的考查。但许多考生在解题时往往不能领会命题者的意图，忽视了对化学概念、原理的理解和运用，只是单纯地看成计算题，按常规方法直接入手计算，结果往往掉入命题者精心设计的陷阱，出现种种错解或繁解的情况。

一、因掉入陷阱而错解

例1：（2002年全国高考理综第8题）某温度下，100g饱和氯化钠溶液中含有氯化钠26.5g。若向此溶液中添加3.5g氯化钠和6.5g水，则所得溶液中溶质的质量分数为（　　）

A. 30%　　　　　　　　　　B. $\dfrac{26.5+3.5}{100+6.5}\times 100\%$

C. $\dfrac{26.5+3.5}{100+6.5+3.5}\times 100\%$　　　D. 26.5%

解析：许多考生在解答该题时由于受计算题思维定式的影响，将该溶液视为一般的不饱和溶液而直接计算，结果掉入了"原溶液为饱和溶液（质量分数为26.5%），添加溶液已达过饱和状态（质量分数为35%）"这一陷阱而错选C。考生若能准确把握概念，缜密思考，方可跳出陷阱，巧选D。

例2：（2003年全国高考理综第13题）用0.01mol/L NaOH溶液完全中和pH=3的下列溶液各100mL。需NaOH溶液体积最大的是（　　）

A. 盐酸　　　B. 硫酸　　　C. 高氯酸　　　D. 醋酸

解析：许多考生在解答该题时并未深入理解pH=3的含义，草率地认定"硫酸是二元酸，含氢量最多"，结果落入圈套而错选B。事实上，当pH相等时，弱酸可提供更多的H^+。答案为D。

例3：（2003年全国高考理综第12题）某温度下，向100g澄清饱和石灰

水中加入 5.6g 生石灰,充分反应后恢复到原来的温度。下列叙述正确的是( )

A. 沉淀物的质量为 5.6g
B. 沉淀物的质量为 7.4g
C. 饱和石灰水的质量大于 98.2g
D. 饱和石灰水的质量小于 98.2g

解析：该题既考查反应 CaO + H$_2$O === Ca(OH)$_2$，又考查饱和溶液的概念，隐含的陷阱较多。考生在解答该题时，若忽视上述反应易错选 A；若忽视了原溶液为饱和溶液而仅考虑上述反应，则易错选 B 或 C；实际上，由于原溶液已经是饱和溶液，所以在 5.6g CaO 和 1.8g H$_2$O 起反应生成 7.4 g Ca(OH)$_2$ 的过程中，会使原溶液成为过饱和状态，并从原溶液中又析出部分 Ca(OH)$_2$，因此，剩余溶液的质量应小于 98.2g。答案为 D。

例 4：(1997 年全国高考第 13 题) 向 50mL 18mol/L H$_2$SO$_4$ 溶液中加入足量的铜片并加热。充分反应后，被还原的 H$_2$SO$_4$ 的物质的量为 ( )

A. 小于 0.45mol
B. 等于 0.45mol
C. 0.45～0.90mol
D. 大于 0.90mol

解析：许多考生在解答该题时，很有把握地认定：根据化学方程式可知，反应中被还原的硫酸为硫酸总量的一半，答案应为 B。殊不知这恰恰掉入了"随着反应的不断进行，浓硫酸会渐渐变成稀硫酸而终止反应"这一隐含陷阱。答案为 A。

练习 1：(1998 年高考第 15 题) 有五瓶溶液分别是：① 10mL 0.60mol/L NaOH 水溶液，② 20mL 0.50mol/L H$_2$SO$_4$ 水溶液，③ 30mL 0.40mol/L HCl 水溶液，④ 40mL 0.30mol/L HAc 水溶液，⑤ 50mL 0.20mol/L 蔗糖水溶液。以上各瓶溶液所含离子、分子总数的大小顺序是 ( )

A. ①＞②＞③＞④＞⑤
B. ②＞①＞③＞④＞⑤
C. ②＞③＞④＞①＞⑤
D. ⑤＞④＞③＞②＞①

练习 2：(1995 年上海高考第 15 题) 纯净的碳酸氢钙试样在高温下分解，当剩余的固体物质的质量为原试样质量的一半时，碳酸氢钙的分解率为 ( )

A. 50%
B. 75%
C. 92.7%
D. 100%

二、因掉入陷阱而繁解

例 5：(1999 年高考第 20 题) 已知 25% 氨水的密度为 0.91g/cm^3，5% 氨水的密度为 0.98g/cm^3，若将上述两溶液等体积混合，所得氨水溶液的质量分

数为（　　）

　　A．等于15%　　B．小于15%　　C．大于15%　　　D．无法估算

解析：许多考生在解答上题时，总是先入为主，直接根据题给数据列式计算，结果恰恰陷入了命题者精心设计的数据圈套中，繁杂冗长，耗时费力。若能排除干扰，周密思考，巧妙挖潜，方可避实就虚，快速作答。该题可用"浓度小的氨水密度大"这一隐含信息推理作答。思路为，若假定两氨水的密度相等，则等体积（相当于等质量）混合后，溶液中氨的质量分数应为15%，但实际上由于后者密度大，因而等体积混合后，5%氨水质量大于25%氨水质量，所以二者混合后提供的氨的质量会相对减少，质量分数将小于15%。答案为B。

练习3．（1996年高考第26题）在一密闭容器中，用等物质的量的A和B发生如下反应：A（g）+2B（g）$\rightleftharpoons$2C（g），反应达平衡时，若混合气体中A和B的物质的量之和与C的物质的量相等，则这时A的转化率为（　　）

　　A．40%　　　　B．50%　　　　C．60%　　　　D．70%

练习4．（1999年高考第19题）X、Y、Z为三种气体。把$a$molX和$b$molY充入一密闭容器中。发生反应X+2Y$\rightleftharpoons$2Z达到平衡时，若它们的物质的量满足：n（X）+n（Y）=n（Z），则Y的转化率为（　　）

　　A．［（$a+b$）/5］×100%　　　　　B．［2（$a+b$）/5b］×100%

　　C．［2（$a+b$）/5］×100%　　　　D．［（$a+b$）/5a］×100%

浅析高考化学计算选择题的类型

在近年高考化学选择题中，命题者总会设计一些巧解巧算试题，即计算型选择题，旨在考查学生思维的敏捷性和灵活性。实践证明，这类试题在考查学生能力方面具有较高的区分度，现将高考试题中计算型选择题的主要类型做一归纳，以求对读者有所帮助。

一、概念型

这类试题重在考查学生对所学概念、原理的掌握情况，解答时只需借助概念、原理直接判断。

例1：（1998年高考第22题）将质量分数为0.052（5.2%）的NaOH溶液1L（密度为1.06g/cm³）用Pt电极电解，当溶液中NaOH的质量分数改变了0.010（1.0%）时停止电解，则此时溶液中应符合的关系是（　　）

	NaOH 的质量分数	阳极析出物的质量/g	阴极析出物的质量/g
A	0.062（6.2%）	19	152
B	0.062（6.2%）	152	19
C	0.042（4.2%）	1.2	9.4
D	0.042（4.2%）	9.4	1.2

解析：该题实为电解原理的考查，因电解NaOH溶液实际上是电解水，因而NaOH浓度增大，排除C、D；又因阳极放出O_2，阴极放出H_2，且$m(O_2):m(H_2)=8:1$。答案为B。

例2：（1998年高考第23题）在一定体积的密闭容器中放3L气体R和5L气体Q，在一定条件下发生反应$2R(g)+5Q(g)\rightleftharpoons 4X(g)+nY(g)$，反应完全后，容器温度不变，混合气体的压强是原来的87.5%，则化学方程式中的n值是（　　）

A. 2　　　　　B. 3　　　　　C. 4　　　　　D. 5

解析：该题中由于反应后气体压强减小，因而可知该反应为气体分子数减少的反应，即 $2+5>4+n$，$n<3$。答案为 A。

二、方法型

这类试题重在考查学生对各种重要解题方法（如守恒法、平均值法、十字交叉法等）的灵活运用程度。解题时宜打破常规，运用方法速算巧算。

例3：（1998年高考第20题）由 Zn、Fe、Al、Mg 四种金属中的两种组成的混合物 10g，与足量的盐酸反应产生的 H_2 在标准状况下为 11.2L，则混合物中一定含有的金属是（　　）

A. Zn　　　　B. Fe　　　　C. Mg　　　　D. Al

解析：该题属混合物组成判断题，因而宜用平均值法求解。由题意可知，混合物的平均摩尔电子质量为 $10g/mol·e^-$，而选项中 Zn、Fe、Mg、Al 的摩尔电子质量依次为 $32.5g/mol·e^-$、$28g/mol·e^-$、$12g/mol·e^-$、$9g/mol·e^-$，唯有 Al 小于平均值，因而混合物中必含有 Al。答案为 D。

例4：（1997年上海高考第21题）在一定条件下，将 m 体积 NO 和 n 体积 O_2 同时通入倒立于水中且盛满水的容器内，充分反应后，容器内残留 $m/2$ 体积的气体，该气体与空气接触后变为棕色，则 m 与 n 的比值为（　　）

A. 3:2　　　　B. 2:3　　　　C. 8:3　　　　D. 3:8

解析：由于该题循环反应中伴有电子得失，因此可用电子守恒法速解，即 $(m-m/2)×3=n×4$，得 $m:n=8:3$。答案为 C。

三、规律型

这类试题重在考查学生对化学变化中存在的各种重要规律的发掘及熟练掌握情况。若能在平时学习中善于总结，注重积累，答题时可借助规律，从容作答。

例5：（1997年高考第20题）两种气态烃以任意比例混合，在105℃时 1L 该混合烃与 9L 氧气混合，充分燃烧后恢复到原状态，所得气体体积仍是 10L，下列各组混合烃中不符合此条件的是（　　）

A. CH_4、C_2H_4　　B. CH_4、C_3H_6　　C. C_2H_4、C_3H_4　　D. C_2H_2、C_3H_6

解析：在本题条件下，若混合气态烃以任意比例混合，平均 H 原子个数恒为 4，则反应前后气体体积必守恒。依据此规律，可知答案为 B、D。

四、挖潜型

某些试题往往在题干或选项中隐含对解题极为有用的信息，解题时若能排除干扰，巧妙挖潜，则可出奇制胜，速得结果。

例6：（1997年高考第22题）密度为$0.91g/cm^3$的氨水，氨的质量分数为0.25，该氨水用等体积的水稀释后，所得溶液中氨的质量分数为（　　）

A. 等于12.5%　　　B. 大于12.5%　　C. 小于12.5%　　D. 无法确定

解析： 解答该题时，若能巧妙地运用氨水密度小于水的密度这一隐含条件，便可进行推理得出答案。思路为，若假定原氨水密度等于水的密度，则等体积（相当于等质量）混合后，溶液中氨的质量分数应为12.5%，但实际上由于$\rho(NH_3 \cdot H_2O) < \rho(H_2O)$，因而等体积混合后，水的质量应大于原氨水质量，故溶液中氨的质量分数小于12.5%。答案为C。

例7：（1990年高考第23题）今有H_2和CO（体积比为1∶2）的混合气体V，当其完全燃烧时，所需O_2的体积是（　　）

A. $3V$　　　　　B. $2V$　　　　　C. V　　　　　D. $0.5V$

解析： 解答该题时，若能发现两反应的化学方程式中H_2、CO与O_2的系数之比均为2∶1这一隐含信息，便可得耗氧量为$0.5V$。答案为D。

浅谈化学总复习的体会和做法

高三化学总复习是一项系统的教学工程。在多年的教学实践中，我深深地体会到：在指导高考复习时，教师若能以教学大纲、考试说明为依据，立足课本，认真分析学情及历年高考试题，并在此基础上，切实抓好"基础复习—专题复习—模拟训练"等复习阶段，就能收到较好的复习效果，提高学生的化学成绩。

一、依纲扣本，狠抓双基，构建知识网络

认真分析2002年以来的理综高考试题，我们不难发现，化学试题紧依中学教学大纲，遵循考试说明，立足课本，非常重视对考生基本知识和基本技能的考查，难题比例很小，学科间综合题很少。因此，在近年高考中，凡是基础扎实、思维灵活、答题规范的考生，一般都能取得较好的成绩。这就要求我们教师在基础复习阶段，务必做到抓纲务本，让学生明确学习目标，引导学生自主构建完整的知识网络，做到有序储存，灵活应用，从而使双基教学真正落到实处。具体来说，我们可以从以下几个方面做起。

1. 做到"三研"，让学生明确复习目标

在每章节复习前，教师一定要深入研究教材，明确本章节的主干知识是什么，各知识点之间的逻辑关系如何；研究考纲，明确高考考什么，怎么考，考到什么层次，是要求了解，还是要求理解掌握，抑或是要求达到熟练运用；研究考题，明确高考是如何考查这些主干知识的，并要将这些信息明白地告诉学生，让学生在复习本章节时能做到心中有数，脉络清楚。

2. 注重知识的形成过程，让学生克服死记硬背

化学知识碎、散、繁、多，记忆量很大，好多学生在复习时一味采用死记硬背的方法，其结果收效甚微。为此，教师应改变以往重结论、轻过程的教学倾向，在教授每一个知识点时，教师应尽可能地暴露自己的思维过程，把教学的重点放在揭示知识形成过程上，引导学生通过（具体）感知—（抽

象）概括—（实际）应用的思维过程去发现真理，掌握规律。也只有这样，才能在教学过程中使学生思维得到训练，既巩固了基础，又提高了能力。这样的教学，就能使学生将一个个知识点有序地"嫁接"到具有内在逻辑联系的知识链条上，进而靠逻辑推理来掌握知识，不再仅靠死记硬背来学习。好多学生在高考复习中感到：好多知识自己确实记下了，但到考试时却用不上。究其原因，我认为就是我们"重结论、轻过程"的教学现状造成的，它从源头上剥离了知识和智力的内在联系，学生并没有把课本知识内化成为自己的能力和素质，所以就不可能在实际运用中将知识"活化"。

3. 纵横串联，让学生构建知识网络

"获得的知识，如果没有完满的知识结构把它联系起来，那是一种多半会被遗忘的知识。"在高考复习中，引导学生自主构建知识网络，使学生对主干知识脉络清楚，做到有序储存，这是高考复习应完成的一个重要任务。

在这方面，我的做法是，首先引导学生对单元主干知识进行纵向联系，找出知识之间的内在联系，并根据知识之间的逻辑联系勾勒出"单元知识网络图"，这样，通过单元复习，就可以将厚书读薄（一个单元知识仅仅是一张卡片）。

元素化合物知识是高中化学的重要组成部分，在复习元素化合物知识时，可引导学生依据"一表两线"来构建单元知识网络，"一表"即元素周期表，它反映了同族元素及其化合物之间的相似性及递变规律。"两线"中一条线是教材中单元知识主线，一般来说，对于非金属元素而言，教材是以单质为"龙头"，按照无氧酸盐←无氧酸（氢化物）←单质→氧化物→含氧酸→含氧酸盐的顺序来展现的，对于金属元素则是单质→氧化物→碱→盐；另一条线则是同一物质的因果线索，即结构决定性质，性质决定制法、保存、用途、存在等。依据"一表两线"，便可揭示元素化合物各知识点之间的内在联系，将元素族知识"连线结网"，使之系统化、条理化。有机化学的规律性更强，"乙烯辐射一大片，醇醛酸酯一条线"，通过研究各官能团的主要性质（断键方式及连接顺序），就能很好地把握各类有机物间的衍变关系及相互转化，进而绘出有机网络图。

另外，还要引导学生对不同章节的相关知识进行横向联系，设立"小专题"，进行归纳总结，使贯穿在不同章节的零散知识得以整理。如学完了有机化学，可以引导学生自己设置问题并对零散的相关知识进行专题归纳。如中学化学中，既能和强酸反应，又能和强碱反应的物质有哪些？甲基、乙基、丙基、丁基各有几种同分异构体？其结构简式如何？有机化合物中，哪些物质可以和银氨溶液及氢氧化铜悬浊液发生反应？常用来鉴别有机物的化学试剂一般有哪些？在中学化学中，能够发生水解反应的物质有哪些？你能否发现水解反应有何特点？在中学化学中，哪些物质可以使酸性高锰酸钾溶液褪色？哪些物质可以使溴水褪色？等等。

在构建知识网络的过程中，教师一定要充分发挥学生的主观能动性，经过示范教给学生方法后，就要引导学生自主学习，构建属于他们自己的知识网，绝不能轻易包办代替，把现成结论给予学生，造成消化不良。

4. 教给学生记忆方法，让学生克服遗忘

一切思维是从记忆开始的。学生如果不能准确而持久地记下所复习过的双基知识，那么要进一步提高自己的思维能力便成为一句空话。为此，在化学复习中就一定要教给学生记忆的方法，明确每天的记忆内容，并加强督促和检查，使学生对所学内容理得清、记得牢。在教学中，我的具体做法是：首先给学生介绍艾宾浩斯遗忘曲线，让学生明白遗忘发展规律，增强记忆复习的自觉性；其次根据遗忘先快后慢的发展规律，要求学生制订周密计划（近期、中期、远期），合理复习，强化记忆。务必做到：①对当天所学内容及时复习、及时巩固；②按照遗忘规律，合理分配复习时间，对同一内容，复习时间的分配应由多到少，而复习的间隔时间分配宜由短到长，多次循环复习，使学生对所学内容保持长久记忆；③鼓励学生根据自身特点，变换多种复习方法，如尝试回忆、求同求异比较、典型题练习等，提高记忆效率。让学生坚持这样做，定会收到"滚雪球"式的复习效果，随着时间的推移，就不会"捡了芝麻，丢了西瓜"，这对增强学生高考复习的自信心很有好处。

二、深研考题，确立专题，力求各个击破

在基础复习完成后，就应该在深入研究近年高考试题的基础上，打破原教材的编排，选择教材中基础的、核心的知识内容，确立专题，目的在于深化双基，进一步梳理知识结构，强调和突出重点，解决基本思想和方法的落实，提高学生的应试能力。

根据历年高考试题热点及化学教材体系中的重点，我认为可以确立以下专题。①高考热点选择题，主要包括与 Na 有关的计算及正误判断；离子共存问题；离子方程式正误的判断；不用试剂或用一种试剂鉴别多种物质；溶液中离子浓度大小排队；热化学方程式书写及反应热计算；氧化还原反应；溶

液 pH 计算及判断；原子结构及元素周期表；晶体结构及化学键；化学反应速率及勒沙特列原理的应用；电化学知识；计算型选择题。②无机推断。③有机合成及推断。④化学理论专题。⑤化学实验方案的设计及实验方案的选择、评价等。

专题确立后，选题是一个十分重要的环节，所选试题要凸现教材主干知识，精选试题，防止题海战，最好能选择考纲中的题型示例及历年高考试题。训练时，要给学生提出明确的要求，让学生体验解题过程，体验双基知识的灵活应用；同时要让学生感受到，尽管高考综合题高于课本，但都源于课本，消除对高考试题的恐惧感。讲评时，要注重基础知识的再现；注重化学思想方法的运用；同时教师要借题发挥，多方发散，引导学生进行一题多联、一题多变、一题多解及多题一解训练，使学生能举一反三，并做好分类指导，使学生能对错题进行综合分析，归类整理。

总之，通过专题复习，要力求使学生做到"五个转化"，即从单一到综合、从分割到整体、从记忆到应用、从慢速模仿到快速灵活、从纵向知识到横向方法。

三、科学训练，注重讲评，提高综合解题能力

在模拟训练阶段，教师应在吸纳各地高考信息的基础上，兼顾各个考点，精选4~5套模拟题，进行定时训练，以提高答题速度和准确率为主要目的。学生训练后，教师要组织好每套试卷的讲评，讲评时，要充分调动学生的积极性，引导学生从知识、思维、答题习惯诸方面对自己的答卷情况进行积极的反思，并在试卷上做好记录。我认为最好的讲评办法就是让学生"说题"，即对套题中的一些重点习题，教师可先给学生提出以下问题：①你认为本题考查了哪些知识点？是怎样考查这些知识点的？②做这道题时你是怎样思考的？为什么要按这个思路去想？③解这道题时用到了哪些方法和技巧？关键步骤在哪里？④你认为这道题你主要错在什么地方了？通过对上述问题的陈述，让学生再度体验知识的应用，发现自己的误区，感受考题的精妙。这样的讲评，就容易使学生发现问题，为高考前的查缺补漏提供依据。另外在讲评时，教师还应有意识地介绍、表扬学生中的优秀、新颖解法，表扬一批做得较好的学生，严禁挖苦讽刺学生，从而使学生面对高考信心十足，充满期待。

高考复习是一个制造半成品的过程
——与高三（18）班刘斌同学谈高考复习

连续两次化学单元检测后，高三（18）班的刘斌同学主动到办公室找我，让我帮助分析他化学选择题一直考不好的原因。我拿起他的答卷仔细做了一番分析，8道选择题只做对了4道，48分的选择题他只得了24分，可以说得分是很低的！下面的两道化学计算题他都做错了！

【考题一】 将3g下列物质充分燃烧，并将生成物全部通入足量Na_2O_2，充分反应后固体质量增加了3g，则符合这一条件的物质是（　　）

①一氧化碳　　②氢气　　③甲醛　　④葡萄糖　　⑤乙醇

A. ①②　　　　B. ①②④⑤　　　C. 全部　　　　D. 除⑤外

【考题二】 将30mL NO和CO_2的混合气体通入足量的Na_2O_2，充分反应后，气体体积变为19mL，则原混合气体中CO_2的体积为（　　）

A. 19mL　　　B. 15mL　　　C. 11mL　　　D. 10mL

我问他这两道题是怎么做的，他说就是根据化学方程式及其选项一步一步计算的，而且卷面上可以清晰地看出他的解题过程。我说："你这么做，第一道题没有3分钟你是做不出来的！"他马上说："第一道题我做了6分钟才勉强做完，而且心里很不踏实。"我说："这两道题要我说是不能这么做的，应该凭经验、用规律直接选择，这些规律，就应该是你在平常复习做题时认真总结出来的，是内化了的半成品。第一题，凡是可以等价转化成$m(H_2) \times n(CO)$（m、n取任意自然数）形式的物质都符合上述条件；第二题，一看题意就应该知道，原混合物中NO肯定为19mL，那么答案就一定是C了。"接着我给他讲，考场上是没有太多的时间让考生去思考问题的，一拿到题，考生应该迅速地对其考查的知识内容、解题思路做出判断，然后把以往学习中总结出来的经验、规律或模型等已经内化了的知识迁移到本题中，准确判断，巧妙作答。根据多年的教学实践，我深刻认识到，高考复习是一个制造半成品的过程！举两个通俗的例子，如建造大楼，所有的材料（楼板、砖头、钢筋等）都是半成品，也只有这样，才能有效地缩短建楼工期；再如厨师做菜，厨师都是事先将各种菜清洗干净并按要求切好，然后分门别类摆放在一定位置，这样才能在做菜时节省时间，提高效率。我们试想想，如果厨师将什么菜都乱七八糟地堆放在一起，那如果要做出一盘西红柿炒鸡蛋，他很可能一时间连西红柿和鸡蛋都找不到，何况要很快炒出一盘菜来？听我这么一说，他显得很兴奋，似乎一下子找到了复习的妙法，也颇为顿悟地说："我原以为只要把基本的知识点掌握了，上了考场一步一步做就行了，根本没想到在平时复习时应该这样去积累和总结，看来我是真错了，我现在明白该怎么做了。"

据我观察，现在好多高三学生都这样，他们只是满足于盲目地学习一些零散的知识点，盲目地去训练一道一道考题，机械地记忆、单纯地做题几乎成了他们学习的全部，很少去归纳整理一些知识点、解题规律、模型及方法，所以任何一门学科的知识在他们的大脑中都显得凌乱不堪，似乎学会了好多知识，但是一遇到具体问题，又往往显得束手无策，高考复习事倍功半。要解决这一问题，就很需要教师花心思引导，要让学生明白，高考复习就是一个制造半成品的过程。无论是知识的掌握，还是考题的训练，都要有意去归纳总结、提炼升华，既要知其然，更要知其所以然，最终将知识结构化、考点题型化、题型规律化，只有这样，才能在考场上做题时驾轻就熟，删繁就简，从容应对。

要在习题教学上花心思

高考后期复习的教学工作，习题教学极为重要。在后期的复习中，唯有老师走进题海，方可带领学生走出题海。但是在习题教学中常常会暴露出诸多问题，最为典型的有盲目布置，随意训练；蜻蜓点水，就题讲题；重知识归纳，轻规范训练；重思路点拨，轻过程分析；等等。所以，习题教学一定要在选题、训练、讲评三个环节狠下功夫，多费心思。

如何选题呢？我的思路是，研究考点——考点描述（考试说明）→回归课本——课本呈现（课本）→剖析考题——高考真题（高考卷）→针对选题（多选中低档题、全真高考题、学生容易出错的题）。

如何训练呢？我的想法是，教师要引导学生坚持进行"限时限量做规范题"的训练，努力做到"习题试卷化""自习考试化""训练高考化"。

如何讲评呢？我的做法有两个。其一，要努力做到"三讲三不讲"。即老师在讲授考点时，只讲易混点、易错点、易漏点；不讲学生已会的，不讲学生能学会的，不讲学生怎么也学不会的。在讲解习题时，教师只讲学生扎扎实实做过的题，讲学生最容易出错的点，讲中低档题；不讲学生没有认真做过的题，不讲学生做不会的题，不讲（或少讲）压轴题。其二，要因题型而定，因学情而定，用"五法"做好试卷讲评。即以深研考点为侧重点进行拓展式讲评；以能力考查为侧重点进行解读式讲评；以梳理知识为侧重点进行归纳式讲评；以解题方法为侧重点进行题组式讲评；以矫正习惯为侧重点进行反思式讲评。

化学专题复习备课夹精选

在历年的化学高考二轮复习中,我一贯坚持的复习思路是,用一套高考试题时时统领整个高考复习,用考纲考点牢牢把握复习方向,用几本课本紧紧吸引学生的注意。着力引导学生跳出题海看高考,重组内容读课本,强力给学生灌输一种"(高考题)源于课本,高于课本;题在课外,根在课内"的思想,让学生力求做到知识结构化、考点题型化、训练高考化。在构建知识体系时,我的主要做法是,采用以问题引领、小专题归纳的方式,引导学生充分依据学科思想,打破课本章节体系,打通知识联系通道,构建新的知识体系,使学生实现"既能把厚书读薄,又能把薄书读厚"的重大跨越。

以下是我在教案中精选出来的一些"作品"。

一、《物质结构 元素周期律》专题知识梳理

1. 知识结构(图 2-1)

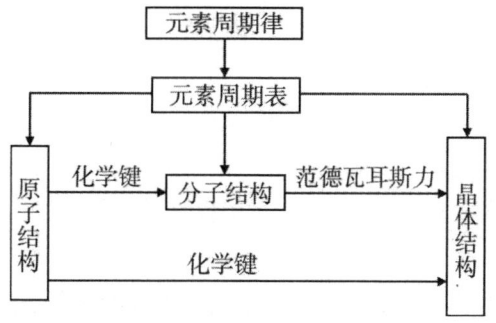

图 2-1

核心知识:一个定律一张表,三种"结构"四种"键",还有一种"作用力"。

思维方法:抽象的问题具体化。

聚焦元素:20 号以前的元素、所有主族元素、铁、铜、银。

复习要求:能绘制一张表(周期表),能吃透一个定律(周期律),能理

顺一组关系（位、构、性）。

2. 小专题归纳

设计问题并以"小专题"的方式进行归纳总结，就可使所学知识条理化、系统化！一定要在框架知识的基础上发散联想，将具体的知识点准确回忆和再认，使薄书变厚。

（1）默写元素周期表的长式结构。

（2）微粒的几种数量之间有何关系？

（3）中学中常见的 $10e^-$、$18e^-$、$14e^-$ 构型的微粒有哪些？

（4）如何比较微粒的半径大小？

（5）如何比较晶体熔沸点的高低？

（6）中学化学中哪些物质可以形成离子、分子、原子及金属晶体？不同的晶体中各存在哪些化学键？

（7）中学化学中常见的非极性分子有哪些？常见的正四面体、直线形、角形、平面形分子有哪些？

（8）试比较六种具体的晶体结构（NaCl、CsCl、SiO_2、CO_2、金刚石、石墨）。

3. "最难缠"概念辨析题 22 例

（1）所含质子数和电子数相等的粒子一定是原子。

（2）两种粒子如果核外电子排布相同，化学性质就一定相同。

（3）质量数相同的原子化学性质一定相同。

（4）最外层电子数为次外层电子数一半的元素一定是锂元素，最外层电子数为内层电子数一半的元素一定是锂元素，最外层电子数为其周期数两倍的元素一定是碳元素。

（5）最外层有 2 个电子的原子都是金属原子，最外层有 5 个电子的原子都是非金属原子。

（6）碱金属是指 IA 族的所有的元素，过渡元素不全是金属元素。

（7）电子层结构完全相同的阴阳离子，核电荷数越大，微粒半径越小。

（8）周期表中所有元素都是从自然界中发现的。

（9）原子及其离子的核外电子层数等于该元素所在的周期数。

（10）两种元素组成的分子中一定只有极性键。

（11）共价化合物中不含离子键，离子化合物中不含共价键。

（12）在晶体中只要有阴离子就一定有阳离子，同样只要有阳离子就一定有阴离子。

（13）原子晶体的熔点一定比金属晶体的高，分子晶体的熔点一定比金属晶体的低。

（14）由金属元素和非金属元素组成的晶体一定是离子晶体。

（15）非金属元素间不可能形成离子键。

（16）没有不含任何化学键的物质。

（17）下列关于元素的叙述正确的是（   ）

A. 金属元素与非金属元素能形成共价化合物

B. 只有在原子中，质子数才与核外电子数相等

C. 目前使用的元素周期表中，最长的周期含有36种元素

D. 非金属元素形成的共价化合物中，原子的最外层电子数只能是2或8

（18）根据中学化学教材所附元素周期表判断，下列叙述不正确的是（   ）

A. K层电子为奇数的所有元素所在族的序数与该元素原子的K层电子数相等

B. L层电子为奇数的所有元素所在族的序数与该元素原子的L层电子数相等

C. L层电子为偶数的所有主族元素所在族的序数与该元素原子的L层电子数相等

D. M层电子为奇数的所有主族元素所在族的序数与该元素原子的M层电子数相等

（19）下列叙述正确的是（   ）

A. 同主族金属的原子半径越大熔点越高

B. 稀有气体原子序数越大沸点越高

C. 分子间作用力越弱分子晶体的熔点越低

D. 同周期元素的原子半径越小越易失去电子

（20）有关晶体的下列说法中正确的是（   ）

A. 晶体中分子间作用力越大分子越稳定

B. 原子晶体中共价键越强熔点越高

C. 冰熔化时水分子中共价键发生断裂

D. 氯化钠熔化时离子键未被破坏

（21）$COCl_2$、$HClO$分子结构中所有原子最外层都达到了8电子稳定

结构。

(22) 三四周期的同主族元素的原子序数相差8。

4. 填数字考考你

(1) 周期表中各周期的元素种类数依次为＿＿＿＿＿＿。

(2) 惰性气体的原子序数依次为＿＿＿＿＿＿。

(3) 同一周期中ⅡA和ⅢA元素的原子序数之差为＿＿＿＿＿＿。

(4) 相邻周期的同一主族元素的原子序数之差为＿＿＿＿＿＿。

二、《化学反应速率 化学平衡》专题知识梳理

1. 知识结构

(1) 各种因素对反应速率的影响（图2-2）。

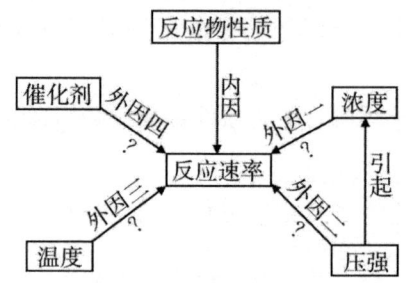

图2-2

(2) 外界条件对化学平衡的影响、化学平衡与反应速率关系图（图2-3）。

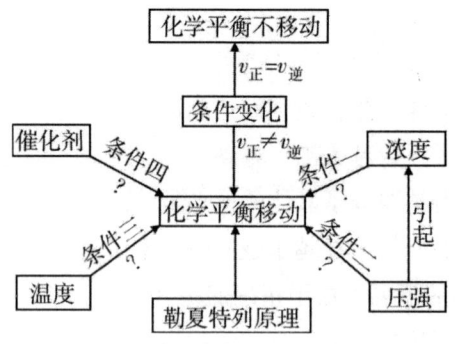

图2-3

核心知识：两个问题，一个原理，四个条件，八句话。

四种题型：概念原理辨析题（化学平衡标志判定、条件影响判定）、图像题、计算题、等效平衡题。

2. 小专题归纳

小专题一：能加快化学反应速率的因素有哪些？能减缓化学反应速率的因素有哪些？

例1：100mL 6mol/L H_2SO_4 跟过量锌粉反应，在一定温度下，为了减缓反应进行的速度，但又不影响生成氢气的总量，可向反应物中加入适量的（　　）

A. 碳酸钠（固体）　　B. 水　　　　C. 硫酸钾溶液

D. 硫酸铵（固体）　　E. 硫酸铜固体

小专题二：在有关反应速率及化学平衡的计算中，需要掌握哪些基本的关系式？

例2：在373K时，把 0.5mol N_2O_4 气通入体积为5L的真空密闭容器中，立即出现棕色。反应进行到2s时，NO_2 的浓度为 0.02mol/L。在60s时，体系已达平衡，此时容器内压强为开始时的1.6倍。下列说法正确的是（　　）

A. 前2s，以 N_2O_4 的浓度变化表示的平均反应速度为 0.01mol/L·s

B. 在2s时体系内的压强为开始时的1.1倍

C. 在平衡时体系内含 N_2O_4 0.25mol

D. 平衡时，如果压缩容器体积，则可提高 N_2O_4 的转化率

小专题三：化学平衡状态的标志有哪些？

【题3】 在一定温度下，可逆反应 $A_2(g) + B_2(g) \rightleftharpoons 2AB(g)$ 达到平衡的标志是（　　）

A. 单位时间生成 n mol 的 A_2 同时生成 n mol 的 AB

B. 单位时间生成 $2n$ mol 的 AB 同时生成 n mol 的 B_2

C. 容器内的总压不随时间而变化

D. 反应混合物的平均相对分子质量不随时间而变化

小专题四：惰性气体（与反应体系不起反应的气体）对反应速率及化学平衡有何影响？

【题4】 （2006年重庆卷第11题）已知反应 $mX(g) + nY(g) \rightleftharpoons qZ(g)$ 的 $\Delta H < 0$，$m+n > q$，在恒容密闭容器中反应达到平衡时，下列说法正确的是（　　）

A. 通入稀有气体使压强增大，平衡将正向移动

B. X 的正反应速率是 Y 的逆反应速率的 m/n 倍

C. 降低温度，混合气体的平均相对分子质量变小

D. 增加 X 的物质的量，Y 的转化率降低

小专题五：等效平衡有何特点？如何解决等效平衡问题？

【题5】（2007年四川卷）向某密闭容器中充入 1mol CO 和 2mol H_2O（g），发生反应：$CO + H_2O$（g）$\rightleftharpoons CO_2 + H_2$。当反应达到平衡时，CO 的体积分数为 x。若维持容器的体积和温度不变，起始物质按下列四种配比充入该容器中，达到平衡时 CO 的体积分数大于 x 的是（　　）

A. 0.5mol CO + 2mol H_2O（g）+ 1mol CO_2 + 1mol H_2

B. 1mol CO + 1mol H_2O（g）+ 1mol CO_2 + 1mol H_2

C. 0.5mol CO + 1.5mol H_2O（g）+ 0.4mol CO_2 + 0.4mol H_2

D. 0.5mol CO + 1.5mol H_2O（g）+ 0.5mol CO_2 + 0.5mol H_2

3. "值得你欣赏"的概念辨析题 15 例

（1）可逆反应的特征是正反应速率总是等于逆反应速率。

（2）可逆反应达到平衡时，正逆反应速率均等于零。

（3）反应物用量增大，反应速率一定增大。

（4）增大反应物浓度，可增大单位体积内活化分子百分数，从而使有效碰撞次数增大。

（5）在其他条件不变时，增大压强一定会破坏气体反应的平衡状态。

（6）其他条件不变时，升温加大了吸热反应速率，减小了放热反应速率，平衡向吸热反应方向移动。

（7）在其他条件不变时，催化剂只能改变化学反应速率，而不能改变化学平衡状态。

（8）反应物的转化率减小，则平衡一定向逆反应方向移动。

（9）在其他条件不变时，增大压强，化学平衡不一定移动，但是化学反应速率一定会改变。

（10）改变某一条件后，若反应物浓度减小，则平衡一定正向移动。

（11）向反应体系中充入惰性气体，化学反应速率有可能改变，但化学平衡一定不会移动。

（12）若条件的改变能使正反应速率增大，则平衡一定正向移动。

（13）若将反应体系温度升高 10℃，达到新的平衡后，体系的温度有可能降低 10℃。

（14）将充有 NO_2 和 N_2O_4 混合气体的烧瓶放入热水中，气体颜色变浅。

（15）对 $FeCl_3 + 3KSCN \rightleftharpoons Fe(SCN)_3 + 3KCl$ 的平衡体系，加入少量

KCl 固体，则溶液的颜色变浅。

三、《电离平衡》专题知识梳理

1. 知识结构（图 2-4）

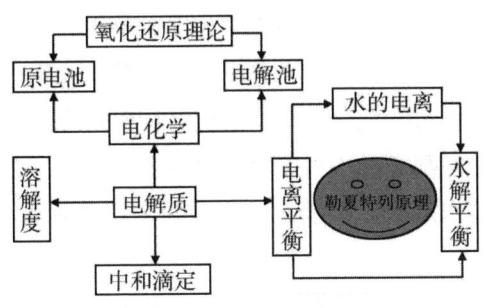

图 2-4

核心知识：一个问题（平衡），一个原理，两个条件，两句话。

关键词：电离、水解、反应。

思维方法：从整体上把握（如宏观把握三大问题、守恒思想等）；抓主抓重（分清主次抓要点）。

典型题型：pH 的计算与判断题、离子排序题、概念原理辨析题（平衡移动、离子积常数等）、中和滴定题。

2. 小专题归纳

请同学们根据已做过的典型习题，回归课本，进行发散思维，将本单元的主干知识、重点知识归纳总结，使之系统化。

（1）中学化学中，常见的电解质、非电解质、强电解质、弱电解质分别有哪些？电解质与非电解质、强电解质与弱电解质的本质区别是什么？

（2）如何用实验证明醋酸是弱电解质？

（3）如何计算溶液中由水电离出的氢离子及氢氧根离子溶度？

（4）如何计算溶液的 pH？

（5）盐类水解的规律是什么？中学常见的双水解反应有哪些？

（6）中学化学中，需要考虑盐类水解的常见情况有哪些？

（7）如何比较溶液中离子浓度的大小？

（8）外界条件（浓度、温度、酸碱度等）如何影响电离平衡、水解平衡？（可以醋酸及醋酸钠为例分析。）

（9）电解过程中阴阳极的放电规律是什么？

(10) 如何进行酸碱中和滴定的误差分析？

3. "让人犯难"的概念辨析题 20 例

(1) 凡溶于水能导电的物质都是电解质。

(2) 共价化合物都是非电解质。

(3) 液态氯化氢不导电，因此氯化氢是非电解质。

(4) 强电解质都是离子化合物，弱电解质都是共价化合物。

(5) 强电解质都是可溶性化合物，弱电解质都是难溶性化合物。

(6) 共价化合物在液态时不可能电离。

(7) 强电解质的水溶液导电能力肯定很强，弱电解质溶液的导电能力一定很弱。

(8) 向冰醋酸中不断加水稀释，溶液中氢离子浓度将逐渐减小。

(9) 溶于水后能电离出氢离子的化合物都是酸。

(10) 将 pH = 5 的盐酸稀释 1000 倍，溶液的 pH 将变为 8。

(11) 盐类的水解会促进水的电离。

(12) 水的离子积在任何情况下都是一个常数。

(13) pH = 0 的溶液酸性最强，pH = 14 的溶液碱性最强，pH = 6 的溶液一定显酸性。

(14) 含有弱酸根离子的盐溶液一定呈碱性。

(15) $NaHCO_3$、Na_2HPO_4、$NaHS$ 的水溶液显碱性，而 NaH_2PO_4、$NaHSO_3$ 的水溶液显酸性。

(16) 将醋酸溶液稀释，其电离程度增大，溶液的酸性增强；同理，将醋酸钠溶液稀释，醋酸根离子的水解程度增大，溶液的碱性增强。

(17) 同体积、同浓度的 NaA 溶液和 HA 溶液混合后，溶液一定显酸性。

(18) pH 之和为 14 的酸碱溶液等体积混合后，二者恰好完全反应，溶液呈中性。

(19) 因为酸性顺序为 $H_2CO_3 > C_6H_5OH > HCO_3^-$，所以碱性顺序为 $Na_2CO_3 > NaHCO_3 > C_6H_5ONa$。

(20) 把足量的锌粒分别放到同浓度、同体积的盐酸和醋酸中，反应的起始速率前者大于后者，生成的气体前者小于后者。

4. "让你大彻大悟"题组训练 5 例——久考不衰的酸碱中和反应

(1) ①在 0.1mol/L 的 NaOH 溶液中，$c(OH^-)$ = _____；②由水电离的 $c(OH^-)$ = _____；在 0.1mol/L 的 HCl 溶液中，$c(H^+)$ = _____；

由水电离的 $c(H^+) =$ _____；③将由水电离的 $c(H^+)$ 为 10^{-13} mol/L 的 HCl 溶液和由水电离的 $c(H^+)$ 为 2×10^{-13} mol/L 的 NaOH 溶液等体积混合，溶液的 pH _____ 7，溶液中的离子浓度大小顺序为 _____。

（2）①将 0.1mol/L 的 NaOH 溶液和 0.1mol/L 的 HCl 溶液等体积混合，溶液的 pH _____ 7，溶液中的离子浓度大小顺序为 _____；②将 0.1mol/L 的 NaOH 溶液和 0.1mol/L 的醋酸溶液等体积混合，溶液的 pH _____ 7，溶液中的离子浓度大小顺序为 _____；若将醋酸浓度改为 0.2mol/L，则溶液的 pH _____ 7，溶液中的离子浓度大小顺序为 _____；③将 0.1mol/L 的氨水和 0.1mol/L 的 HCl 溶液等体积混合，溶液的 pH _____ 7，溶液中的离子浓度大小顺序为 _____；若将氨水浓度改为 0.2mol/L，则溶液的 pH _____ 7，溶液中的离子浓度大小顺序为 _____。

（3）①将 pH＝13 的 NaOH 溶液和 pH＝1 的 HCl 溶液等体积混合，溶液的 pH _____ 7，溶液中的离子浓度大小顺序为 _____；②将 pH＝13 的 NaOH 溶液和 pH＝1 的醋酸溶液等体积混合，溶液的 pH _____ 7，溶液中的离子浓度大小顺序为 _____；③将 pH＝13 的氨水和 pH＝1 的 HCl 溶液等体积混合，溶液的 pH _____ 7，溶液中的离子浓度大小顺序为 _____。

（4）①（2004 年高考题）1 体积 pH＝2.5 的盐酸与 10 体积某一元强碱溶液恰好完全反应，则该碱溶液的 pH 等于 _____。②（2008 年高考题）取相同浓度的 NaOH 和 HCl 溶液，以 3：2 体积比混合，所得溶液的 pH 等于 12，则原溶液的浓度为 _____。③100℃时，$K_w=10^{-12}$，则上述①的结果是 _____；②的结果是 _____。

（5）（2008 年高考题）实验室现有 3 种酸碱指示剂，其 pH 变色范围如下：甲基橙：3.1～4.4；石蕊：5.0～8.0；酚酞：8.2～10.0。用 0.1000mol/L NaOH 溶液滴定未知浓度的 CH_3COOH 溶液，反应恰好完全时，下列叙述中正确的是（　　）

　　A. 溶液呈中性，可选用甲基橙或酚酞作指示剂
　　B. 溶液呈中性，只能选用石蕊作指示剂
　　C. 溶液呈碱性，可选用甲基橙或酚酞作指示剂
　　D. 溶液呈碱性，只能选用酚酞作指示剂

四、有机化学中的核心知识点梳理

九种代表物：甲烷、乙烯、乙炔、苯、溴乙烷、乙醇、乙醛、乙酸、乙

酸乙酯。

一条关系链：烃⟷卤代烃⟷醇→醛→羧酸⟷酯。

四个知识点：有机物的组成及结构、官能团的性质及其转化（断键方式、连接顺序、反应条件）、有机反应及其类型、同分异构现象。

几个小规律：烃及其含氧衍生物燃烧的规律。

两道高考题：有机选择题、有机推断题。

十六个小专题：

（1）中学化学中，既能和强酸反应，又能和强碱反应的物质有哪些？

（2）甲基、乙基、丙基、丁基各有几种同分异构体？其结构简式如何？

（3）有机化合物中，哪些物质可以和银氨溶液及氢氧化铜悬浊液发生反应？

（4）常用来鉴别有机物的化学试剂一般有哪些？

（5）在中学化学中，能够发生水解反应的物质有哪些？你能否发现水解反应有何特点？

（6）在中学化学中，哪些物质可以使酸性高锰酸钾溶液褪色？哪些物质可以使溴水褪色？

（7）你能否体会到不饱和度在判断物质结构、确定物质组成等方面的妙用？

（8）在有机化学反应中，哪些反应可以引入羟基？

（9）在有机化学中，典型的化学反应类型有哪些？每种反应类型具体包括哪些反应？

（10）哪些有机物能和金属钠、氢氧化钠、碳酸钠及碳酸氢钠发生反应？

（11）求有机物分子式的常见方法有哪些？

（12）中学化学中，常见的反应条件有哪些？

（13）如何判断并书写有机物的同分异构体？

（14）如何判断有机物分子的空间结构（如共线、共面等）？

（15）如何判断高聚物及其单体的结构？

（16）有机化学实验中，需要水浴加热的实验有哪些？需要使用温度计的实验有哪些？对于几个重点实验（乙烯和乙炔的制法、乙酸乙酯的制法、乙醇结构的确定、乙醛的银镜反应、乙醛和氢氧化铜的反应、淀粉的水解、石油的分馏、卤代烃的水解、官能团的检验等），应注意哪些问题？

五、元素及其化合物部分知识梳理

1. 元素及其化合物小专题 25 例

针对下列问题,归纳总结所学知识点。

(1) 我们学习过的常见元素(如 H、O、S、Cl、N、P、C、Si、Na、K、Mg、Al、Fe 等)在自然中的存在形态是什么?

(2) 中学化学中,常见的有俗名的物质有哪些?其化学成分是什么?

(3) 既能与强酸反应,又能与强碱溶液反应的物质有哪些?

(4) 中学化学中,哪些物质暴露于空气中会变质?其中哪些物质主要因被氧化而变质?

(5) 中学化学中,溶液间相互反应,滴加顺序不同时,反应出现不同现象的反应有哪些?

(6) 哪些盐溶液可以和 $CO_2 + H_2O$ 反应?各自生成哪些物质?

(7) 中学化学中,哪些物质在一般的加热条件或光照条件下易分解?同类物质分解的一般规律是什么?

(8) 非金属单质的制备方法有哪些?金属单质的制备方法有哪些?

(9) 中学化学中,物质间反应时,能出现"先生成沉淀,后沉淀消失"现象的化学反应有哪些?

(10) 中学化学中,哪些反应可以生成 O_2?其中哪些反应比较适合于制备 O_2?

(11) 中学化学中,哪些反应可以生成 H_2?其中哪些反应比较适合于制备 H_2?

(12) 中学化学中,用 H_2SO_4(浓或稀)可以制备哪些气体?其中分别用到了 H_2SO_4 的什么性质?

(13) 实验室常用的干燥剂有哪些?它们分别适用于干燥哪些气体?

(14) 常见气体中,哪些气体有毒?哪些气体有特殊气味?哪些气体有颜色?哪些气体易液化?哪些气体在常温条件下相互间可以发生反应?哪些气体的溶解度很大或较大?

(15) 常见阴离子(卤离子、SO_4^{2-}、NO_3^-、PO_4^{3-} 等)的检验方法是什么?

(16) 常见气体(如 Cl_2、H_2S、HCl、NH_3、SO_2、CO_2、O_2 等)的检验方法是什么?

(17) 中学化学中,反应条件不同时(如温度、浓度、反应物用量比等），反应产物不同的化学反应有哪些？

（18）哪些物质燃烧时，火焰是蓝色或淡蓝色？

（19）金属碳化物（如 CaC_2）、氮化物（如 Ng_3N_2）、氢化物（如 NaH）都极易水解，试归纳其水解通式（反应规律）。

（20）常见物质中，黄色（或淡黄色）物质有哪些？黑色物质有哪些？

（21）中学化学中涉及许多工业生产知识，如 H_2SO_4、HNO_3 工业制法，制玻璃、水泥、炼铁、炼钢、电解饱和食盐水、铝的冶炼、合成氨工业等，试从反应原理、原料、设备、产物成分、尾气处理等相关问题方面加以归纳整理。

（22）从反应物质类别上区分，"置换反应"有哪些？

（23）哪些物质能使有色物质褪色（漂白）？

（24）弱酸的酸式盐有哪些重要特性（如溶解性、稳定性等）？

（25）典型物质的用途中，哪些物质可用于医疗上？

2. 中学化学中最"牛"离子方程式 18 例

（1）向饱和碳酸钠溶液中通入足量的 CO_2。

（2）向碳酸钠溶液中逐滴加入少量稀盐酸。（有变式？）

（3）向碳酸氢钙溶液中加入足量氢氧化钠溶液。（有变式？）

（4）等物质的量的 NH_4HCO_3 与 NaOH 在溶液中反应。（有变式？）

（5）硫酸氢钠溶液中滴入 $Ba(OH)_2$ 溶液至中性。（有变式？）

（6）二氧化锰和浓盐酸反应。

（7）电解饱和食盐水。

（8）溴化亚铁和氯气（通少量、1∶1、1∶1.5、过量等）。（有变式？）

（9）次氯酸钙溶液中通入过量的 SO_2 气体。

（10）稀硝酸中加入过量的铁粉。（有变式？）

（11）铜和浓（稀）硝酸的反应。

（12）硫代硫酸钠和稀硫酸的作用。

（13）碳酸钠溶液的水解。

（14）氢氧化铁胶体的制备。

（15）碳酸氢钠溶液和硫酸铝溶液的反应。（有归纳？）

（16）硝酸铝溶液中加入过量氨水。（有变式？）

（17）$NaAlO_2$ 溶液中通入过量 CO_2。（有变式？）

（18）银氨溶液的制备。

高考最后十天化学复习要点

2009 年、2010 年、2012 年及 2013 年四届的高考复习,在临近高考的最后 10 天,我都根据高考试题特点、课本知识体系及学生学情状况,给学生精细编印如下的化学复习要点。实践证明,这一做法会收到较好的复习效果。

一、复习策略:用一套高考试卷统领整个高考复习

8 道选择题,4 道综合题——明确考点范围,分析题型特点,把握解题规律。

具体复习思路是,按顺序装订试卷→依题型归类总结→从题中找出缺漏→有针对回归课本。

最后十天四忌:

一忌手忙脚乱——依考题按计划复习最科学;

二忌泛泛看书——依问题有针对阅读最有效;

三忌大量做题——盲目训练易导致心中无数;

四忌停止训练——纯粹不练易导致状态回落。

二、化学高考 8 道选择题中的 18 个重要考点

考点 1:氧化还原反应(概念辨析、守恒计算、配平)。

考点 2:离子共存问题(带限制条件、不带限制条件)。(提醒:HCO_3^- 和 AlO_2^- 不能共存。)

考点 3:离子方程式的正误判断(牢记中学化学中最"牛"的离子方程式 18 例)。

考点 4:物质的鉴别(用一种试剂和不用试剂)。

考点 5:反应热(热化学方程式的书写及正误判断、概念辨析、简单计算)。

考点 6:化学反应速率、化学平衡(概念原理辨析、图像辨析、计算、等

效平衡）。

考点 7：溶液中离子浓度大小的比较（抓住反应、电离及水解三大要素；抓住四种强弱"对话"，即强碱＋弱酸、强酸＋弱碱、强酸＋弱酸盐、强碱＋弱碱盐；抓住三种守恒，即物料守恒、电荷守恒、质子守恒）。

考点 8：pH 的计算及判断（强弱对话准判断，强强对话考计算；抓住 pH 之和等于 14 的经验规律）。

考点 9：电化学（概念原理辨析——氧化还原反应原理、电子守恒计算、应用：化学电源、电化腐蚀、电镀、电解精炼、氯碱工业）。

考点 10：物质结构（几种微粒数的关系、是否满足 8 电子结构的判断、化学键及分子极性、晶体结构概念辨析及 6 种晶体的具体判断）。

考点 11：元素周期律及元素周期表（短周期元素位、构、性的判断——把抽象的问题具体化）。

考点 12：元素及其化合物知识的综合运用。

考点 13：以物质的量为核心的判断及计算（有关 N_A 的判断、阿伏加德罗定律及推论、质量分数及物质的量浓度等）。

考点 14：计算型选择题（把握三大思想——守恒思想、函数与方程思想、分类讨论思想；熟练六种方法——守恒法、差量法、极端假设法、平均值法、十字交叉法、关系式法；牢记"三重"——重原理概念的辨析、重隐含信息的挖潜、重思想方法的应用）。

考点 15：有机化学基础知识（有机物分子的空间结构、官能团的性质、同分异构现象、典型反应的定量考查）。

考点 16：化学基本实验（常见仪器的使用、基本实验操作、安全事故处理、常见物质的分离提纯、常见气体的实验室制取、重点演示实验及学生实验）。

考点 17：化学与社会、环境、化学工业、科技及生活。

考点 18：溶液及胶体。

三、化学高考 4 道综合题归类

1. 化学实验综合题

这是历年必考题之一，也是由化学学科特点所决定的。回顾近几年全国 II 卷的化学实验题，大致有三种可能性：一是以离子反应为内容的离子推断及鉴定、鉴别题（如 2008 年 28 题）；二是以气体制取及反应为载体的综合题

（如 2007 年 28 题、2009 年 28 题）；三是课本演示实验或学生实验的延伸扩展题（如 2006 年 26 题乙酸乙酯的制法；2004 年硫酸铜晶体中结晶水含量的测定）。这是历年高考中考生感觉最难的高分的一道题，但这道题往往也有不少来自课本的基础得分点，同学们要有"能得多少算多少"的轻松心态，仔细浏览题目，可以快速地"打一枪换一个地方"，如书写离子（化学）方程式、回答基本实验操作等。

2. 有机化学综合题

这是历年高考中一道考点最具体的题目，老师认为同学们应该十拿九稳得高分，因此要引起高度重视。仔细研究近年有机综合题，考查点不外乎"一条关系链，四个知识点"。有机化学用语（名称、结构简式、化学方程式）书写不规范是同学们做这道题的最大问题，要引以为戒。在推断时要抓住四种主要题眼：①反应条件（NaOH 水溶液、NaOH 醇溶液、酸化（H^+）、浓硫酸、稀硫酸、Ni 催化加热、Cu/Ag 加热、光照、铁粉催化等）；②无机反应物（$NaHCO_3$、Br_2、$KMnO_4$ 等）；③题干中的分子式、结构简式；④题干中的定量关系。

3. 无机推断题

这是高考中一个高频考点，高考年年考。如全国卷 Ⅱ 2006 年 27 题和 28 题、2007 年 26 题、2008 年 27 题、2009 年 29 题，纵观近几年高考题，无机推断不外乎三种题型：元素推断题；离子推断题；元素及其化合物的框图推断（或文字表述推断）题。

要牢记推断题的答题策略：整体浏览（包括设问），点上突破，顺藤摸瓜，各个击破（适当标记），快速验证，准确作答。

（1）元素推断题解题要诀：一要源于课本找答案；二要夯实基础抓题眼。如结构特征：原子核结构、核外电子结构、分子结构、晶体结构、微粒结构（$10e^-$、$8e^-$、$14e^-$）；现象特征、反应特征等。

（2）离子推断题解题要诀：一要熟记离子间的主要反应（尤其是特征反应）；二要牢记在肯定中及时否定；三要记住溶液中电荷守恒。

（3）元素及其化合物的框图推断（或文字表述推断）题解题要诀：一要紧扣课本去作答；二要完善体系抓题眼。该题的题眼主要有，反应特征，如置换反应、归中反应、分解反应等；现象特征，如有气体生成、沉淀生成、显特殊颜色、有特殊气味等。考查的高频元素有 Na、Mg、Al、Fe、S、Cl、C、N、Si、O 等重要元素。

4. 理论知识综合题

中学化学中的理论知识除了前面提到的《物质结构 元素周期律》之外，重点有化学平衡、电离平衡、电化学等。2008 年 26 题、2009 年 27 题对化学平衡知识做了重点考查。2010 年的高考，提醒同学对电离平衡、电化学两部分给予重视。

四、特别提醒

（1）慢做会，求全对，稳做中等题，一分不浪费，舍弃全不会；不求多得，但求少丢。

（2）不是你会的太少，而是你错的太多。

（3）你现在还不会的，高考很可能不考。

（4）带一份自信走进考场，用一份从容面对考卷。"三先三后"，即先检查卷面，后填写卷头；先浏览全卷，后选题作答；先冷静审题，后快速下笔。

巧记化学知识四法

化学知识"碎、散、繁、多",难以记忆。为了帮助同学们加强化学知识的记忆,下面介绍几种记忆方法供大家参考。

一、突出关键、浓缩记忆

对于抽象概念或重点实验等知识的记忆,可"咬文嚼字",抓住关键,或归纳概括,浓缩记忆。如对"配制一定物质的量浓度的溶液"的实验步骤,可浓缩为"计算、称量、溶解、转移、洗涤、定容"六个主要步骤。对于过滤操作,可概括为"一斜两低三紧贴"等。

二、编拟韵语、灵活记忆

有些化学知识,同学们可能暂时无法理解,要靠机械记忆来获取。为提高记忆的效果,可根据所记内容的特点编拟韵语、灵活记忆。现举几例我在教学中的实例做一说明。

对盐的水解规律,可记为"有弱才水解,无弱不水解;越弱越水解,双弱双水解。水解显何性?强者显其性"。

对于 pH 之和为 14 的酸碱溶液等体积混合后溶液酸碱性的判断,可记为"谁弱谁过量,谁弱显谁性"。

对于常见金属的颜色反应,可记为"钠黄铷紫钡黄绿,铜绿钙砖锶洋红,钾是紫色锂紫红"。

对于石蕊、酚酞、甲基橙的变色范围,分别可记为,石蕊:"5 红 8 紫 14 蓝";酚酞:"8 无 10 浅 14 红";甲基橙:"3.1 红色 4.4 橙,4.4~14 呈黄色"。

对于酸碱和盐的溶解性表,可记为"酸类易溶除硅酸,碱类钾钠钡和氨。钾钠铵盐硝酸盐,都能溶于水里面。盐酸盐不溶银亚汞,硫酸盐钡铅生沉淀,亚汞银钙溶一点。其余碳硅硫①磷盐，溶于水中很困难"。

三、巧用谐音、趣味记忆

有些难记易忘的识记内容，同学们可适当转换情景，巧用谐音、趣味记忆。如对氧化还原反应中的多组概念，可记为"失声唤羊"。即失——失电子，声——化合价升高，唤——还原剂，羊——氧化反应、被氧化、氧化产物。

四、展开联想、发散记忆

联想是记忆的基础，是记忆的重要手段。在化学学习中若能充分运用发散思维，多方联系，就会使分散的知识得到归纳整理，收到举一反三、闻一知十的记忆效果。常见的联想方式有以下几点。

（1）相似联想：如从硫化氢在空气中燃烧的现象（火焰呈淡蓝色），联想到氢气、一氧化碳、乙醇、硫、甲烷等的燃烧；从二氧化硫与氢氧化钙的反应原理、现象，联想到二氧化碳（硫）与氢氧化钙、氢氧化钡的反应原理、现象。

（2）相关联想：如从氯气的毒性联想到有毒气体的尾气处理及有毒气体的密闭式收集方法等。

（3）相反联想：如从红磷无毒联想到白磷剧毒，从氯化氢气体可用浓硫酸制取联想到溴化氢、碘化氢气体却不能用浓硫酸制取等。

（4）因果联想：如从钠易和氧气、水反应联想到钠应保存在煤油中，从浓硫酸具有很强的吸水性联想到浓硫酸可广泛用作干燥剂等。

化学知识的记忆方法很多，只要在学习中勤动脑，想办法，找窍门，记忆化学知识并不难。

---

① 硫指大多数硫化物和亚硫酸盐。

以能力立意　显学科素质
——2015年高考政治新课标全国卷Ⅱ试题评析

2015年高考在亿万人的关注、期待和焦虑中落下了帷幕，家长和考生期待理想的成绩，回报他们十二年的寒窗苦读；作为辅导高考的一线教师，我更关注试题的特点及变化，以便为以后的教学寻找方向。

一、2015年高考政治新课标全国卷Ⅱ试题特点

（一）近三年高考政治新课标全国卷Ⅱ试题对比

时间		经济生活	政治生活	文化生活	生活与哲学
2013年	分值	16分、30分	12分、24分	4分、16分	16分、30分
	考点	选择题：国家财政；企业经营；关注民生、**优化经济结构**；价格与供求的关系。38题（1）问：经济生活模块内综合	选择题：依法行政；政协的基本职能；**国际关系和我国的外交政策**。38题（2）问：经济生活与政治生活综合	选择题：**文化交流**。39题（2）问：科技创新的作用、文化传承和发展；（3）问：文化建设、文化遗产的保护	选择题：认识是不断发展的；群众路线；价值判断与价值选择；**物质与意识的关系**。39题（1）问：对立统一观点
2014年	分值	16分、30分	12分、24分	4分、14分	16分、32分
	考点	选择题：**价格及其影响因素**；关税（税收）；**国家宏观调控；经济结构调整**。38题（1）问：经济生活模块内综合	选择题：公民有序政治参与；政府职能；**国际关系和我国外交政策**。38题（2）问：公民的基本权利，人大、政府的职能	选择题：文化传播。39题（1）问：文化创新的途径	选择题：**物质与意识的关系、实践；世界的本质**；矛盾的普遍性和特殊性的关系；矛盾、规律、实践。39题（2）问：实践与认识的相关知识；（3）问：人生价值及其实现

续表

时间		经济生活	政治生活	文化生活	生活与哲学
2015年	分值	16分、30分	12分、24分	4分、14分	16分、26分
	考点	选择题：居民投资方式；社会主义市场经济；商业银行；**影响价格的因素及价格变动的影响**。38题（2）问：企业经营、国家宏观调控	选择题：民主管理；依法治国；宗教政策。38题（1）问：依法治国	选择题：**文化交流**、文化与经济的关系。39题（2）问：弘扬中华民族精神的重要性	选择题：人民群众是历史的主体；发展观、矛盾观、联系观；实践与认识。39题（1）问：意识的能动作用

注：①上表中"分值"一栏分别为该模块选择题分值和该模块在全卷中的分值；②加粗部分为重复考点；③2015年39题第（3）问是开放性试题，本题6分未限制知识范围。

从上表可以看出，近三年高考政治试题有许多相对稳定的地方：一是近两年每年都有与上年相同的考点，个别体现学科思想、长效热点、与群众生活密切相关的知识点年年都考，如国家宏观调控、国际关系和我国外交政策、物质与意识的关系、影响价格的因素及价格变动的影响等；二是近三年高考政治选择题几乎都是一道题考查一个考点（个别哲学选择题例外），综合性不强；三是近年高考政治学科命题的最显著特征是模块清晰，综合题一般是模块内综合，基本上没有学科内综合性考题，但2015年出现了学科内综合甚至跨学科综合试题。

上述相对稳定的试题特点对我们以后的教学及高考辅导有重要的启发和指导意义。

（二）2015年高考政治新课标全国卷Ⅱ试题特点

2015年的高考政治试题总体来说坚持了考试大纲"总体保持稳定，深化能力立意，积极改革创新"的指导思想，同时体现了基础性与综合性、知识性与时代性、考查观点原则性和设问灵活性的统一，突出对能力和学科素质的考查。

1. 风格依旧，稳中有变

试题分值与结构总体稳定，但各模块在试卷中的顺序有所变化。选择题分值依然是48分，选项编制以"四选二"为主。近三年"四选二"选择题分别为 2013 年 9 个、2014 年 10 个、2015 年 9 个；选择题四个模块所占比例经济、政治、文化、哲学依次为：4∶3∶1∶4，与前两年完全一致。与前两年有所变化的是，各模块的选择题顺序有变化；四个模块经济、政治、文化、哲学的分值依次为 30 分、24 分、14 分、26 分，有 6 分题没有具体的范围界定；非选择题各模块的顺序并不固定，2015 年与前两年也不一致。

试题难度稳中有降，区分度好。选择题难度基本稳定，正确选项指向明确，错误选项和无关选项的迷惑性和干扰性适中，但哲学选择题的难度有所下降，22 题、23 题一眼就能看出答案；2015 年没有坐标图像题，经济计算题也比较简单，这是难度降低的另一个表现；主观性试题文字阅读量减少，从前两年的 880 多字、860 多字，减少到 650 多字，这对考生答题也是一个利好的方面；主观性试题中哲学试题、文化试题设问指向明确，知识范围具体，与 2013 年、2014 年特点一致，难度较低。但主观性试题中经济试题和政治试题综合性较强，回答有一定难度；39 题第（3）问不限定知识范围，会给学生答题带来一定困难。总的来讲，试题比较灵活，起点较低，层次分明，梯度明显，有较高的信度、效度和区分度。

2. 注重基础，突出能力

2015 年高考政治试题一如既往地注重对考生的基础知识、基本技能、基本方法的考查，突出对学科主干知识的考查，突出知识间的相互关系；注重考查学科素养与学科思维能力，注重考查学生对基本概念和基本观点的综合比较、分析判断能力，注重考查学生综合运用所学知识分析、解决实际问题的能力。

2015 年高考政治试题对各模块知识点的考查在上表中做了逐题统计，这些知识点都是各模块的主干知识、核心知识，通过这些知识的内涵及相互关系、相关知识的对比区分，考查学生的基础知识、基本技能和基本方法。

试题坚持以能力立意，体现高考规定的能力考查要求。无论是选择题还是非选择题，都在考查考生获取和解读信息的能力。选择题中 13 题、14 题、16~21 题题肢表述灵活，主要考查考生的辨识、理解、分析、推理和判断等基础思维能力。38 题第（1）问和第（2）问，要求考生必须综合运用所学政治知识和经济知识，分析说明实际问题，39 题第（3）问不限定知识范围。这几个试题对知识跨度要求比较高，体现了考试大纲对考生调动和运用知识的能力、描述和阐释事物的能力、论证和探讨问题的能力的考查。

3. 关注热点，紧跟时代

无论是试题素材的选取，还是考查内容的确定，2015 年高考政治试题都具有浓烈的时代气息。从宏观层面看，新课标全国卷Ⅱ政治试题主要涉及经济结构调整、经济新常态、依法治国、中韩文化交流、纪念世界反法西斯战争胜利暨中国抗日战争胜利70周年等。从中观、微观层面上看，主要涉及以简政放权为重点的行政体制改革、司法体制改革、金融体系及财税体制改革、小微企业发展、大众创业、万众创新等。有些是显性考查，有些是隐性考查。对这些热点问题的考查，体现了新课程"贴近时代、贴近学生、贴近生活"的原则，实现了考纲考点、教材重点、社会热点的有机统一，有利于引导学生走出书本和课堂，关注国家、关注社会、关注世界，也体现了素质教育的要求。

4. 结合现实，彰显精神

2015年是抗日战争胜利70周年，新课标全国卷Ⅱ政治试题第39题以此为素材，以26分之高的权重，围绕大力弘扬以爱国主义为核心的民族精神设计问题：第（1）问运用哲学知识中"意识能动作用原理"说明抗战精神对中国人民战胜日本侵略者的作用；第（2）问运用文化生活知识深入分析抗战精神与中华民族精神的关系，进一步说明传承和弘扬伟大的民族精神的重要性；第（3）问要求学生对近年来日本政界有人企图否认日本侵华历史的言论加以批驳，进一步深化对以爱国主义为核心的民族精神的认识。

试题注重对考生情感、态度、价值观的考查，引导考生运用马克思主义的基本观点和方法，观察、辨别复杂的社会现象，培养学生正确的价值判断和行为选择能力，形成正确的人生观、价值观和世界观。试题立意积极而深刻，凸显主流价值，呼应社会脉动和时代精神，彰显了以爱国主义为核心的中华民族精神和以改革创新为核心的时代精神。

二、值得商榷的地方

（1）39题第（3）问从文综试卷整个分值分配来看，应该属于政治学科考题，否则，政治学科总分只有94分。但该题开放程度太高，知识范围没有任何限制，回答此题需要用史实，但更多的是要用政治学科知识及学科思维。考生答题时，没有更多的时间思考这些，可能会有考生单纯用历史学科知识回答，这样，从"评分参考"看，得分很低甚至很难得分。笔者认为，从人文关怀的角度出发，这种命题应该慎重。当然，此题也给我们今后的教学和备考发出了一个信号：要更加注重学科内综合和文科综合学科的整合训练。

（2）14题选用的热点问题是"2015年5月，我国存款保险制度正式实施"，这一热点素材的选用超出了《考试说明》规定的"上年度4月至考试当年3月"的考查时限。目前高考不直接考查时事政治，而是通过素材选用向学生渗透时事政治。所以，《考试说明》规定的考查时限就是指素材选用要在这个时限之内。这虽不影响答题，但还是有超纲之嫌。

三、今后复习备考策略

（一）一如既往抓基础，坚持不懈练能力

2015年高考政治试题注重基础、突出能力的特点启示我们，在以后的教学中，对于基本概念、基本观点、基本原理要讲清、讲透，对相关相似知识要对比区分，让学生明理会用；要指导学生做好笔记，指导学生构建完整的知识体系；要让学生明确知识范围，熟记单元课题、框题、目题，并以此为点，串联相关知识，做到想一点、连一线、带一面，随时调用；要督促学生及时复习、反复复习，做到核心知识烂熟于心。

要严格按照高考试题的能力要求训练学生，要通过对高考真题的强化训练，提升学生获取和解读信息的能力、调动和运用知识的能力、描述和阐释事物的能力、论证和探讨问题的能力。要注重发散，无论讲解知识点还是讲评习题，都不能就事论事，要变换角度，训练学生思维的灵活性；要注重平时的常规训练，规范出题，规范答题；要按照"训练高考化，高考平常化"的要求训练学生，提高学生限时限量做规范题的能力；要培养学生善于总结，举一反三，升华提高和练后反思，建立错题集的学习习惯；要强力矫正学生"一看就会、一做就错""会而不对、对而不全"的审题答题习惯；要反复告诫学生，不可"用最快的速度把会做的题做错，再花大量时间做自己不会做的试题"。通过这些训练，使学生把知识真正转化成能力。

（二）以本为本，活用教材

目前，各种教辅资料让人眼花缭乱，教学中必须重视课本，引导学生以本为本，重视对课本结构的把握，重视对课本内容的阅读理解、归纳整理，切忌用教辅资料代替课本。

新课标强调教师要由"教教材"向"用教材教"转变。时政性是思想政治课的主要特点之一，高考试题每年都充分体现了这一特点，而教材编排不可避免地会有滞后性，因此，教学中既要以教材为本，又要活用教材。要把握好主干知识和核心知识的深浅之度；要敢于对教材内容进行大胆取舍；要灵活处理教材的结构顺序；要为教材及时注入"新鲜血液"；等等。

（三）突出主体，强化探究

在今后的教学中，要充分发挥学生的主体作用，通过"专题讨论""社会调查"等活动最大限度地激发学生调查、探究的热情。要重视课本每一单元后的综合探究，相信学生，放手让学生去调查，去探究，老师做好总结评价；要设置不同的情境和问题，让学生去思考，去探究；要学以致用，让学生积极参加社会实践活动，在活动亲历中体验学习，在实践探索中提升能力。这样，既克服了死学教材的枯燥乏味，调动了学生学习的积极性，训练了学生思维的灵活性，更彰显了新课程要求紧密结合社会生活实际，培养学生创新精神和实践能力的教学理念。

（四）关注热点，联系实际

思想政治课的教学不能"两耳不闻窗外事，闭门只读教科书"。必须结合具体的教学内容，及时渗透国家的重大方针政策，关注国际国内时政热点，关注社会焦点话题，理论联系实际，紧跟时代步伐。要引导学生关注电视、网络、报刊等媒体新素材，收看电视时政新闻栏目，如《焦点访谈》《新闻1+1》《深度国际》等，以开阔眼界，增长见识，增强思辨；开设"时事点评""问题关注"，给学生提供更多展示思辨能力的舞台，培养学生综合运用所学知识分析、评价、解决现实问题的意识和能力，让学生在探究中体验学习政治课的独有乐趣。

总之，2015年高考政治试题（新课标全国卷Ⅱ）有深度、有内涵，能引发人的思考，带给人心灵的震撼，体现了新课标下的高考要求，导向性强，为我们今后的复习备考指明了方向。

高考政治试题答题"三要""五化"

一、高考政治选择题的答题方法和要求

对于解答选择题而言,至关重要的一条,就是坚持题肢与题干相一致的原则。这取决于能否发现题干中的有效信息,取决于平时对课本知识的系统掌握与准确理解,取决于自己的答题习惯,同时,也与自己平时做高考试题的积累相关。前者是知识建构,后者是答题习惯与高考意识,二者的契合点,便是高考解题的成功点,契合点越高,经验越丰富,胜算的把握越大。具体来说,解答选择题要注意以下几个问题。

1. 要牢固掌握基础知识

这是正确解答选择题的前提和基础。一方面,对基础知识的掌握要力求全面而有序,使所学知识系统化、条理化,对"相关知识"要胸有成竹(高考常见的题型是运用××相关知识分析说明××问题)。另一方面,对重点知识不能仅仅停留在简单记忆上,一定要在广度和深度上加强理解,尤其要弄清知识之间的内在联系,对比区分相关、相似知识,力求融会贯通。这样,既能在理解中加深记忆,又能在理解的基础上灵活运用。

2. 要仔细审题

(1)审查题干。选择题的题干包括材料和设问。首先,通读材料。全面、仔细、正确地理解材料所提供的各种信息,把握材料的核心意思,提取材料的有效信息。对于材料内容较多的试题,一定要分层理解题意,并按照"主谓宾"的格式分析材料的结构,找出材料讲的是"谁在做什么事"。其次,细审设问,寻找题眼,准确地把握题眼。题眼即关键词,它指出了设问的特殊规定性。只有准确地把握"题眼",选择题肢才有针对性。有些试题甚至可以不审材料只审设问中的题眼就能做出正确选择。一般来说,每个选择题的题眼大多在题干的最后一句话中,如"范围关键词":材料体现的《经济生活》道理、《文化生活》道理、《政治生活》道理,从唯物论角度、辩证法角度、

认识论角度等；"内容关键词"：措施、制度、原因等；"形容词关键词"：根本、主要等；"动词关键词"：表明、说明、体现等。

（2）审查题肢。使用最多的是排除法和比较法。

采用排除法解题，要辨别四个题肢有无理论上的错误，是否与现实相符合，是否与题干要求相一致。以下几种情形必须排除。①排谬：排除观点全错或部分错误的题肢（题干要求选择错误选项者除外）。②排异：排除观点虽正确，但与题干要求不一致或无关的题肢。③排乱：排除题干与题肢之间逻辑不符或混乱的题肢，如因果颠倒、干肢内容重复、范围不符等。

在几个题肢都有道理、都与题干有关的情况下，多采用比较法。这时必须再次审查题干，准确理解题干的要求，比较分析，从优选择，选关系更直接、观点更鲜明、与题干意思更相符合的题肢，而不是就题肢选题肢。学生做题时，往往在排除错误选项后，在两个或三个正确选项之间徘徊、纠结，最终选择了错误选项，就是不审题干只看题肢的结果。总之，十种情况题肢不选：表述有错者不选；肢干不符者不选；肢干重复者不选；因果相悖者不选；正误相混者不选；肢干矛盾者不选；间接联系者不选；范围不符者不选；表述不全者不选；反向选择者不正选。

3. 训练过硬的心理素质和答题技巧

做选择题一定要认真细致、沉着冷静，切忌匆忙作答、粗心大意。做选择题的时间一般是 1 分钟做一道题，有的学生做题太快，对题目没有认真阅读，缺乏仔细思考，甚至没有看清题眼，当然就容易选错。这是一种答题习惯问题，很多学生在考试后只是简单地总结为"太粗心"。这种粗心要不得！克服这种现象，一是在平时的训练中要恰当掌握答题节奏，避免太快或太慢；二是审题时勤动笔，随时标注关键语句特别是题眼，使这些重要信息时刻显现在自己眼前，这是克服粗心最有效的做法。

另外，做选择题要相信第一次选择，不要在做完所有试题后，再来全面重新检查，这样很容易把原来的正确选择改错。对于第一次选择时没有把握的试题，可在题头做出标记（但必须做出选择，涂卡时一并填涂，以防后面没有时间），待所有试题答完，没有后顾之忧时，再回头重新审题，重新选择。

二、高考政治主观性试题答案组织要做到"五化"

不同的主观性试题审题、答题的思路和方法会有不同，但总的思路是，先审设问，后审材料；审清题意，题眼明了；围绕设问，展开思考；打好腹稿，卷面排好。答案组织要做到"五化"。

（1）答案内容要点化：每个要点自成一点，自成一理。

（2）答案表述术语化：采用教材政治术语或时政精辟术语。

（3）答案结构逻辑化：各要点之间要有一定的主次、先后、宏观、微观等逻辑关系。

（4）答案编写完整化：各要点要支持原理＋方法论、观点＋材料、基础分＋提高分三个方面的统一（提高分是指要联系党和国家的方针政策的最新时政精辟观点，进行创造性答题而争取加分）。

以上四点是答案组织的"内在美"。

（5）卷面书写整洁化：要考虑阅卷老师的心理，争取阅卷老师的印象分。这是答案组织的"外在美"。

另外，万一不会，教你一招：改写材料，别留空白。改写材料，但不能照搬照抄，要有条理有序号地重新整合材料，会有意想不到的效果；若留空白，必得零分。

主次矛盾与矛盾主次方面

主次矛盾和矛盾主次方面的区别及运用是近几年高考的必考内容。如果学习中不能真正把握二者的区别，运用时，难免会出现将主次矛盾误认为矛盾的主次方面的现象。

一、两者的内涵和外延不同

主次矛盾是就复杂事物中所包含的诸多矛盾相互比较而言的；而矛盾的主次方面则是就同一矛盾的双方相互比较而言的。前者讲的是"矛盾体"，可以称为"一个"或"一种"；后者讲的则是"矛盾侧面"，只能叫"一方"或"方面"。同时，主次矛盾又有各自的主次方面。

根据这一区别，运用时，关键看其涉及的是诸多矛盾，还是同一矛盾的两个方面。例如，"我们搞现代化建设，既要坚持以经济建设为中心，同时要高度重视政治文化和社会生活各个方面存在的种种矛盾、困难和问题，实现社会的全面进步"。在这段材料中，现代化建设包括经济、政治、文化和社会生活等诸多矛盾，其中经济建设是主要矛盾，其他的都是次要矛盾。故应用主次矛盾原理。再如，我们分析形势，既要看到成绩和光明的一面，又要看到存在问题和困难的一面，而且必须分清哪个为主、哪个为次。这里对形势的分析看到了两个方面，且有主有次，故应用矛盾主次方面原理。

二、两者的作用不同

主要矛盾决定事物的发展进程，因为主要矛盾处于支配地位，起着决定作用；矛盾的主要方面决定事物的性质，其原因是矛盾的主要方面在力量上超过矛盾的次要方面，在地位上支配着矛盾的次要方面。

根据这一区别，运用时，关键看材料强调的是事物的发展进程还是事物的性质。例如，"只有集中力量发展生产力，把经济搞上去，我们才能如期实现第三步战略目标。"再如，"不坚持公有制的主体地位，就会动摇社会主义的性质。"在这两段材料中,前者强调社会主义的发展进程,应用主次矛盾原理;后者强调社会主义的性质,应用矛盾主次方面原理。

三、两者的方法论要求不同

主次矛盾关系原理,要求做工作抓重点、抓关键、抓中心,但又不忽视一般;矛盾主次方面关系原理,要求看问题把握本质和主流,但又不忽视支流。

根据这一区别,运用时可用抓关键词的方法进行区别。如果材料中涉及"重点""关键""中心"等关键词语,可用主次矛盾原理;如果材料中涉及"本质""主流""支流""性质"等关键词语,则用矛盾主次方面原理。例如,"中国解决所有问题的关键是要依靠自己的发展。"这个材料中含有"关键"一词,故用主次矛盾原理。再如,"当前全国改革、发展、稳定的形势是好的,我们工作的主流是好的,我们取得的成就是伟大的,看形势要全面辩证,首先要看全局看大局。"这段材料中含有"主流"一词,故用矛盾主次方面原理。

政治知识的记忆方法

对政治知识,许多同学只习惯于死记硬背,结果学到的知识多半是生吞活剥,不求甚解,而且容易遗忘。为克服这种现象,特介绍几种记忆方法,供同学们参考。

一、展开联想发散记

联想是记忆的基础,是记忆的重要手段。在学习中,若能根据所学内容,充分运用发散思维,多方联想,会收到举一反三、闻一知十的效果。常见的联想方法有以下几点。

1. 相似联想

如通过实践与认识的"决定"与"反作用"的关系可联想到物质和意识、社会存在与社会意识、生产与消费、生产力与生产关系、经济基础与上层建筑、经济政治与文化等知识之间都有这种关系。由"国体"与"政体"之间的"决定"与"反映"的关系可以联想到国体与国家职能、结构形式、对外政策等之间也有类似的关系。

2. 相关联想

如识记《政治常识》内容时,可通过"国家"联想到国家的性质、职能、管理形式、结构形式、领导者(执政党)、组成(民族、由民族联想到宗教)、对外政策等几乎全部的内容,还可以进一步联想这些内容之间的内在联系。这样围绕着"国家"的相关知识就可以形成一个较系统的网络,使记忆更加牢固。

3. 因果联想

如对"世界是客观存在的物质世界"这一观点,首先要联想"为什么",知其所以然后,还要联想"怎么办"。再如,对"事物发展是前进性与曲折性的统一"这一观点,也要进行探因推果的联想,等等。

二、抓住关键浓缩记

识记较多内容时，可抓住其中的关键词进行记忆。如建立社会主义市场经济的必然性可浓缩为"三个要求一个结果"；规律的客观性原理的主要内容可浓缩为"不能创造""不能消灭""不能违抗"。

这种记忆方法，有利于把"厚书读薄"，也有利于培养学生的抽象概括能力、思维能力和理解能力。

三、依据目录回忆记

复习时，可先依据课本前面的目录进行尝试回忆。如看到目录中"坚持矛盾分析的方法"，就回忆"矛盾分析的方法有哪些"；看到"矛盾的普遍性与特殊性的关系"，就回忆"关系是什么"、学习这一关系"有什么意义"。如果想不起来，再翻看具体内容。

这种方法针对性强，可避免复习中的盲目性，能收到事半功倍之效。

四、巧用图标形象记

用图标等形象手段显示概念原理的内容，不仅易懂易记，且能加深理解。如把国民经济中三大产业的地位及相互关系用"一棵大树"表示出来，树根表示农业，树干表示工业和建筑业，各个分支和树叶表示蓬勃发展的第三产业。这样无论是记忆还是理解都更加深刻。再如，把价值规律的三个作用分别比喻为"棒子""鞭子""筛子"，既形象又便于记忆。

抓住关键词语　巧解哲学试题

哲学揭示的是世界的本原、本质、共性规律，不是讲具体事物的特点和表面现象，概括性、抽象性很强。文科学生抽象思维能力的训练不足，对哲学中许多观点理解不透，即使识记了许多原理和方法论，面对千变万化、随处可取的考试题目，仍然感到非常棘手。在学生不能透彻理解有关哲学原理的情况下，要提高学生解答哲学试题的能力，我认为，学会抓住关键词语，巧解哲学试题，能够提高解题的速度和正确率，化难为易，收到事半功倍的效果。

下面对常见的哲学关键词语及运用这些关键词语解题的方法进行归类总结，并以高考真题为例，说明抓住关键词语，巧解哲学试题的精妙所在。

一、体现客观与主观辩证关系类

（一）关键词语及对应原理

体现客观决定主观的关键词语：根据、针对、面对、按照、立足、基于、依据……（问题、现状、国情、特点、影响、形势、要求、情况等客观因素），形成、提出、出台、制定、调整、实施、颁布……（理论、思想、政策、精神、规划、规定、方针、措施、方案、经验、决定、制度等主观因素）。

这些关键词语对应的主要原理：唯物论角度，物质决定意识；辩证法角度，矛盾具有特殊性；认识论角度，实践是认识的基础，是认识的来源和动力；唯物史观角度，社会存在决定社会意识。

体现主观反作用于客观关键词语：在……理论、精神、思想、观点、主题、政策、规划、方针、措施、方案、经验、制度、理想、体系的指导、引领、启发、贯彻、实行下，促进……事业、活动、行动、实践取得成就、胜利、发展、前进、成功等。

这些关键词语对应的主要原理：唯物论角度，意识对物质具有反作用。认识论角度，认识对实践具有反作用。唯物史观角度，社会意识对社会存在具有反作用；价值观的导向作用。

（二）高考真题示例

例1：（2014年江苏卷）针对计划生育政策带来的人口结构等方面的问题，我国开始逐步调整完善人口政策，以促进人口长期均衡发展。我国人口政策调整的哲学依据是（　　）

A. 改革是社会发展的根本动力　　B. 主观与客观具体的历史的统一

C. 人民群众是社会变革的主体　　D. 生产关系要适应生产力的发展

例2：（2015年全国Ⅰ卷）安全生产是生产发展的底线。缺乏安全意识是最大的安全隐患，麻痹大意往往导致生产事故频发，从哲学上看，安全意识之所以成为安全生产的关键，是因为（　　）

①人的意识决定了实践发展的方向和进程

②人的意识影响实践发展的趋势和结果

③人的意识是促成实践中的矛盾转化的重要条件

④人的意识不同，实践结果的性质就会不同

A.①③　　　　B.①④　　　　C.②③　　　　D.②④

【解析】例1的哲学关键词语是"针对……问题，调整……政策"，"问题"是客观存在，"政策"是主观认识，故选B。A观点错误，社会基本矛盾是社会发展的根本动力，CD不是我国人口政策调整的哲学依据。例2的关键词语是"意识"，②③是对安全意识影响的正确表述，故选A项。①④夸大了意识的能动作用。

（三）解题策略与技巧

由于教材中体现客观决定主观、主观反作用于客观的哲学原理很多，因此，解答此类试题需注意以下几点：

（1）储备知识，过好知识关。让学生熟记并理解上述关键词语体现的哲学原理及方法论的内容。

（2）明确知识范围，过好范围关。让学生既要按照哲学的内在逻辑即唯物论、辩证法、认识论、唯物史观来划分哲学范畴；还要让学生熟记教材目录，按照教材目录划分知识范围。

（3）多角度把握与这些关键词语相对应的哲学道理。如果试题有范围限制，则必须在规定的范围内寻找对应的哲学道理；如果试题没有范围限制，则需要多角度思考。

二、分析自然现象与社会现象类

（一）关键词语及对应原理

关键词语：地震、洪水、雪灾、泥石流、火山喷发、生态环境、天体运动、季节变化、人与自然关系等；生产力与生产关系、经济基础与上层建筑、价格围绕价值上下波动、深化改革等。

对应原理：唯物论角度，规律具有普遍性、客观性；辩证法角度，联系具有普遍性、客观性；唯物史观角度，生产关系一定要适应生产力状况、上层建筑一定要适应经济基础状况的规律。

（二）高考真题示例

（2015年全国Ⅰ卷）党的十八届四中全会通过《中共中央关于全面推进依法治国若干重大问题的决定》指出："全面建成小康社会、实现中华民族伟大复兴的中国梦，全面深化改革、完善和发展中国特色社会主义制度，提高党的执政能力和执政水平，必须全面推进依法治国。"从唯物史观看，全面推进依法治国是（　　）

①我国经济社会发展对上层建筑改革的必然要求
②不断解决社会基本矛盾、构建和谐社会的重大举措
③对社会基本矛盾运动规律的认识由自发到自觉转变的标志
④我国上层建筑对于经济基础由不适应走向适应的标志

A. ①②　　　　B. ①③　　　　C. ②④　　　　D. ③④

【解析】本题的哲学关键词语是"深化改革"。从唯物史观角度看，依法治国属于上层建筑范畴，既是我国经济社会发展的要求，又是推动我国经济社会发展，构建和谐社会的重大举措，故 A 符合题意。我国对社会基本矛盾运动规律的认识并不是自发的，同时我国上层建筑对经济基础并不都是不适应的，③④表述有误。通过抓关键词语和排除错误选项可快速得出正确答案。

（三）解题策略与技巧

上述关键词语是讲自然现象或社会现象，它们都是独立于人的意识之外的客观存在，具有客观性；其运动变化不以人的意志为转移，具有自身的规律性。因此，解答此类试题需注意以下几点：

（1）分清自然现象与社会现象。如果试题出现的关键词语是自然现象，就要运用规律及联系的普遍性、客观性原理回答；如果试题出现的关键词语是社会现象，既要运用规律及联系的普遍性、客观性原理，还要运用生产关

系一定要适合生产力状况、上层建筑一定要适合经济基础状况的规律回答。

（2）弄清生产力、生产关系、经济基础、上层建筑四者的内涵及其内在联系。特别要正确理解上层建筑的内涵，生产关系与经济基础的关系。

三、区分主次矛盾与矛盾主次方面类

（一）关键词语及对应原理

体现主次矛盾关系中办事情要善于抓重点，集中力量解决主要矛盾原理的关键词语主要有：重点、核心、根本、主题、首位、突破口、重中之重、第一要务、当务之急、集中力量、提纲挈领等。

体现矛盾主次方面关系中看问题既要全面，又要分清主流与支流原理的关键词语主要有：对……作出评价、分析形势、如何看待、主流和支流、主导与主体、优点与不足、机遇与挑战、利与弊、得与失、既……又……、总体上……还存在……、尽管……但……、只看到……而忽视了……等。

（二）高考真题示例

例1：（2015年江苏卷）足球改革是我国体育改革的突破口，发展足球运动被提到前所未有的高度，并纳入全面深化改革的大格局中进行顶层设计和制度改革。由此可见（　　）

A．系统优化是认识事物的根本方法　　B．改革是社会发展的根本动力
C．主要矛盾对事物发展起决定作用　　D．抓住主流是解决矛盾的关键

例2：有人做过这样的测试：在一张白纸上画一个黑点，让不同的人来看。测试结果发现：人们通常都只看到那个黑点，而忽视了黑点之外的那一大片空白。该测试给我们的哲学启示是（　　）

①不要忽视次要矛盾的解决　　②要坚持两点论和重点论的统一
③要善于把握矛盾的主要方面　　④要集中力量解决主要矛盾

A．①②　　B．②④　　C．①④　　D．②③

【解析】例1、例2两题都考查主次矛盾关系与矛盾主次方面关系的区分，特别是例2，大部分学生不能真正理解其哲学寓意，只能抓关键词语。例1的哲学关键词语是"突破口"，故选C。ABD观点错误，矛盾分析法是认识事物的根本方法，社会基本矛盾是社会发展的根本动力，具体问题具体分析是正确解决矛盾的关键。例2的哲学关键词语是"只看到……而忽视了……"，故D正确。

（三）解题策略与技巧

主次矛盾关系与矛盾主次方面关系的区分是哲学中一个难点问题，对学生理解能力要求很高，许多学生因不能理解其实质而无法区分这两个原理，导致做题经常出错。因此，抓关键词语是区分这两个原理最简单有效的方法。

（1）区分关键词语。帮助学生分别总结体现这两个哲学原理的关键词语，让学生通过区分关键词语来区分这两个哲学原理。如果试题出现这些关键词语，学生只需"对号入座"即可。

（2）善于捕捉关键词语。有些试题中关键词语很直白，有些则善于"伪装"。要培养学生良好的审题习惯，引导学生逐层分析材料，勤动笔勾画、标注关键词语，以免答题时遗漏要点。

四、把普遍原理和具体实际相结合类

（一）关键词语及对应原理

关键词语：典型引路、榜样示范、先试点后推广、举一反三、触类旁通、同病异治、异病同治、求同存异、达成共识、公约数、一般与个别、共性与个性、从群众中来到群众中去、把……普遍原理与……实际相结合等。

对应原理：矛盾的普遍性与特殊性辩证关系原理。

（二）高考真题示例

（2015年上海卷）根据国务院《关于深化考试招生制度改革的实施意见》要求，2014年先在上海、浙江两地启动考试招生制度改革试点，2017年开始全面推进，2020年全国统一实施新方案，基本建立中国特色现代教育考试招生制度。从哲学上看，考试招生制度先试点后推广的原因是（　　）

A. 通过认识局部，落实全国范围内的考试招生制度改革

B. 通过研究特殊案列，补充、丰富和完善考试招生制度

C. 通过分析新情况，解决新问题，开创教育改革新局面

D. 通过具体问题具体分析，认识考试招生制度改革本质

【解析】本题的哲学关键词语是"先试点后推广"。"基本建立中国特色现代教育考试招生制度"是考试招生制度先试点后推广的目的，也是原因，故B项符合题意，ACD不是原因。正确解答此题既要抓关键词语，又要兼顾其他信息。

（三）解题策略与技巧

矛盾的普遍性与特殊性辩证关系的理解是哲学中又一个难点问题，学生

学习中往往把二者的关系理解为整体与部分的关系、多数与少数的关系。因此，在学生不能真正理解矛盾的普遍性与特殊性辩证关系时，要正确解答此类试题：

（1）让学生牢记体现矛盾的普遍性与特殊性辩证关系的关键词语。这些关键词语只体现这一原理。

（2）引导学生认真审读材料，做到既要抓关键词语，又要全面分析，切忌断章取义。

高考试题中每年都有不少可以通过抓关键词语来巧解、速解的哲学试题，本文以近两年高考选择题为例。对于主观性试题，如果材料中出现上述关键词语，仍然按照上述分析，根据设问限定的知识范围，使用相应的哲学原理作答。需要注意的是，主观性试题的审题、答题还必须要按照"材料层次化，层次要点化，要点观点化，观点材料一体化"的思路和步骤进行。

能够帮助学生理解哲学原理，巧解哲学试题的关键词语还有很多，文中所列只是其中的一部分，还需要师生在平时的教学过程中不断总结和积累。当然，抓关键词语，巧解哲学试题，是建立在学生对基本概念、基本原理的正确理解和准确识记的基础之上的，否则，再有效的方法也是无源之水、无本之木。

夯实基础强素质　突出重点提能力
——高三政治复习备考策略浅谈

近几年高考政治试题注重对学生的基础知识、基本技能、基本方法的考查，突出对学科主干知识的考查，突出知识间的内在联系；注重考查学科素养与学科思维能力，注重考查学生综合运用所学知识分析、解决实际问题的能力。高考政治试题侧重基础、突出能力的命题特点，给我们高考复习指明了方向：夯实基础强素质，突出重点提能力。

一、夯实基础，自主构建知识体系

高三政治第一轮复习不是对教材知识的简单重复，而是要以能力提升为核心，以能力提升带动知识的落实。因此，第一轮复习要在深钻细研《课程标准》和《考试大纲》的基础上，对基础知识、重点、难点进行全面、详细的梳理和排序，把握教材的知识结构和各个知识点之间的内在联系，特别要重视对教材知识进行归类整理。

1. 搞好大框架构建

高三政治复习不要试图一下子使学生对所学知识全面掌握，应先从大处着眼，让学生明了知识的脉络、体系，然后逐步细化。这样，才不至于使知识在学生头脑中变成一堆杂乱的瓦砾，不但易记，而且易于理解和运用。在各种复习资料中，知识结构图表很多，但大多烦琐、杂乱、难记，教师应在博采众长的基础上，依据考纲，带领学生构建简洁、科学、便于学生记忆的知识框架。

《经济生活》可以根据课本顺序，按照社会再生产的四个环节，即消费—生产—分配—交换这条主线把知识整理成体系。或者按照三大行为主体即国家、企业、消费者整理相关知识（这个角度难度较大，可在二轮复习时使用）。

《政治生活》应按公民—政府—政党—民主政治—国际社会这条主线，从为什么、怎么办的思路构建知识框架。

主线	公民—政府—政党—民主政治—国际社会
公民	权利与义务；公民有序政治参与；公民与国家的关系
政府	性质、原则、职能与责任、依法行政、政府权威
政党	性质、地位、宗旨，执政、领导、建设
民主政治	四大制度（人民代表大会制度、共产党领导的多党合作和政治协商制度、民族区域自治制度、基层民主自治制度）
国际社会	主权国家与国际组织、当今时代主题、我国的外交政策

《生活与哲学》，考纲将其分成辩证唯物论、认识论、唯物辩证法和人生观四大块。以辩证唯物论为例，这部分内容是围绕"物质和意识的辩证关系"展开的，可让学生抓住"物质""意识""关系"这三个关键词，据此构建辩证唯物论的知识框架（图2-5）。

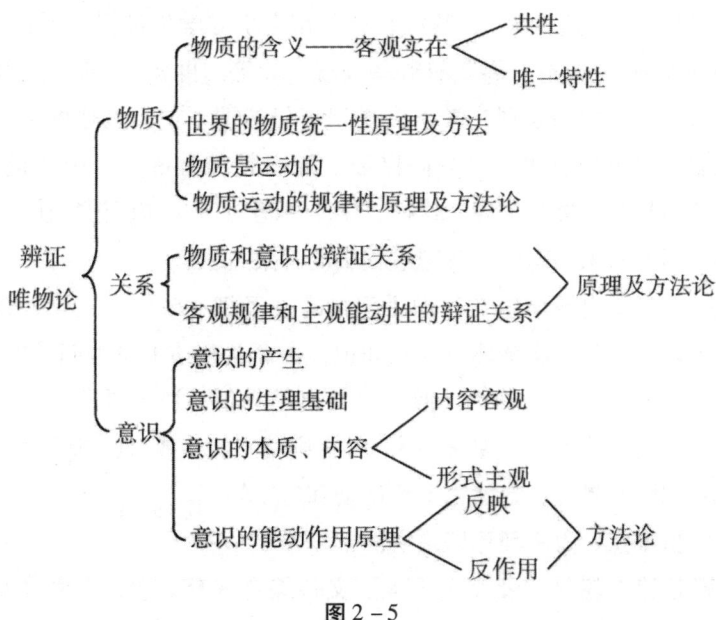

图 2-5

在构建出知识框架后，老师再与学生一起继续细化、深化，以期全面掌握所学基础知识，做到对每个具体知识点均能了如指掌，呼之即出。

2. 注重基础知识的小角度整合

小角度整合就是对所学知识进行"立体"分析，即要对双基知识做纵向和横向的透彻理解。纵向指从知识点自身的深度来理解，具体来讲，就是从它的含义、内容、特点、本质、特性、地位、作用以及产生和存在的条件等方面理解；横向就是要从该知识与其他相关知识之间的区别与联系、从该知识在某一知识体系中的地位等方面去理解。例如，《经济生活》中"企业经营"这一知识点，既要搞清企业的含义、类型、组织形式、经营目的、经营措施等知识，在企业经营措施中，除立足经营战略、竞争优势、良好信誉外，还要放眼外部世界，从企业制度、国家分配制度、价值规律、市场交易原则、企业的社会责任、对外开放等知识点思考企业经营成功的措施，才更全面。

正是在这种对知识的发散、串联、并联中，在这种对知识的反复搅拌、整合中，使学生把握知识的内在联系，融会贯通所学基础知识，有效地提高学生灵活运用知识的能力。

3. 善于将知识的提炼与扩展结合起来

对基础知识要进行提炼，或抓住关键词语，或把长句缩成短语，或形成一个新的见解。例如，意识的作用有两个表现，首先要引导学生抓住关键词语"认识世界""改造世界"，其次在此基础上引导学生进行扩展："认识世界"有哪些表现，"改造世界"有哪些表现，等等。再如，"哲学是社会变革的先导"有三个方面的表现，学生多次识记仍然记不住，教师可引导学生将其要点浓缩成"解放思想""方向保证"和"精神力量"三个关键词识记，然后在识记的基础上进行扩展。这样，学生不但对所学知识记得快、记得牢，而且有助于理解知识，有助于解题过程中的答案组织。

总之，一定要引导学生自己动手建构有关经济、政治、文化、哲学四个模块的知识体系，学会从整体上驾驭知识，提高从整体上思考问题的自觉性。也可以在老师的指导下去整理，但一定要自己动手，切不可照搬照抄别人的东西，更不能实行简单的"拿来主义"，否则就不能变成自己的东西，更谈不上印象深刻和融会贯通，自然也不会调动和运用知识。

二、突出重点，力求理论联系实际

高考政治第二轮复习要突出重点。文科综合一套试卷，不可能对教材所讲每一个知识点都有所考查，因此，复习中求全的同时，还应求主求重，做到两点论与重点论相结合。

1. 基本概念与基本原理就是高考政治学科全面复习中的重点

因为这些知识是基础的基础，也是日常生活中经常用到并反复出现的东西。例如，物质概念就是哲学大厦的基础，物质和意识的关系问题是哲学的基本问题，全面正确理解这一概念和关系，对整个哲学内容的学习至关重要。再如，价值、价值规律是贯穿《经济生活》全书的基础理论，学好这一基础理论，对理解国家宏观调控、企业生产经营、经济全球化及我国对外开放等其他知识有着重要的作用。

2. 当年国内外重大时政热点与社会焦点问题是政治高考理论联系实际的重点

政治高考命题以能力立意为主，而且从不回避热点和焦点问题，整个试题以各学科主干知识为考查主体，以时政热点和社会普遍关注的焦点问题为素材，考查学生的学科思想和对现实的关注度，使试题根植于现实社会生活，有明显的时代特征。因此，在复习过程中，必须关注一年来发生的重大时政，注重理解党的基本路线和党的十八大以来确定的方针、政策，学会将当年的时政热点与教材中的相关理论"对号入座"。既要抓住社会热点与知识点的显性联系，又要善于发掘社会热点与知识点间的隐性联系。对国内外重大的政治、经济、文化、科技、环保、卫生等热点问题，既要熟悉其产生的时代背景、发展过程，以及引发的事件和导致的后果等，还要思考可以从哪些角度、哪些侧面去设计问题，进而把握命题的切入点。

3. 当年《考试说明》中必考点和新增加的考点是政治总复习的又一个重点

《考试说明》是高考命题的依据，而且每年都在使用加减法。仔细研究这些考点，参照近三年来高考试题涉及的频率，区分必考点、选考点和盲点。对于必考点，应作为重点抓住不放，花大力气多层次多角度全方位复习；对于当年新增考点必须倍加重视，并且要与当年时政热点紧密联系起来进行复习备考。

4. 学生学习中共性的问题、反复出错的问题也是政治复习中的重点

对学生学习中共性的问题要加大复习的力度，老师要做精要的讲解、适度的点拨，再通过强化训练，确保把握知识内涵与精要，以弥补漏洞与不足。对反复出错的问题，要反复复习，可以多循环几次，也可以在复习其他内容时穿插复习。老师必须和学生一起整理记载，建立纠错本和考情记录，在大考特别是高考前再次复习，可以避免考场上再次犯错，从而提高复习的针对性和有效性。

三、科学训练，不断提高解题能力

训练是学生理解知识、运用知识的重要环节，也是高三政治复习中的重头戏。但训练的思路不同，方式方法不同，训练的效果大相径庭。如何通过训练，提高学生灵活运用知识的能力呢？

1. 准确把握训练的难度，克服"偏""难""怪"现象

教育部考试中心制定的《考试说明》不仅明确规定了高考的性质、内容和能力要求，而且规定了试卷的结构、难度系数、考试方法和考查的知识范围等，这为高考命题提供了较为科学、规范的依据，也为高考复习指明了方向，特别是《考试说明》中列举的基本题型及其考查的主要能力示例更为大家进行总复习提供了"拐杖"。因此，在进行总复习之前，必须全面深入地研究《考试说明》，根据《考试说明》规定的难度系数、考查方式、考查范围进行科学训练，避免偏题、难题、怪题；还要研究近几年的高考试题，把握高考试题的命题特点和规律，明确方向，提高训练的针对性和目的性，减少盲目性和随意性。

2. 精选、精练、精讲，克服一个"滥"字

应该说，没有一定量的练习，是不利于学生掌握双基的。但练习过多过滥，使学生陷入题海不能自拔，没有更多的时间反思总结，不但学习效果不佳，而且加剧与其他学科的矛盾，容易引起学生的厌烦情绪。题目"滥"、质量差，既浪费师生时间，又会导致讲解不透、理解不深。不少教师误认为利用大量练习可"圈"住学生，占领学生学习本学科的时间，这看似热热闹闹，颇有道理，实则收效甚微。因此，教学中一定要精选习题，最好选用近几年高考真题进行训练。老师要做精要的引导和讲解，让学生体会高考试题的考查方式，总结答题感受和方法。同时，要对各类题型进行归类训练，弄清各类题型的答题思路、方法和技巧，逐步提高审题、答题能力。

3. 在试题讲解中注重典型示范

教师不但要在试题讲解中注重对知识内容、思维方式、解题方法、过程书写进行指导，而且要选择一些典型例题，向学生展示自己的思维过程，做如何审题、如何调动和运用基础知识答题的示范。例如，"假设你是M省人大代表，请结合材料二向政府部门提出解决被征地农民问题的政策建议。"此题是2013年高考新课标全国卷Ⅱ第38题第（2）问，主要考查考生运用教材中"人大代表"有关知识分析解决现实问题的能力，包括从材料中获取和解读信息的能力、调动和运用知识的能力、论证和探讨问题的能力等。解答此题的关键是引导学生从材料二中找出征地中存在的"问题"：农民获得的补偿偏低、部分被征地农民就业困难和收入减少、部分被征地农民未被纳入社会保障体系之中、对征地补偿安置工作缺乏有效的监督。找出问题后，再有针对性地提出政策建议。学生解答此题最大的问题是不重视材料甚至脱离材料，单纯从课本人大代表的相关知识去解答，导致答案与题目要求相距甚远。

4. 做好"统计"这个环节

每次训练，对每个选择题学生的错误率，对每道主观性试题学生的得分率和失误点都要做好统计。这样做看似耗时费力，实则易有成效。因为通过统计，才能知道学生的知识缺陷和思维缺陷，讲评才有针对性；而且将那些错误率高、带有普遍性的问题，剪辑集中起来，在高考前夕再次进行课堂讲解和练习，有助于克服学生在高考中继续犯类似错误，有事半功倍之效。

总之，在高三政治总复习中，我们要切实做好以上三个方面的工作。只有这样，才能熟练掌握教材基础知识，增强灵活应用知识的能力，才能在高考的考场上应对自如。

巧抓关键词　破解审题难
——高考政治试题审题方法例谈

从高考阅卷中反馈的信息看，学生解答高考试题出现的多种错误，诸如选择题的错选，主观题的答非所问、似是而非、要点不全等，都与学生不会审题，审不清题意有关。审题是答题的前提和关键，审不清题意，不知所问，就不知所答。那么，如何让学生学会审题呢？笔者认为，审清题意的快速准确的方法是抓关键词，抓住试题中的关键词就抓住了"题眼"，从而找到了解题的突破口，是顺利解题的保证。

本文以高考真题为例，从选择题和主观题两个方面，说明如何巧抓关键词，破解审题难。

一、解答选择题抓关键词的方法

选择题由题干和题肢共同组成，解答选择题应遵循的基本原则是先审题干、后审题肢，肢干相连、以干求肢。所以，审查题干，抓住题干中的关键词，明确题干立意是做好选择题的关键。题干一般采用材料加设问的方式，从材料的呈现形式看，包括文字材料、图表、漫画等；从设问方式看，也是多种多样。不同的题干材料和不同的设问方式，抓关键词的方法也有所不同。

1. 文字材料型选择题

从文字材料对解题的作用看，主要有两种类型：一是情境型，即材料本身对选择题肢作用不大，只是设置情境，引出问题，题干的设问有明确的指向性，选择题肢主要依据题干的设问；二是实用型，即材料就是选择题肢的依据，离开材料将无从选择。

（1）对于情境型文字材料，关键词一般在设问中，即在题干的最后一句话中。解答此类试题，要重点审读设问，做到"五抓"：一抓范围关键词，如经济生活、政治生活、文化生活、生活与哲学道理，唯物论、辩证法、认识论、唯物史观道理等；二抓主体关键词，如党、国家、公民、企业、消费者、投资者等;三抓问题关键词,是问原因还是结果,是内容还是意义,是问题还是措施等;四抓程度关键词,如根本、主要、关键等;五抓方向关键词,是正向选择还是反向选择。这五个方面的关键词在情境型文字材料的设问中,一般有两到三个,要边审读边做醒目标注,使这些重要信息时刻显现在自己眼前,以防选择时遗漏信息。

例:(2015年海南卷3)2014年我国网络零售交易额达2万多亿元,其中生鲜电商的交易额约为130亿元,同比增长221%,占全部生鲜交易的10%。从供给角度看,我国生鲜电商高速发展的主要原因在于( )

①居民收入增加引起消费偏好发生改变
②行业发展潜力巨大且吸引了大量投资
③新技术的运用改变了人们的购买习惯
④商业模式的改变降低了行业进入门槛

A. ①②　　　B. ①③　　　C. ②④　　　D. ③④

解析:此题题干中的文字材料对选择题肢作用不大,审题时只要抓住设问中的"供给角度"(问题关键词)和"主要原因"(程度关键词),即知正确选项为C。①③也是我国生鲜电商高速发展的原因,但这是需求角度,不符合题目要求。

(2)大多数试题是以全部题干材料作为设问基础的,设问本身指向并不明确,一般以"这说明""这意味着""这体现了""由此可见""材料表明""下列说法符合(不符合)题意的是"等方式进行设问。解答此类试题,必须要对题干材料进行全面审读,明确试题立意即中心思想。长题材要读短,概括大意;短题材要读长,理解其深刻寓意。抓住材料中心的基本方法是浓缩,对复杂单句,主谓宾即为材料中心,关键词即"谁"在做"什么事"、"怎么做";对复句或是段落,第一层逻辑关系即为中心意思,然后分层把握能够体现每一层意思的关键词。

例:(2015年天津卷2)《中共中央关于全面推进依法治国若干重大问题的决定》强调,"法律的权威源自人民的内心拥护和真诚信仰。人民权益要靠法律保障,法律权威要靠人民维护。"这意味着( )

①法律要代表公民的意志
②法律要造福人民和依靠人民
③政府要坚持依法治国与以德治国相结合
④公民要树立权利与义务相统一的法治意识

A. ①②　　　B. ①③　　　C. ③④　　　D. ②④

解析： 此题材料是一个复杂单句，首先要从材料中提炼出是"谁"在"做什么事""怎么做"。中共中央（行为主体）在强调法律权威与人民权益的关系，故正确选项为 D。①观点错误，公民与人民是两个不同的概念；③中行为主体与题干不符，且题中未涉及以德治国。

2. 图表材料型选择题

图表材料型选择题是以图表为载体，着重考查学生从图表中提取有效信息、分析整合有效信息的能力及迁移运用知识的能力，是近年来高考的常考题型。

解答此类试题，固然要重视对图表、数字的分析、对比，但是，重视文字说明，抓住文字中的关键词仍然是正确选择的关键。一要抓住标题中的关键词，包括时间、地域、主题。标题对解题起着提示、指向和限制作用，抓住标题对选择题肢至关重要。二要抓住小标题，即图表给出的指标项目，这样便于全面比较分析，得出正确结论。三要抓住表注中的关键词或图例，表注是对图表的文字补充或说明，是正确提炼信息不可缺少的组成部分。四要重视特殊年份的特殊用意，如 1949 年（新中国成立）、1978 年（实行改革开放）、2001 年（中国入世）、2008 年（世界金融危机爆发）等。在以上"四抓"的基础上，再根据题干中设问的要求，将选项与图表中的信息进行对照，不难做出正确选择。

例：（2015 年北京卷 32）

某篮球俱乐部新赛季球票销售价格表

球票位置	关键场次单家	一般场次单价	套票价格（含全部20场）
VIP 区（1~5 排）	500	400	7000
普通区（6~20 排）	300	200	3000

对上表理解正确的是（　　）

①VIP 供给更有限，需求更旺盛，因此单价高于普通区

②关键场次的需求对价格变动的反应程度较大，因此单价高于一般场次

③套票折算的单场平均价格低于各场次单价，有利于提高球票销售总收入

④不同位置的球票是替代品，降低普通区球票的价格会增加 VIP 区球票的销售量

A. ①③　　　B. ①④　　　C. ②③　　　D. ②④

解析：此题题干中的关键词是"新赛季球票售价""VIP 区"与"普通区"的"关键场次单价""一般场次单价""套票价格""正确理解",解答此题首先要抓住这些关键词,然后再把题肢的文字表述与表格中的具体价格对照,得出"对表2理解正确的是"A 项。②在表中反映不出来,④中降低普通区球票的价格会减少 VIP 区球票的销售量。

3. 漫画寓意型选择题

漫画选择题的题干一般由漫画（包括漫画中的文字）、说明性文字和选择要求三个要素构成。漫画内容反映现实、寓意深刻。漫画选择题能够较好地考查学生的世界观、人生观、价值观,较为全面的考查学生的多种学科能力,也是高考的常考题型。

解答此类试题,一要读懂漫画,分清褒贬。漫画中的事物是漫画的主体,是表达漫画意图的载体。区分褒贬既要通过漫画中人物的神态形象和各种事物的表面特征来判断,又要重视题干中的说明性文字。漫画选择题中文字很宝贵,都是关键词,必须牢牢抓住。如果漫画表达的是对某种现象的褒扬、倡导和肯定,一般只有正确题肢才有可能入选;如果漫画表达的是对某种现象的讽刺、披露和否定,则题肢正确与否都有可能入选,关键要看题肢是否符合漫画寓意。二要弄清题干中的说明性文字是漫画表意、漫画寓意,还是漫画所折射的教材知识。在弄清漫画表意和寓意的基础上,必须回归教材,多角度联想漫画所折射的教材知识。

例：（2015 年安徽10）下图所揭示的哲理是（　　　）

A. 人的认识受主客体因素制约　　B. 人的主观认识影响客观环境

C. 经实践检验的认识就是真理　　D. 思想的高度决定认识的深度

解析：此漫画寓意没有褒贬之分,漫画中的说明性文字是漫画表意,其寓意在于不同的人由于所处位置不同,对同一客观对象产生的认识不同。漫画折射的教材知识是认识论中人的认识受主客观因素制约的道理,故应选 A。B、D 观点错误,C 观点太绝对。

二、解答主观题抓关键词的方法

政治主观题因其材料来源广、信息容量大，既能体现新课标理念，又能够充分凸显高考的选拔功能而倍受命题者青睐。同时，又因其能力要求高，设问角度活等因素而成为许多学生的软肋。历年高考中，考生失分最多的就是主观题；平时训练中学生一遇到主观题就有畏惧心理。因此，帮助学生消除畏惧心理，提高学生解答主观题的能力，无疑是备考辅导必须面对和重点解决的问题之一。

主观题一般由材料和设问组成，材料主要有文字材料和图表材料两种类型。解答主观题应遵循的基本原则是先审设问，后审材料；审题要慢，答题要快。主观题的关键词分为设问中的关键词和材料中的关键词。

1. 先审设问，抓设问中的关键词

审准设问是解答好主观题最关键的一步，否则，下笔千言，离题万里。审读主观题的设问时要抓住四个方面的关键词：一是知识范围，是运用经济生活、政治生活、文化生活、生活与哲学道理，还是唯物论、辩证法、认识论、唯物史观道理等；二是主体客体，明确是"谁"要做"什么事"；三是问题指向，是问"为什么"还是"怎么样"，是内容还是意义、影响等；四是分值大小，一般来讲，分值是 4 分、6 分、8 分的试题，答案要点是两个，分值是 9 分以上的试题，答案要点是三个或四个。要根据分值大小，确定答题要点及详略。

2. 后审材料，抓材料中的关键词

能否审清材料，获取材料中的有效信息，成为能否梳理出答题要点，解答好主观题的重要一环。要做好这一环节，必须对材料进行全面解读。如果材料是文字，解读材料要实施"三步走"战略：第一步，抓关键词，明确主题。基本方法是提炼关键词，明确是"谁"在"做什么事""怎么做"。第二步，划分层次，找出联系。对材料进行层次划分，抓住能够体现每一层意思的关键词，并弄清层与层之间的逻辑关系。第三步，紧扣设问，梳理要点。紧扣设问中的各项限定，链接教材知识，梳理出答题要点。

如果材料是图表，解读材料、抓材料中关键词的方法与"图表材料型选择题"的审题方法基本一致，这里不再赘述。

例：（2015 年安徽 39）（节选）阅读材料，回答下列问题。

材料二：实现经济稳中有进，要求政府弱化 GDP 考核机制，弱化地方政府招商引资、盲目投资的冲动，着力解决收入、就业、社保、治安、环保等

民生问题；要求政府激发市场主体活力，激发人民群众无穷的智慧和创造力；要求政府深化行政体制改革，把政府工作全面纳入法治轨道，建设法治政府。

（2）运用政治生活知识说明材料二中对政府要求的理论依据，并从"正确认识社会"角度对材料二进行哲学思考。（20分）

解析： 解答此题，首先要审准设问。此题设问有两个问题：

第一个问题是"运用政治生活知识说明材料二中对政府要求的理论依据"，短短一句话，都是关键词："政治生活知识""材料二""对政府要求""理论依据"，抓住这些关键词，就明确了题目限定的知识范围、行为主体、问题指向及要结合的材料，这是解答此题的关键。其次，审清材料。通读材料后，概括出材料的主题是"为实现经济稳中有进"对政府提出了三个要求；材料共有三个层次，三层之间用"分号"划分，说明三层之间是并列关系，启示我们要从三个方面——回答其理论依据；最后，链接政治生活中有关政府的知识，梳理出答题的三个要点。

第二个问题是"从'正确认识社会'角度对材料二进行哲学思考"，其关键词是"正确认识社会""哲学思考"，即要求我们从"正确认识社会"角度说明材料二中对政府要求的哲学依据。审清楚设问的要求后，对材料的分析与前一个问题方法一致，答案梳理也要从三个方面——回答其哲学依据。

另外，此题两问分值没有具体划分，共计20分，提示考生回答要观点与材料紧密结合，答案不能太简略。

参考答案：（略）

总之，让学生审题时，学会抓关键词，能够化繁为简，化难为易，大大提高解题的速度，也具有较高的准确性，能够收到事半功倍的效果。需要说明的是，抓关键词审高考题必须建立在扎实的基础知识和基本的阅读理解能力之上，否则，再有效的方法也是无源之水，无本之木。同时，要坚持两点论与重点论的统一，做到既要抓关键词，又要兼顾其他信息，不可断章取义。

第三辑

管理微探

改进我们的工作，须从读书开始

自 2007 年秋季学期以来，在深入调研我校教情、学情现状的基础上，学校先后提出了一系列改革措施，如强力推行课堂教学改革，努力培养学生"双十"习惯，积极实施成功教育研究，等等，这些举措，应该说是切准了要害，抓住了学校质量建设的关键，也收到了实实在在的效果。但是客观分析我们的实际工作，不难得出这样的结论：课堂改革举步维艰，"双十"习惯培养不力，成功教育收效不大，体力劳动有余，智慧投入不足，仍是我们目前工作的基本现状。原因何在？读书不够，思考不足，方法欠缺也许是问题的根本所在。

一、读书不够是主要问题

从内心讲，在认真观察体味我们教师的工作状态时，我常常为我们教师的自觉和敬业所感动，但同时也常常为我们工作的低效和徒劳所困惑。从某种意义上说，我们目前的工作生活现状可以用茫然又忙碌来形容和概括，投入和回报之间的巨大反差常常使我们深感无助和倦怠，但是我们常常不去思考也不爱思考这些十分具体而现实的问题，宁愿高耗低效，也不"穷则思变"，所以在我们目前的工作中，有太多的司空见惯和习以为常，有太多的漠不关心和不予理睬——学生上课睡觉无所谓，作业不交没关系，课间追逐打闹很正常，等等，而且对学校的好多决策往往心存疑虑。就以课堂改革为例，许多老师顾虑重重："学生基础那么差，我不讲行吗？""课堂上让学生自主活动是不是太浪费时间？""这么难的知识，教师不讲学生能学会吗？"

为什么会出现这些现象呢？我觉得与我们自身读书、学习不够恐怕有很大关系，读书不够，思想自然僵化；学习不足，改变自然很难。目前，多数教师即便是读书，常常也只读三本书：课本、教学参考书和练习资料。这就是问题的关键！毋庸置疑，无论是我们身边的名优教师，还是教育名家，无不以读书为乐、以学习为趣。江苏省通州高级中学数学教师管宏斌在《中小学管理》（2007年7月）撰文《读书：我的教育行走方式》，我一读再读，仍觉耐人寻味，文中说："读书，是我的生活习惯。用阅读来滋润心灵，与智者为友，与经典交流，生命由此变得丰富。""我找到了我的人生方向——读书并进行最真实、最草根化的教育科研，从关注学生的心灵开始，不断省思自己的教育实践，和学生一起成长。"有人说，要成为优秀教师就必须拥有四根支柱：深厚的文化底蕴，高超的教育智慧，广阔的课程视野，崇高的职业境界。而这一切的得来都与读书密不可分。苏联教育家苏霍姆林斯基在《给教师的建议》中提到："怎样进行这种准备（备课）呢？这就是读书，每天不间断地读书，跟书籍结下终生的友谊。潺潺小溪，每日不断，注入思想的大河。读书不是为了应付明天的课，而是出自内心的需要和对知识的渴求。""集体的智力财富之源首先在于教师的个人阅读。真正的教师必是读书爱好者……一种热爱书、尊重书、崇拜书的气氛，乃是学校和教育工作的实质所在。""如果大家不喜欢书籍，对书籍冷淡，那么，这不能称其为学校。"如此看来，读书，便是改进我们工作的必由之路。教师要想不做浅薄的教书匠，就必须从阅读开始！教师通过阅读，可以汲取进行教育教学工作的精神营养，并把这种精神营养转化为自己的工作能力和综合素质，充分提高教育教学效果。

二、多读点教育理论书籍

苏霍姆林斯基在《给教师的建议》中提醒教师："如果你想有更多的空闲时间，不至于把备课变成单调乏味的死扣教科书，那你就要读学术著作。"可以肯定地说，影响教育改革深化发展的一个重要因素就是教师的教育理论指导匮乏！学习别人满足于照搬经验做法，改革自己的教学满足于感性认识。这种状况不改变，深化课堂教学改革就是走过场！因此，作为教师，如果不让自己的教育实践永远停留在低层次上重复，那就一定要养成自觉学习理论的习惯。理论的价值在于给人精神和气质的熏陶，智慧和思维的启迪，思想和理念的提升。读一本好书、一篇好文章，实际上就是与一位大师对话。只有多读书，才会使我们多一些智慧型思考、多一些深层次反思，在思考中生成教育智慧，可以使我们自觉站在理论高度，对我们所从事的具体实践工作进行理性思考和辩证分析，谋求变革，尽可能减少无谓劳作，真正实现由体力型向智慧型的转移。可以说，有丰厚的教育理论积淀的教师在工作中至少可以实现以下三点：第一，工作不再盲干——有目标；第二，工作不再苦干——有方法；第三，工作不再白干——有成效。目前，学校图书馆藏有许多高质量的教育理论书籍，如《走近最理想的教育：著名教育家朱永新教育精华》《成功的教师生涯您怎样走过》《神奇的教育世界＝教育故事的真情诉说》《不做教书匠》《灵性课堂与生命激情》等。我们相信，只要大家真心研读，哪怕只是精读一本书，也一定会大有收益。

　　老师们，让我们自觉地将读书的使命担当起来，多读教育理论书籍、多读人文科学书籍，博览群书，在读书中行进、思考，让工作不再只是苦和累，让上课不再只有枯和烦，让课堂焕发生命活力，让教育燃烧生命激情。

　　改进我们的工作，须从读书开始！

阅读，让学校更美丽

教研室的同志让我为本期刊物（《华亭教育》）写一篇卷首语，我思来想去，还是想写写阅读这件事，一是因为读书活动是"一轴两翼"工程之一翼，作为一项系统工程，本该全力做好；二是我认为阅读这件事实在太重要了，它可以解决当下诸多教育瓶颈问题；三是我观察我们身边阅读的氛围并不浓，爱好读书的教师不多，热爱阅读的同学很少。

我一直在思考：为什么我们的教师职业幸福感普遍偏低？为什么我们的老师对教育教学中的许多棘手问题总是束手无策？为什么我们的许多老师在工作的黄金年龄却更愿意选择离开讲台，转投教辅岗位？……我一直在专家学者的著作里品读体悟，在教育名家的智慧里寻根问底，在草根名师的实践中找寻思索，这一切的思考和探究，最终却都指向了一点，那就是教师的阅读！只有读书，教师才能完善专业行为；只有读书，教师才能增添专业情趣；也只有读书，教师才能享受专业幸福。窦桂梅老师非常精辟地指出："我们的讲述可能是流利的，但却是就事论事、浅薄、平面化的；我们的答疑解惑可能是耐心细致的，但缺少更深意义上的关怀和考量；我们的声音可能更多地来自喉咙，而不是发自内心；我们的目光亲切柔和，但是却缺少深邃和睿智。这一切都因为我们缺少应有的知识底蕴和文化视野。"于是，她认为，读书是"我们必需的生活""读书修缮我们的灵魂，使心灵日益变得健康阳光""人的精神因读书而蓬勃葱茏、气象万千"。教师是一种终身修行的职业，它需要心灵的静养，精神的操持，灵魂的涵含，人格的修磨……作为教师，我们应该像信奉真理一样守住一条：改变，从读书开始！

我还一直在思考：为什么我们的学生即便成绩优秀却仍然愁眉苦脸？为什么我们的学生即便听讲专注却依然面无表情？为什么我们的孩子总是痴迷于手机、网络、卡通而自甘平庸？……我细读苏霍姆林斯基之《给教师的建议》，品味朱永新之"新阅读研究所"，思考白岩松之厦门呐喊"为什么我们已经堕落到要全社会推广阅读？"……所有的问题也同样指向一点：我们的孩子缺少真正意义上的阅读！苏霍姆林斯基说："学校工作的经验使我深信：学校教育的缺点之一，就是没有那种占据学生的全部理智和心灵的真正的阅读。没有这样的阅读，学生就没有学习的愿望，他们的精神世界就会变得狭窄和贫乏。"朱永新认为，一个人的精神发育史就是他的阅读史；一个民族的精神境界取决于这个民族的阅读水平；一个没有阅读的学校永远不可能有真正的教育。在苏霍姆林斯基的学校里，一个学生谈到书籍对他的影响时说："我内心感到惭愧……起初使我震惊的只是主人公的功绩，但是后来突然出现了一个思想：我自己是怎样的人呢？老师布置在两个星期内写一篇作文，可我总是拖拉，直到交作文的期限到了才动手写……我感到愤恨自己。难道我是一个意志薄弱的人吗？……在人们面前，我感到好像大家都看穿了我。我下决心不做懦夫懒汉，而要成为真正的人。又布置作文了，我一回到家里，就发愤地当天把它完成。第二天一早起床，把作文誊清，我想让人们在我身上看到一个比过去表现得好的人……"我想，我们在学生中推广读书活动，其意义就在于此！

在一所学校里，校长不读书，教师是不会读书的，教师不读书，学生也不会主动去读书！读书，应该是每一位校长的神圣使命，应该是每一位教师的庄严职责，应该是每一位学生的人生修炼，崇尚读书更应该成为每所学校的办学追求！

愿阅读成为学校一道亮丽的风景！

我们期待：阅读，让学校更美丽！

培养习惯　激发兴趣　教会方法
提升能力　打造生本高效课堂

我县的课堂教学改革工作推行几年来，在借鉴吸收外地先进课改经验，切实转变教师教育理念，努力构建生本高效课堂，全力提高教学质量等方面取得了很多成绩。在坚持课堂教学改革不动摇的前提下，认真总结我县的课改经验，深入反思课改工作中的不足和问题，才能更好地推动教育教学质量再上新台阶。笔者认为，课堂改革只有在培养学生良好的学习习惯，激发学生浓厚的学习兴趣，教给学生正确的学习方法，提升学生基本的学习能力等四个方面做出成效，才能打造出真正意义上的生本高效课堂。

一、培养学生良好的学习习惯是全力打造生本高效课堂的基础

良好的习惯是成功的阶梯。好习惯一旦养成，就会成为支配人生的一种力量，主宰人的一生。

我国著名教育家叶圣陶先生说："什么是教育？简单一句话，就是要养成习惯。"有研究认为，决定学生学习成绩的因素，归结起来共有三点，第一点是智商，第二点是学习条件，第三点就是习惯。显而易见，我们的教育，归根结底就是要培养学生各种良好的做人处事及学习生活习惯，而课堂无疑是培养学生良好学习习惯的主阵地。但反思我们目前各个层面的课堂教学状况，对学生良好学习习惯的培养往往是写在纸上，喊在嘴上，贴在墙上，但落到实处的做法很少。所以我们目前各个学龄段的学生，不认真阅读课本者比比皆是，做作业胡写乱画者司空见惯，学习中盲目合作、不独立思考者屡见不鲜……而且这样的学生，随着学段的不断增长，自我调节学习的能力会越来越差，学习中很容易受社会不良风气的影响，学业不良的状况会日趋明显。良好学习习惯的养成，须从幼儿园、小学抓起，越早越好，初中、高中更要常抓不懈，长久坚持。为此，我认为，要构建生本高效课堂，首先要从培养学生良好的学习习惯做起，全县的课堂教学改革，可以借鉴魏书生所在的辽

宁盘锦市以培养学生学习习惯为抓手的课改实践，教研室可以指导全县各学段的学校制定学生学习习惯培养细则，并作为衡量课堂教学的一个标准，将课改实践真正引向深入。我们评价一位老师的课教得怎么样，首先看他对所教学生学习习惯的培养做得怎么样，评价一位学生的学习好不好，首先看他的学习习惯好不好。

习惯的养成，不靠一朝一夕，不会一蹴而就，需要学校把习惯培养作为提升质量的措施之一在办学过程中长久坚守，更需要每一位老师在课改实践中对学生正确引导，严格要求，反复操练，长久坚持。学生良好的学习习惯一旦养成，生本课堂一定会大显成效。

二、激发学生浓厚的学习兴趣是全力打造生本高效课堂的关键

兴趣是最好的老师。一个人的兴趣是学习的第一动力，也是学生自主学习、合作学习、探究学习的前提。笔者认为，激发学生浓厚的学习兴趣，是构建生本高效课堂的关键。我们的课改实践，可以将培养学生的学习兴趣作为一个子课题进行深入研究，并在课改实践中加以推广。从大的方面来讲，激发学生浓厚的学习兴趣，应从以下方面做起。

1. 提升教师吸引学生的能力

中小学生对很多学科的兴趣首先来源于老师，一个学生对老师的印象好了，学习兴趣就有了，这就是所谓的"亲其师，信其道"。课堂教学常说"三分教学，七分管理"，这里的管理主要指的是老师对学生的调动和引领，没有调动不起来的学生，只有不善调动的老师，杜郎口中学的课改实践就充分说明了这点。作为学校，一定要进一步引领教师切实提升自身的业务素质和职业修养，让自己才华横溢，风趣幽默，蓬勃葱茏，气象万千。这样的老师，才能真正成为生本课堂的构建者、主导者。

2. 培养学生对学习活动的热爱

中小学生的学习活动相对规律和程式化，诸如预习、听讲、记笔记、做作业、复习记忆、考试等，所有这些活动，都需要学生有良好的自制力和专注度，时间长了，学生难免生厌。为此，诱导学生对具体学习过程、学习环节的投入和专注，是提高课堂效率的基本保证，也是深化课堂改革的有效手段。

3. 培养学生对具体学科的热爱

特别对高中学生而言，培养学生对具体学科（如物理、化学等）的浓厚

兴趣，是提高课堂效率的关键。教师若能引导学生静下心来，潜心钻研，感受到学科知识之美，体验到学科方法之妙，领悟到学科思想之魂，自然而然会对具体学科产生由衷的热爱，生本课堂自然会水到渠成。

三、教给学生正确的学习方法是全力打造生本高效课堂的根本

"有经验的教师会让学生主动地学，而缺乏经验的教师则会让自己拼命地教""教师要勤于课前，懒于课上，思于课后"……这些说法，都是在讲"鱼"与"渔"的关系。越来越多的成功教学案例表明，教给学生科学的学习方法比传授学科知识更为重要！但是反思我们目前的课改实践，真正注重学法指导的课堂少之又少。把学法指导沦为空洞的说教；以解题技巧代替学法指导；把自主学习变成放任自流；合作有形式而无实质；探究泛化而无深化……这些课堂情景，实质上都是教师没有真正重视学生学习方法的研究，没有教会学生自主学习、合作学习、探究学习的方法，这样的课堂，离生本课堂还很遥远。为此，笔者认为，教给学生科学有效的学习方法，是构建生本高效课堂的根本。首先，要教给学生学习通法。首都师范大学丁晓山教授多年从事中国学生学习方法的研究，对学生学习时间、学习过程、学习情绪的管理等方面都有许多具体的指导，特别是学生如何预习、听课、复习、做作业、总结等这些学习通法，对学生学习很有帮助，对我们的课改实践也是一个有益的启示。其次，要教给学生学习具体学科的思想方法。学科精髓在于思想方法，不在知识体系。所谓"过程与方法"，其实就是要求教师在教学中，尽可能展现知识的形成过程，更多地关注学生的思维过程，凸显学科思想方法，达成教学目标。因此，作为专业教师，应该站在本学科思想方法体系的高度，根据学生的认知特点，教给学生本学科的思想方法，如化学中的结构决定性质思想、守恒思想等；数学中的数形结合思想、分类讨论思想等；物理中的建模思想等。学生如果真正掌握了这些学科思想，就会自然克服死记硬背、机械训练的做法，自主学习的水平将会大大提高，这样的课堂自然会生本高效。

四、提升学生基本的学习能力是全力打造生本高效课堂的追求

有三种学习能力或者素质，即注意力、记忆力、阅读力，是学生学习活动中最基本、最重要的能力。有研究指出：上课不注意听讲，是学生诸多错误行为当中最为严重的缺点。记忆是思维的基础。"巧妇难为无米之炊"，这

句话用在学习上,最能恰当地说明知识积累与能力提升的关系,古今中外的科学家大多都是记忆力超群的人。阅读是学生文本学习活动中的第一道"工序",可以说,没有阅读就没有学习。著名教育家苏霍姆林斯基的研究表明:阅读是对"学习困难的"学生进行智育的重要手段。"学习困难的"学生读书越多,他的思考就越清晰,他的智慧力量就越活跃。当下,我们实施"一轴两翼"工程,大力倡导读书活动,其现实意义也在于此。因此,构建生本高效课堂,就必须反复训练学生的注意力、记忆力和阅读力。要做到这点,就要求教师必须把更多的时间还给学生,把更多的空间让给学生,并通过明确的课堂指令、有效的课堂调动、多样的评价手段,使先学后教、当堂训练真正落到实处。如此长久坚持,学生的自主学习能力自然会全面提升,也只有这样,合作学习才有必要,探究学习才会成为可能,生本高效课堂才会变成现实。

我校课堂教学现状分析及改进意见

本学期围绕"抓课堂、抓过程、抓细节、促质量"的工作思路,学校以课堂教学为中心,开展了教学普查、教学研讨课、赛讲课、英语周、数学周等教学研究活动。现就目前我校课堂教学的现状做一分析,并就今后如何改进课堂教学提出几点意见。

一、我校课堂教学的现状分析

(一)学情分析

1. 好的方面

目前我校学生的学习风气整体上有了明显好转,尤其是学生学习的非智力因素有所提升,具体表现在以下几个方面。

(1)学习动机有所增强。相当一部分学生都能确立明确的、高尚的学习目的,目光远大,胸襟开阔,并能通过设计座右铭、树立身边榜样等方式经常进行精神充电,不断增强学习动力。

(2)学习兴趣日渐浓厚。相当多的学生对所学科目有较强的求知欲,有学好任何一门学科的良好愿望,能主动购买教辅资料来丰富、拓宽自己的知识面,加深对所学知识的理解。

(3)勤奋精神明显好转。相当多的学生能够充分意识到学业成绩与勤奋程度之间的正相关关系,能对自己的学业失败进行正确的归因分析,因而在学习过程中能够主动挤时间、抢时间进行有效学习,从而不同程度地促进了学科成绩的普遍提高。

(4)自律意识不断增强。相当多的学生能够在学习上严格要求自己,有意识地控制自己的"三闲"(闲话、闲事、闲思)时间,将更多的注意力转移到学习中,提高了学习效率。

2. 不好的方面

(1)学习习惯普遍不好。如相当多的学生从来没有制订学习计划的习惯;

没有独立按时完成作业的习惯；没有认真阅读、深入理解课本的习惯，盲目地迷信教辅资料；动手动脑的习惯很差。

（2）学习过程中环节抓得不全，细节落得不实。相当多的学生课前不预习，导致上课听讲目的不明，重点不清，疑点问题解决不了，课后又不及时复习，导致在学习过程中无法做到堂堂清、周周清。

（3）三种基本的学习素质低下。上课注意力不集中，成了许多学生难以根治的顽疾；阅读能力不强，成了许多教师上课不敢放手让学生主动自学的直接原因；记忆力低下，是许多学生学习中的一大障碍。

（4）好问精神欠缺。相当多的学生不用质疑的态度去对待所学知识，学习中提不出问题，自己无法解决的问题也不去请教别人，导致学习表面化，缺乏灵活和变通。

（5）自我调节学习的能力差。许多学生对自己的学习情况心中无数，觉察不到自己的缺陷或错误，也体会不到自己学习中的偏差，所以一旦遇到影响学习的情境，他们就束手无策，不知怎样进行调节，常常导致在关键的学习时段，学业分化十分严重。

（二）**教情分析**

1. **好的方面**

（1）年轻教师成长很快。通过教学普查及赛讲课，我们相当多的年轻教师在语言表述、教材知识的理解和运用、解读高考试题的能力及课堂和谐师生关系构建等方面有了长足的进步。且绝大多数新教师上进心强、钻研精神好，我们有理由相信，年轻教师将很快成为我校教学工作的骨干力量。

（2）部分教师改进课堂教学的意识较浓。他们能够从教学基本功、学科知识素养、教学理念及课堂设计等方面选取某一个侧面作为改进方向，着力加以解决，收效明显。

2. **不好的方面**

（1）部分教师的教学基本功有待提高。最突出的表现是，板书字不规范、设计欠合理，语言表述不准确，教态缺乏感染力，致使课堂教学缺乏生机和活力。

（2）部分教师学科知识素养不高。突出表现为，没有通晓整个教材的结构体系，教材知识不熟练，教学时重难点把握不准，基础知识交代不清，驾驭教材的能力不强。同时，对高考考纲考题的研究不深，高考复习中盲从教辅资料，搞题海战的现象严重。

（3）相当多的教师教育科学理论素养不高。突出表现在：教学观念陈旧，课堂设计不精，课堂上教师以讲为主、学生以听为主的教学现象十分严重，忽视了学生的主体地位，教学效益低下。

（4）课堂教学反思不够。平常教学中写教后记，反思自己教学的教师不多，由于缺乏必要的教学反思，致使课堂教学许多成功的经验和做法得不到系统的整理，教学中存在的问题也得不到及时解决，常常出现课内损失课外补的恶性循环，强化习题训练似乎成了提高学生学业成绩的最重要的手段。

（5）课堂教学改革的力度和外校相比尚有较大差距。本学期学校举行了"数学周""英语周"活动，相继邀请了泾川一中王渭宁、平凉一中万建奎等教师来我校上示范课。观摩这些教师的课堂教学，我们会发现一个共同点，那就是在他们的课堂上，学生主体作用发挥得较为充分，教师讲得相对较少，学生动手动脑的机会多。而反观我们的课堂，确实不同程度地存在着讲风太盛、包办代替过多的问题。洋思中学二十多年课堂改革的结果是一节课只讲4分钟。这个数字我们现在想都不敢想。

（6）不注重学生学习习惯、学习方法及学科思想的培养和训练。课堂教学中教师往往一味地强化知识与技能目标，弱化过程与方法及情感态度价值观二维目标。只为传授知识而教学的做法十分严重，这样做无疑将学生看成装知识的容器，最终导致许多学生习惯不良，方法欠缺，分析解决实际问题的能力得不到提高。

二、对改进我校课堂教学的几点意见

（一）切实加强全体行政会成员的研究、服务职能

许多学校的实践经验已经证明，一所学校的领导集体，都应该潜心研究课堂教学的规律和特点，认真研究高考规律，找准问题，带领教师大胆进行课堂教学改革，在改革中求得学校的可持续发展。否则，在目前日趋严峻的高考形势下，"加班加点、题海战术"式的劳作会日益严重，教师最终会将极富智慧的教育事业干成高耗低效、你追我赶的体力竞赛，教师一定会出现严重的职业倦怠，教学质量的提升就会出现制约瓶颈，造成诸多恶性循环。

（二）切实加强教研组、备课组工作

要提高教研组、备课组的整体教学水平，加快骨干教师队伍建设及优势学科建设步伐，就一定要发挥教研组、备课组的群体优势，尽可能减少事务性、指令性活动，多开展一些富有实效的教学研究活动，如说课—听课—评

课活动、教材、教法研讨会、学情分析会、理论学习会,并力争务求实效,使教研组的各项研究工作落到实处,使其真正成为学习型、研究型的教研群体。

(三)切实搞好学校课题研究工作

2015年我校申报确立的几项省级实验课题,绝大多数立足于我校实际,具有很强的现实性,课题研究的成果必将对我校课堂教学改革提供很好的理论依据和实践经验。所以希望承担几项课题研究工作的教师,能够从服务学校、改进学校教学工作的高度出发,多学习一些课题研究的理论知识,多进行一些实地调研工作,创造性地开展好这项工作,力争为我校的课堂教学工作提供更多的帮助。

(四)学习、反思、研究、改革应成为每位教师工作的基本状态

1. 学习

教师学习的过程,就是提升自己思想的过程,也是教师走向成熟的过程。客观地分析我们目前的专业知识现状,实际上我们绝大多数教师最缺少的知识是新课程改革方面的理论知识,即教育教学新理念和各学科的课程标准。教师如果缺少这一条件性知识,要谈课堂教学改革只能是一句空话。如果我们认真研读2006暑期培训教程《当代教育新理念》《新课程与教学改革》两本书,相信我们就会对目前的课堂教学现状有一个重新认识,会大大增强课堂教学改革的迫切性。

许多研究指出:在新课程推行过程中,难度最大的是教师的专业培训问题,是教师的教育教学理念问题。新课程的推行,不是任何一位教师能够决定的事情,如果认真研究新课程高考卷,我们就不难发现,高考对学生的学习素质的考查已经有了明显的变化。所以,以积极的心态,顺应教育改革的趋势是我们唯一的选择,学习是当务之急。

2. 反思

对教师来说,推动其事业发展的两大支柱是情感和反思。没有对教育事业的爱、对教育教学工作的爱、对学生的爱就不成为教育。没有反思就没有教师的专业提升,就不可能成就自己的教育事业。反思是教师带着研究的理念来解剖自己、超越自己、完善自己、发展自己和提升自己的过程,是对自己教育教学行为乃至教育细节的追问、审视、推敲、质疑、肯定和否定的过程,反思是教师改革课堂教学的原动力。客观地分析我们目前的工作现状,教学反思是一个十分薄弱的环节,教学工作中,我们常常会出现一种思维惯性，即以前我的老师是怎样教我的，现在我就用同样的方法来教我的学生；全校大多数教师这么干，毫无疑问我就跟着这样干。如此反复，导致目前个性化的课堂少之又少，老师们也不愿从许多习以为常、司空见惯的教育现象中发现新问题，产生新思考，提出新见解，拿出新做法。平凉一中万建奎老师对自己20多年教学工作的反思耐人寻味，他将对自己教学工作的反思分为三个阶段，刚开始工作时他认为"只要好好教，就能教得好"；工作多年后，他意识到"只要学得好，就能教得好"；现在他深刻地体会到"只有学生学得好，才能证明教师教得好"。

建议各位老师从坚持写课后记、反思日记做起，来提高自己反思课堂的意识，增强自己改进课堂教学的自觉性，实际上坚持写课后记是一件十分容易的事。

3. 研究

教师专业成长的第一步是把书教好，把课上好，让学生喜欢你。要做到这一点，就要研究课堂教学，以探究的理念、眼光、思维方式审视自己的教学。课堂是试验田，教室是实验室。我们应该崇尚这样一句话："我们没有办法改变整个世界，但是我们完全有能力改变自己的课堂，使自己的课堂充满生机和活力。"只有加强教学研究，我们才能对教学内容有深刻的解读，只有研究才能设计出贴近学生实际需要的教学方法，只有加强研究，也才能使自己的课堂教学富有个性化。

4. 改革

课堂教学改革的核心是让师生在课堂中真正摆正自己的位置，即"教为主导，学为主体"。全国所有课堂教学改革的成功经验都具有一个共同的特点，那就是课堂上学生真正成了自觉自愿的学习者；教师真正成了学生学习的帮助者、指导者和促进者；教室真正成了学生的学堂。最终真正实现了教学方式及学习方式的转变。针对我们学校目前的教学现状，我们应在以下四个方面力求改进。

（1）切实减少课堂讲授时间。我们之所以坚决反对课堂教学中的满堂灌，并不是要彻底否定教师的讲授法教学，否定学生的接受性学习，而是基于以下三点认识：一是目前我们绝大多数教师讲得过了头，包办代替太多；二是学生的能力是教师教不会的；三是绝大多数学生喜欢听老师讲课，而不愿意自己学课，因为他们认为教师讲课，很容易使他们产生一种"既不用动脑又不用动手"的轻松感，而且可以给他们提供更多的"不务正业"的机会。由此看来，教师讲得过多的问题必须得到解决。分析目前满堂灌的原因，也有三点：一是教师对学生的学习不信任；二是教师对学习型课堂的指导方法不多，驾驭这种课堂的能力不强；三是教师的备课环节出了很大的问题，只备教材，不备学生，不精心设计课堂是导致讲风过甚的最主要的根源。

（2）一定要把积极的情感带进课堂。要着力培养学生的非智力因素，努力实现"态度、情感、价值观"这一教学目标。构建和谐、民主、宽容、充满人性味的课堂环境，是提高教学效果的强有力的保证。为什么不同的教师同时使用满堂灌，教学效果却截然不同，其中一个最主要的原因可能就在于此。

（3）提高学生的学习素质。

注意力、阅读能力、记忆力是学生学习活动中最基本的素质和能力，教师应多学习这方面的理论知识，多掌握这方面的训练方法，并努力贯穿于课堂教学活动的始终，相信学生的学习会有很大的改善。

（4）努力搞好学法指导。

基本的学科思想、学科方法应是体现学科特点的核心知识，教师在教学中应着眼于学科思想，立足于具体方法，反复给学生示范，并让学生反复实践，以期能真正掌握一些行之有效的方法，要力诫将学法指导变成空洞的说教。

关于改进我校实验班教育教学工作的建议

目前我校实验班已举办四届，在实践中已经积累了一些教育教学工作经验，但是目前也确实面临着不少的困难和问题。实验班的教师，在得到了学校信任的同时，也承担着来自社会、学校、学生家庭的种种舆论压力和质量压力，心理负担很重。实验班的学生，在享受着分班带来的优越感的同时，也在经历着由心理不适、学业分化带来的焦虑和不安。为此，教研室在举办实验班教育教学工作研讨会的基础上，又对不同年级实验班的同学进行了个案调查分析，得出了一些粗浅的认识，现就实验班目前的教与学现状做一分析，并对改进实验班教育教学工作提出建议，供学校决策、老师借鉴。

一、实验班的基本现状分析

（一）学情分析

1. 好的方面

（1）学习热情高，主动性强，有强烈的竞争意识。

（2）好问精神突出。课堂上主动提问，课后追问老师的现象比较普遍。

（3）学习习惯较好。多数同学在上课听讲、作业完成及交阅、课前预习、课后复习等方面表现出较好的习惯。

（4）学业态度端正积极，自觉性较强，方法较为灵活。

2. 存在问题

（1）定位不准。相当多的实验班同学对自己定位不准，思想上出现了许多误区，导致学习中不重基础，不抓课本，盲目拔高，盲目购买教辅资料，常常为题海所困，为解决不了难题而犯难。

（2）心态不好。由于顶着"实验班"的头衔，一部分实验班同学自满情绪严重，总觉得别人都不如自己。过分在乎一次次的月考成绩，老担心别人会超过自己，于是变得焦虑、急躁，心事重重，惧怕失败，耐挫能力差，缺乏正当竞争、公平竞争心理。

（3）眼光不远。好多同学虽身处实验班，但并未树立远大的理想，目光短浅，对人生的定位不高。在乎眼前的得失，计较蝇头小利，而没有把竞争的目光放在三年以后甚至更远。

（4）习惯不良。为数不少的实验班同学在书写习惯、听课习惯、阅读习惯等许多学习细节中存在着这样那样的问题，严重制约着他们学习效率的提高。

（5）方法不当。相当多的同学学习方法十分欠缺，如他们不重视预习，不会有效复习，不会归纳、总结所学知识，模仿借鉴学科学习方法的能力差，机械记忆，生搬硬套所学知识的现象严重，学习效率不高。

（6）策略不对。以2006级实验班学生为例，全市前100名的学生中，我校仅有10名，可见我校的实验班同学学习素质并不令人满意。他们在学习中并没有很好地落实"低起点，重基础，抓课本，练技能"的策略，而是奉行"高起点，抓资料，钻难题"的做法，多数同学都有种类繁多的高考复习资料。

（7）能力不强。好多同学的学习注意力、记忆力、阅读能力不高，基本素质和能力有所欠缺。

（8）发展不均。基于各种原因，一些同学学科发展不够均衡，甚至出现了偏科问题，直接影响总成绩的提高。

（9）分化严重。基于思想情感、心理调适、行为习惯、学业成绩等因素的影响，实验班少数同学出现了较为严重的学业行为偏差，在学业成绩上迅速沦为后进生。

（二）教情分析

应该说，我校对实验班的教育教学工作十分重视，对实验班的发展也极为关注，但在对实验班的管理和指导方面还缺乏明晰的思路和具体的策略；教师这一块，实验班绝大多数教师虽然工作责任心强，主动性强，钻研精神好，能够尽力想办法解决教育教学工作中出现的一些问题，但是目前还普遍存在一个突出的问题：改革和探索意识不强。面对目前所处的教育教学困境，很少有教师深入思考如何去改，而且更多的教师不敢改，不想改，生怕改出问题。所以在实验班的施教过程中，绝大多数班主任仍沿用原来的班级管理办法，新点子、新方法不多。绝大多数科任教师只是停留于"适当地多讲一点，适当地讲深一点，适当地多做（题）一点，尽可能地多鼓励一些"，教学工作仍停留于教师原有思维框架之内，不敢越雷池半步。

二、改进实验班教育教学工作的建议

（一）树立全新的教育理念

即便是实验班学习最差的学生，他在入学的时候也取得过优秀的成绩，所以每一位实验班的教师都要牢牢树立"没有教不好的学生""人人都能学好""只有差异，没有差生"的理念。只有这样，才能更大限度地发挥实验班教师的主观能动性和聪明才智，才能有效地防止实验班学生的学业分化。

（二）努力构建德育教育体系

作为实验班的德育教育，首先应该不折不扣地落实学校的德育工作要求，树立学校内部争第一的思想。但是我们更应该立足于学生的发展，培养学生健全的人格和积极向上的心态，和学生一道参与制定班级（或个人）三年规划（甚至是人生规划），细化各年级的奋斗目标及具体措施，使每位学生都有自己明确的努力方向。并要系统规划新异的、富有实效的德育系列活动，充分利用电视、网络、书籍等信息源，广泛搜集德育教育素材，通过变换德育活动的方式方法，尽可能让学生行动起来，参与到活动之中，使学生得到真实的体验和感受，并从中受到教育。要立足学生实际开展德育工作，不能让学生感到德育的苍白无力和空洞。应努力做好三个方面最基本的教育工作：第一，在行动中培养学生的良好习惯，让学生真正领悟到"行动养成习惯，习惯形成品质，品质决定命运"；第二，紧密联系学生的家庭及社会生活实际，教育学生确立正确的生存观，产生强烈的对自己负责、对家庭负责的责任意识，让学生充分认识到"要生存就得有技能，学技能就得靠勤奋"；第三，教育学生树立正确的学习观，让学生深刻体验到"学习是一种生活，读书是一种享受，勤奋更是一种态度"。

建议每位教师多阅读魏书生的教育著作，相信会对各位教师的德育工作提供很大的帮助。

（三）狠抓学生非智力因素的培养

学生的成才，不仅要依赖于智力因素，而且更重要的是要依靠非智力因素。实验班的班主任及各科任教师都应该把培养学生的非智力因素作为一项重要工作，在努力学习相关理论知识的基础上，首先努力做好以下两个方面工作。第一，课堂教学中确立"态度、情感、价值观"方面的教学目标，努力培养学生浓厚的学习兴趣、积极的学习态度、强烈的求知欲望，将非智力因素的培养贯穿于课堂教学的始终。第二，努力做好学生的个别辅导工作，提倡对后进生作业进行面批，及时解决学生在学习中存在的困难和问题，使每位学生都能树立起学习的自信心，以积极的心态去面对新的困难，提高学生的意志力。

（四）一定要改革课堂教学

1. 积极实践"先学后教、当堂训练"的课堂教学模式

在实验班实践"先学后教、当堂训练"的教学模式是完全可行的，同时经过实验班教师的集体努力，一节课教师只讲25分钟或者更少的时间是完全可能的。建议实验班的教师通过网络等途径深入学习洋思中学、青云学府、杜朗口中学的课堂教学经验，深入研究，大胆尝试改革，同时也希望学校主要领导立足学校实际，深入分析实验班目前的课堂教学现状，带领教师积极稳妥地推进课堂教学改革，更大限度地提高实验班的课堂教学效率。

2. 努力提高实验班学生的三种基本学习素质

注意力、阅读能力、记忆力是学生学习活动中最基本的素质和能力，是所有高级思维活动的基础。实验班的教师更应该学习这方面的理论知识，掌握这方面的训练方法，在教学中坚持运用，不断提高学生的学习素质。

3. 切实搞好学法指导

要把学法指导贯穿于整个教学活动的始终，在教学中教师应着眼于学科思想，立足于具体方法，反复给学生示范，并让学生反复实践，熟练掌握一些行之有效的学习方法，力戒将学法指导变成空洞的说教。建议实验班的教师指导学生学会建立错题集；学会有效复习；学会归纳总结单元知识，把厚书读薄；学会发散联想；学会尝试回忆。并且一定要对学生多进行"限时限量做规范题"的训练。

我校师生关系问卷调查报告

为了构建和谐的师生关系，营造良好的育人环境，提高教育教学效益，教研室于2006年春季学期对我校的师生关系现状进行了问卷调查，并对调查结果做了认真分析，现将这一结果刊登出来，以期对各位老师进一步改善师生关系有所帮助。

此次调查共发放问卷2018份，收回1949份。其中：高一发放693份，收回687份；高二发放595份，收回569份；高三发放730份，收回693份。

一、问卷调查结果及简要分析

1. 你是否因为喜欢某位老师而喜欢他（她）所教的学科？

　　A. 是（49.9%）　　　　B. 否（50.1%）

分析：看起来，选A项的比例似乎有点偏低，但实际上，学生对一门学科喜欢与否，是受很多因素影响和决定的，教师仅仅是其中的一种因素。因此，49.9%的比率实际上是很高的！我们的问卷调查也确实印证了："学生喜爱一位老师，连带着也喜爱这位老师所教的课程。"

2. 你有了知心话，最想对谁说？

　　A. 家长（8.2%）　　B. 老师（1.9%）　　C. 同学（26.5%）

　　D. 其他朋友（46%）　E. 闷在心里（21.7%）

分析：（1）B. 老师（1.9%），说明现在的学生和老师之间关系十分疏远。尽管我们的老师（尤其是班主任）在真心实意地关心学生，但仍很难走进学生的心。

（2）C. 同学（26.5%），所占比例也不高，说明同学之间关系现状也不容乐观，这对形成班级正确的舆论导向，增强班级凝聚力也不利。

（3）E. 闷在心里（21.7%），说明有为数不少的同学存在程度不同的心理问题，表现为孤僻、冷漠、偏激、难以接近。

3. 在你看来，老师喜欢的学生是什么样的？

　　A. 学习优秀的（76.6%）　　　B. 遵守纪律的（6.2%）

　　C. 品行良好的（19.7%）　　　D. 其他（4.4%）

　　分析：（1）这个结果确实客观地反映了教师对学生的评价取向，可以说绝大多数教师喜欢学习好的学生，只不过有些教师表现得外露，有些教师表现得含蓄一些。

　　（2）教师对学生不全面的评价，可能是造成师生关系疏远的一个主要原因。

　　（3）若第2题选了E，则第3题大多会选D。说明这些学生对师生关系有更加复杂的想法。

4. 你心里有了"疙瘩"，愿意找老师解决吗？

　　A. 愿意（5.7%）　　　　　　B. 想找，但有顾虑（49.5%）

　　C. 不愿意（31.2%）　　　　　D. 绝不找老师（13.6%）

　　分析：只有5.7%的学生愿意找老师解决自己的思想问题！

5. 你认为老师对学生有没有"偏心眼"？

　　A. 每位老师都有（13.4%）　　B. 多数有（39.3%）

　　C. 多数没有（38.7%）　　　　D. 没有（8.8%）

　　分析：只有8.8%的学生认为老师在对待学生方面是公平、公正的！

6. 老师对你是表扬多，还是批评多？

　　A. 表扬多（10.5%）　　　　　B. 批评多（12.6%）

　　C. 表扬批评参半（42%）　　　D. 很少过问（34.8%）

7. 老师在教育犯错误学生时，是否有体罚现象？

　　A. 都有（4.7%）　　　　　　B. 多数有（15.8%）

　　C. 少数有（50.9%）　　　　　D. 没有（28.4%）

8. 你认为学生犯了错误，老师应不应该用打骂的方式进行教育？

　　A. 应该（2.5%）　　　　　　B. 对屡教不改的应该（51.1%）

　　C. 情节严重的应该（21.9%）　D. 无论如何都不应该（32.7%）

9. 如果你被体罚过，你觉得对你改正过错、取得进步有益处吗？

　　A. 很有益处（12.1%）　　　　B. 有点作用（43.7%）

　　C. 毫无作用（12.8%）　　　　D. 有反作用（29.9%）

　　分析：体罚或变相体罚并不能解决学生的思想问题！

10. 在课堂上，你能主动提出问题吗？请简要说出理由。

A. 能（5.2%）　　　B. 有时能（48.4%）　　　C. 不能（44.9%）

分析：A. 能（5.2%）。这就充分表明，我们的学生主动提出问题、主动探究的意识不浓。统计发现，学生在课堂上不能主动提问的原因主要有以下几种情况：由于自己基础差，怕提出的问题太简单，引来老师和同学的讥笑和不屑；老师不愿意让学生在课堂上随意提问题；老师一直在讲，根本没有提问的机会；自己没有提问的习惯；等等。由此可见，我们目前的课堂"师道尊严"的倾向依然十分严重，民主气氛不浓。

11. 你认为老师对你关心最多的是哪些方面？

A. 学习方面（61.8%）　　　B. 生活方面（3.4%）

C. 所有方面（13.9%）　　　D. 老师对我不怎么关心（21.3%）

12. 你认为挖苦、训斥能解决学生的思想问题吗？

A. 能（2%）　　　B. 有时能刺激醒悟（21.7%）

C. 不能（31.1%）　　　D. 有反作用（45.2%）

分析：心罚比体罚更能对学生造成伤害！

13. 有人说，理想的师生关系是："师生之间能成为朋友，课堂上是师生，平时是朋友，互相尊重，互相理解。学生应当尊重老师，老师应当成为学生的良师益友。"你同意这种观点吗？

A. 同意（92.8%）　　　B. 不同意（7.2%）

14. 你最喜欢什么样的老师？

A. 严厉型（6.6%）　　　B. 温柔型（8.9%）

C. 民主型（37.9%）　　　D. 与学生是朋友型（49.6%）

15. 在你现在的任课教师中，你最喜欢的是哪位老师（写出具体姓名）？请说明理由。

分析：从问卷调查统计来看，我校任课教师中，有45位教师很受学生喜欢（班均得票在10票以上）。同时从调查中我们发现，学生喜欢教师的原因，一方面显得十分单纯，另一方面又极为苛求。而且学生大多是从细微之处评价一位教师。总体来看，学生在评价教师时，把育人放在第一位，把教书放在第二位；在对教师的教学进行评价时，把工作态度、敬业精神放在第一位，把教学能力放在第二位。

概括起来，学生喜欢老师的原因，大致有以下几个方面。

第一，待人温和，素质高，修养好，工作认真负责。例如，"他待人温和,工作认真,从不对学生发脾气,无任何不良习惯,如上课接手机、说脏话等""老师总是笑脸待人,感到很亲切""如果她再温柔一点,那就是一位特别棒的教师""她虽然教了我四年,我的英语成绩从未上过 70 分,但她严谨认真的教学是独一无二的"。

第二,关心爱护每一位学生,公平民主,一视同仁。例如,"她能够一视同仁对待学生,从不戴有色眼镜""他能够在多方面关心学生,使我总觉得有一种亲切感"。

第三,知识渊博,讲课精彩,有幽默感,热爱自己所教的学科。例如,"他爱慕中华文明,讲课抑扬顿挫,很会感染学生""他用自己浓厚的文化、人格陶冶着我们的情操,可以很随意地营造出一块饱含文化气息的天地,听他的课我不会感到枯燥,也许正是由于这种原因,才培养了我对语文学习的兴趣和热情""他上课精彩,且从不拖堂,准点下课"。

通过对师生关系的问卷调查我们发现:学生对我校的师生关系现状基本满意,部分教师因他完美的人格形象、正确的育人方法、严谨的工作态度、精彩的课堂教学而深受学生喜爱。但是通过对上面一些数据的分析,我们也可以用这样一句话来概括我们学校的师生关系现状:知识传递的渠道在拓宽,感情沟通的大门在缩小。所以我们感到育人的工作充满了挑战和困难,由于育人的效果不尽如人意,我们的教书工作常常显得劳而无功。

二、几点启示

良好的师生关系,是实现教育目标的关键,是提高教学质量的隐形环境。在师生关系中,教师往往处于主导的地位,这就需要教师做师生关系良性循环的启动源。我们认为,要建立良好的师生关系,教师要首先改变自己,并努力从以下四个方面做起。

1. 努力塑造良好的人格形象

"用细节展现魅力,让文明成为习惯"应该成为每一位教师塑造良好的人格形象的座右铭。庄严的升旗台下,如果你喋喋不休地高谈阔论,你即刻就会成为学生眼中的"山野村妇";神圣的讲坛上,如果你的手机时时响起,在学生心里,你一定是一个"文明社会的无知者"。

2. 待生要真诚

也就是做人要真,待人要诚。教师对学生要捧出一颗真心。诚之所至,金石为开。教育工作者必须保持说与做一致,认识与情感一致,必须身体力行，言传身教。言不由衷，口是心非，自己说教的东西自己都不信、自己都做不到，假话、套话、空话满天飞的教师最令学生生厌。

3. 待生要通情

多进行情感的沟通与交流。教师要有进入学生内心世界的能力，要能体会学生的喜怒哀乐，通过口头语言和体态语言对学生晓之以理，动之以情。有时一个鼓励的眼神、一个友好的微笑，会胜过千言万语的说教。

4. 要尊重学生

尊重的前提是正面积极地看人。教师要无条件地接纳每一个学生，尊重每一个学生，要善于发现每一个学生的优点和长处，以表扬鼓励为主，用积极因素克服消极因素。教师对学生批评训斥过多，甚至讽刺挖苦、侮辱学生人格，必然引起学生的逆反心理，导致师生关系紧张，从而大大影响教育效果。

两点说明：

（1）本次问卷调查有些题为多选题，加之百分比数是四舍五入取一位小数点，所以有些题的统计结果可能大于100%。

（2）此次问卷调查的统计人员有赵万田、程振义、边慧、史慧琴、陈海慧、张燕。

做好班主任工作的几点体会

在十几年的班主任工作中，每带一班学生，我都要在适当的时候让学生给我写"班主任鉴定"。从学生对我的评价中，我深刻地体会到，要做好班主任工作，就必须努力做到以下几点。

一、以身作则

我们常说："学高为师，身正为范。"实际上，以身作则、身先垂范是学生评价老师时看得最重的。如果我们能坚持这样做，班主任就很容易在学生中树立威信，为搞好班级工作奠定坚实的基础。

以身作则不是大而空的，而是很具体、很琐碎的。例如，我们要求学生作业书写规范，那就要求我们在讲课时，板书设计规范整洁，作业批阅严谨认真；我们要求学生上学不要迟到，那就要求我们在各种教育教学活动中增强时间观念，为学生树立榜样；我们要求学生讲究卫生，那就要求我们带头做到；我们要求学生热爱学习，那就要让学生感受到他们的班主任是一个热爱学习、追求上进的人。

老师是学生心中的一面镜子，我们的一言一行、一举一动都逃不过学生的眼睛，并在学生的心中留下不灭的印迹，对学生的成长产生深远的影响；同时，班主任也应时常以学生为镜，来透视自己身上的种种缺点，并注意及时改进，不断提高师德修养。

二、关心爱护学生

关心爱护学生最能拉近师生之间的情感距离，也能收到最好的教育效果。有人说，爱不爱学生是教师的师德问题，善不善于爱学生却是教师能力素质的体现。教师不仅应该爱学生，而且应该善于爱学生。

实际上，学生在许多方面（如心理、学习、生活等方面）都需要老师的关心、爱护和帮助。尤其是后进生，他们确实很渴望马上获得成功，很想感受集体生活给他们带来的喜悦，但是由于他们学习基础薄弱，加之各种不良非智力因素的影响，从而使他们很难尽快提高成绩，如果得不到及时的帮助、关心和支持，他们就很容易丧失学习的自信心，继而转移生活情趣，并很快由学业不良转为品德不良，成为一个难以教育的人。因此，作为班主任，要搞好班级工作，就要奉献一颗爱心，去更多地关爱那些需要我们关爱的学生，使他们在不断成功中去感受生活，体味学校生活的乐趣，从而增强班级向心力，使他们热爱班集体。

教师对学生关爱越多，学生就会对我们感激越深，我们在班级管理中也就越加轻松自如。

三、一视同仁

我们往往喜欢学习好的学生，喜欢诚实、"听话"、遵规守纪的学生，而不喜欢学习不好、调皮、惹是生非的学生，但是当他们进入社会或参加工作以后，常常给我们来信、打电话、见面亲切问候、表示感激之情的学生，往往不是那些我们曾经偏爱的学生，而是我们曾经冷落过、打骂过的学生。为什么我们的偏爱会得到不公平的"待遇"呢？我想这可能是教育心理学值得研究的问题，也许我们的偏爱会被学生视为一种"功利性"的做法，出力不讨好。

实际上，在班级管理中，处事不公会极大地损害教师在学生心目中的形象，伤害师生情感，影响同学之间的团结，很不利于我们搞好班级工作。曾有一位学生给我写下了这样的评语："你不像有些班主任，你讲究的是学习过程，而他们讲究的则是结果，把那些成绩好的学生，不管其道德行为如何都看作一朵鲜花，而把那些差生看得一钱不值。你一视同仁，给了那些差生一线希望，对学生好的也不偏爱，凡事都会给我们说话的机会。只有尊重别人才能得到别人的尊重，你时常会找一些同学单独谈话，深入了解学生的内心世界，这对你做好班级工作很有帮助。"其实这位同学学习很不错，也会常常得到我的"偏爱"，但在他的内心深处，仍然希望班主任一视同仁。

四、尊重学生的人格

任何人，之所以竭力维护他在别人面前的良好形象，是因为人有尊严，有自尊，有他独立的人格。所以，我们在班级工作中，要尽可能地避免伤害学生的自尊心，不要让学生当众出丑，无地自容；尽量减少体罚和变相体罚，不要轻易挖苦讽刺学生，减少在公众场合批评学生。也许我们的"急风暴雨"会换来班级短暂的平静，但绝不会使班级"长治久安"。

"人活脸，树活皮。"一旦我们的教育让学生失去了自尊，那我们将会陷入很被动的境地，难以搞好工作。我们应清醒地认识到：我们在用不正确的方式（如讽刺、挖苦、体罚等）来发泄我们心中怒气的时候，实际上我们已经不是在教育人，而是在用野蛮征服野蛮，用不理智对付不理智。如果我们用心去体察学生，实际上很多学生已经在为"遭遇的学生"捏着一把汗，我们的教育效果便可想而知了。

五、民主管理

初为班主任时，为了怕麻烦，怕制造混乱，好多班级事务都由我说了算。如向学校推荐评选各种先进时，都是由我根据学生的平常表现、学业成绩确定候选人。但我发现，这种不讲民主的做法，不仅剥夺了学生参与班级事务的权利，而且大大降低了"荣誉"在学生心目中的价值和激励作用，使得学生对自己的荣誉持无所谓态度，认为自己的"荣誉"捏在老师手中，从而渐渐地也对班级荣誉、班级事务产生冷淡情绪，使班级失去了凝聚力。

教育实践表明，如果我们在班级各项事务（如制定班规、竞选班干部、评优选先等）中，放手发动学生，讲求民主，尽可能地让学生参与其中，将有利于培养学生的集体荣誉感和主人翁意识，从而使他们增强责任感，进而自觉自愿地搞好班级工作。

六、努力提高自己的课堂教学水平

我们的工作是教书育人。教书和育人两个方面从来是不分家的。实际上，班主任的课堂教学过程是一个隐性育人过程，是德育工作中的隐性教材。我们在教学时，我们的教学态度、教学能力、学识水平、言行举止、进取精神以及对学生的爱心等，都会一览无余地展现在学生面前，而且在课堂上，学生往往观察得更仔细，体会得更深刻。如果我们做好了，确实会达到潜移默化、润物无声的育人效果，所以我们应努力提高自己的课堂教学水平，教好书，育好人。

中学生应该养成的十种学习习惯

一、十种学习习惯

课前准备的习惯；制订学习计划的习惯；预习的习惯；阅读的习惯；记笔记的习惯；按时做作业的习惯；及时复习的习惯；整理错题集的习惯；单元小结的习惯；规范考试的习惯。

二、具体要求

1. 课前准备的习惯

（1）每节课预备铃响后学生必须迅速进入教室，不得喧哗。

（2）学生应迅速将本节课所需的各种文具（课本、资料、笔记本、练习本、钢笔等）准备齐全，并及时进行课前预习或复习。

（3）学生必须及时整理桌面及桌框，保持书桌干净整洁。

2. 制订学习计划的习惯

（1）每学期开学初，每位学生必须在老师的指导下，为自己制订一份切实可行的学习计划表，努力做到按计划学习，并要虚心接受老师或同学的监督。

（2）每次月考后，每位学生都要及时进行分析、小结，有针对性地制订下一阶段的学习计划，做到长期计划和短期计划相结合。

3. 预习的习惯

（1）科任教师要对学生的预习提出明确具体的要求，列出具体的预习提纲，督促学生认真做好课前预习。

（2）每位学生要自觉养成做预习笔记的习惯。预习笔记重点记录以下内容：下节课老师要讲的主要问题；新旧知识的内在联系；预习中发现的疑难问题等。

4. 阅读的习惯

（1）各科任教师要有计划地给学生布置具体的阅读任务，并指导学生按时完成。

（2）学生要自觉养成在阅读时圈点勾画和做批注的习惯。例如，可以在以下几处用不同的符号圈点勾画：①关键性字、词；②重点句、中心句、妙言警句；③结构特点和写作思路等。也可在书页的空白处随手写上阅读心得、联想、见解、疑惑等，还可以归纳写出段落章节的要点及夹上纸条做上记号等。

（3）针对不同的阅读内容，学生要选择恰当的阅读方法，如默读、朗读、有序读、跳读、精读、泛读和反复研读等。

（4）要敢于质疑问难，做到眼到、口到、心到，发现问题，大胆质疑，提出见解。

（5）要及时积累。可将文中写得好的只言片语、优美词句、精彩片段、重点知识随时摘抄下来，并加以归类。

5. 记笔记的习惯

（1）学生应在老师的统一要求下准备专门的课堂笔记本，并坚持每节课做好课堂笔记。

（2）课堂笔记重点记录：分析思路和方法；板书；补充内容；自己的疑问或不同见解；老师的总结；典型事例等。

（3）对课堂笔记本不乱画乱撕，妥善保存。

6. 按时做作业的习惯

（1）每位学生都要按时独立完成当天所有作业，并在当日第二节晚自习之前及时上交，不可推到第二天。

（2）要努力做到规范书写，格式正确，步骤完整，并及时更正作业中的错题，对老师指出的问题要及时改正，不可草草应付。

（3）每位学生都要妥善保存好自己的各科作业本，不乱撕乱画，不折角。

7. 及时复习的习惯

（1）各科任教师要给学生讲清人脑遗忘的规律，使学生明白及时复习的道理，指导学生科学地进行有效复习。

（2）学生应养成先复习后做作业的良好习惯，并采用尝试回忆、相互提问等多种复习方式进行有效复习，提高复习效果。

8. **整理错题集的习惯**

（1）对于数理化生等学科，每位学生都应在老师的统一要求下准备专门的错题本，并根据自己的实际情况将月考或平常作业中的典型错误及时整理，长期积累，及时反思，及时复习，及时矫正。

（2）错题集一般写清时间、错题来源、错误解法、正确解法、错因分析、启发等。

9. **单元小结的习惯**

（1）每个单元学习完成后，学生必须在老师的引导下对所学知识进行系统总结，将厚书读薄。

（2）学生应相互借鉴，掌握多种单元小结的方法，如图表式、网络式、"知识树"等，以不断提高归纳总结的能力。

10. **规范考试的习惯**

（1）在任何形式的考试前，学生都要做好考前心理准备，做到诚信应考、从容应考，认真做好考前复习。

（2）考试前，考生必须准备好自己的学籍管理卡、准考证以及必需的纸笔等用具，并按时进入考场，做到不迟到、不无故缺考。

（3）每堂考试时，考生务必做到先检查卷面后填写卷头，先浏览全卷后选题作答，先思考后下笔，先做易题后做难题，并按照高考网上评卷的具体要求规范答题。科学使用草稿纸，合理分配答题时间。

（4）考试结束后，对阶段学习情况及时进行小结。

精诚团结　激情投入
——写给 2010 届高三年级带课组的老师们

今天，
我们为了同一个梦想而相聚；
今天，
我们为了下一步努力而谋划！

我们聚在一起，
因为学生而产生了亲情；
我们聚在一起，
因为工作而增进了友情！

2010 年的钟声早已敲响，
三年一个轮回，
蓦然回首，
已不到 150 天时间！

高考，
我们胸怀同一个梦想；
高考，
我们培育同一种文化！

高考，
我们喊着同一个声音；
高考，
我们砥炼同一种精神！

在这里，
我们需要：
超越目标，超越别人的野心和霸气；
在这里，
我们需要：
坚持一中传统的经验和做法！

2010
我们有着六十一人的战斗团队，
2010
我们更有十个荣辱与共的高考小分队。

在我们小分队里，
我们不必把一点一滴的付出都分得那么清清楚楚；
在我们小分队里，
我们不该把一丝一毫的分歧都弄得那么斤斤计较。

目前，
我们需要空前团结，凝心聚力；
目前，
我们更需要真情付出，智慧投入！

2010
我们不能满足：
在别人享受掌声和鲜花的时候，
我们只成为一零高考的匆匆过客；
2010
我们更不愿看到：
在别人把自己的孩子送进理想大学的时候，
我们却把自己的孩子一个一个送回一中！

现在，
唯有一个办法——
我们并肩作战；
现在，
仅有一条出路——
我们继续努力！

培育高考文化　提升复习效率

2010届的高考复习，在秋季学期临近期末阶段，学生学习状态有所下滑，为使高三学生尽快摆脱困境，在积极借鉴河北衡水中学办学经验的基础上，我们高三年级组集思广益，以"培育高考文化，提升复习效率"为主题，开展了"四个一"活动，即"弘扬一种高考文化，上好一节励志课，开好一次主题会，打好一场持久战"。此活动的开展，大大激发了同学们的复习热情，收到了很好的教育效果。

一、弘扬一种高考文化

挖掘高考复习活动的精神内涵，引导学生视高考为一次难忘的人生经历、一段幸福的生命历程，引导学生乐观面对高考，积极迎接挑战，燃烧生命激情，绽放理想之花。

下面是我们精心编写的一些廊道文化素材。

（一）人在高三

人在高三，我们资深责高，势如破竹；

人在高三，我们蓄势待发，争占鳌头。

高三是骏马眼中的鞭影；

高三是射手眼中的靶心；

十年磨一剑，剑啸长空。

一生求一船，船归何处？

我们有信念在。信念如山，势拔五岳。

我们有梦想在。梦想如火，气贯长虹。

人在高三，我们选择书山攀登，题海竞渡；

人在高三，我们选择分秒必争，挑战极限。

让理想在拼搏中闪光；

使生命在奋斗中豪迈。

鏖战六月，青春终无悔；

谁与争锋，蟾宫定折桂！

（二）决胜 2010

高考，2010

让我拉住你的手

倾听这一年的风雨历程

听你越走越近的脚步

听所有高三学子的心跳和叩问

2010

是卷子的形状

是错题本上的蓝色和红色

是笔尖行过纸面的沙沙声

是一张刻录好的光盘：预习、听课、作业、复习

是一个成功方程——我们用汗水和信念将它配平

2010

我们穷得只剩下理想和叮当响的时间

2010

我们富有的激情可将每天的朝霞染红

这一年，我迷醉于充实的每一天

每一天，我都盯着目标奋勇前进

当成长的日历翻到 6 月 7 日

我坚信，2010

是缓缓打开的，名校的大门

注：以上（一）（二）两部分是我们高三语文备课组王喜平、杨安润、李文俊、刘煜四位老师的作品。

（三）学习寄语

（1）无论怎么努力都可能失败，无论怎么失败都可以更加努力，这就是高三精神。

（2）把高考的希望寄托在老师身上的学生，其实是没有多大希望的学生。

（3）如果你现在觉得学习很苦，那恰恰说明你没有苦到一定程度，当你真的吃到一定程度的苦，那么剩下的就全是快乐。

（4）做一题，对一题，会一题，题题关乎未来；争一分，得一分，高一分，分分决定命运。

（5）迅速地把会做的题做错，然后花大量的时间去啃那些不会做的题，这是高考中最不明智的做法。

（6）高考复习从规范做起：规范成就梦想，规范铸就辉煌，规范创造奇迹，规范赢得未来！

（7）高考复习的最高追求：在规定的时间内把自己会做的题全部做对。

二、上好一节励志课

要求全体高三语文老师充分发挥语文学科优势，挖掘《人在高三》《决胜2010》文本中的精神内涵，为每个班级的学生上一节精彩的励志课，让学生在大声朗读、激情演讲中诠释高考、感悟高考，进而懂得高考是一种责任，高考是一种享受，高考是一次难忘的人生经历，高考是一段幸福的生命历程，高考是人生一次挑战，高考更是人生一大机遇。增强高考责任，激发高考动力，弘扬高考精神，创造高考佳绩。

三、开好一次主题会

班主任要深入研究，精心准备，开好一节主题班会，引导学生走出高考误区，掌握复习要领，增强得分意识，培养得分习惯，训练得分能力。让学生明白："不是我会得太少，而是我错得太多。"

四、打好一场持久战

全体高三老师要不断弘扬高考文化，培育高考精神，做到情感上多鼓励，方法上多指导，习惯上多矫正，从而让学生对高考复习文化入心入脑，成为一种内在的精神需要，变成一种自觉的学习行动，使每一位高三学子在2010届浓厚的高考复习氛围中不断进步。

三说高考复习
——从高三（5）班的课堂观察说起

2014届高考，我包抓高三（2）、（4）、（5）、（6）班四个班两个带课组工作，第二次年级月考分析会之前，我听了高三（5）班的一节化学复习课，思考很多，想就这节课上的所见所思谈三点想法。

一、从化学课说起

宋宪伟老师的这节化学课，教学内容是 Fe^{3+} 和 Fe^{2+} 的性质复习课。作为工作不到5年的年轻老师，小宋老师教学有激情、有气势；课堂风趣幽默，气氛轻松，教学内容熟练。看得出来学生还很喜欢小宋老师，从成绩看教学效果还不错，全年级第三、五名，但是我感觉教学效果还能够更好！下面我就用课堂四问谈谈我对高三复习课的一点思考。

一问：高三的板书设计要讲究还是可以不讲究？

就本节课而言，教者板书随意乱画，无正副板之分，写了擦，擦了写，很是凌乱。我仔细观察了学生在课堂记笔记的情况，有些在记，有些就没有记，有些记得十分潦草。我认为，学生的笔记就是老师板书设计的缩影。板书是一节课的中心思想、段落大意。即便是高三的复习课，也是一定要精心设计的！因为这是引导学生系统梳理知识结构、形成知识思维体系的过程。

二问：学生知识的获得是从课本中钻来，还是从教辅资料中搬来？

在本节课上，老师和学生都没有用到课本，整堂课老师在对照教辅资料逐条讲解，所有学生也在对照教辅资料逐条阅读，同时和着老师的提问漫不经心地回答。这样效果好不好？我想这种教学肯定谈不上学生的深入思考，就更谈不上学生对所学知识的真正理解和掌握，充其量就是知识在学生的眼前"过了一遍电影"。

那么对 Fe^{3+} 和 Fe^{2+} 的性质复习应该怎么设计呢？我想应该充分利用化学学科中"物质结构决定性质，性质决定检验、鉴别的思想"去设计，让学生依据课本、带着学科思想去自主钻研，然后师生归纳总结，再用教辅资料适当拓展，这样效果会好很多。老师们应该对高考复习教学的思考达成三点共识，即复习过程蕴含新的认识；复习教学中学生是积极的探究者；复习教学是接受式和探究式的融合。只有这样，才不至于使高考复习陷于机械重复、缺乏生机的地步。同时，高考复习一定要重视课本的再利用。我的理解是，课本就是一课之本，最应该精钻细研！所有的高考题都是源于课本，高于课本；所有的高考题都是题在课外，根在课内。

三问：课堂教学中应该引导学生更多地用嘴去说还是用手去做？

在这节课上，基本上是学生跟着老师随声附和，气氛很好。但是学生真掌握了？会分析了？我看未必！在课堂学习中，能听懂、会做题、能做对、做得快是完全不同的四个学习层次。在这节课上，我估计学生充其量只能达到前两个层次。我的观点是，写得好才是真的好；宁愿相信学生的笔头，也不相信学生的口头；让学生扎扎实实动手做，肯定胜过轻轻松松动嘴说。

四问：课堂教学中是先学后教好，还是先教后学好？

这节课上，老师讲得太多，包办代替太多，学生探究的主动性没有被激发，被动应付多，深入思考少，教学效果不会太好。所以尤其在高考复习教学中，老师应该尽可能多地让学生先学，然后带着学生的问题有针对性地教，这样才会讲在点子上，说在关键处，教学效果才会好。只有学生自己思考得来的知识才是学生能够运用自如的知识！

二、从学生的笔记、教辅资料说起

在听课时，我随便翻阅了学生在各科教辅资料上的做题情况，有一个共同点，就是字迹潦草、胡写乱画、答非所问、寥寥数语，多用铅笔做题，老师很少批阅……这就暴露出学生在高考复习中并不重视做题的规范性训练。当下，如果不下决心克服学生作业不规范的顽疾，那就只有通过老师花更多的精力去讲解更多的知识点和习题，让学生碰碰运气来换取一些分数了。为提高高考复习效率，学生的规范训练应该是老师在教学中予以高度重视的一个问题。今天的作业就是明天的考卷！

三、从班级标语说起

走进高三（5）班的教室，黑板上方赫然写着："我就是中国，中国就是我，改变自己，就是改变中国。"这条标语带给我强烈的震撼。我认为比那些赤裸裸的应试标语要富有教育意义得多。周恩来12岁就树立了"为中华之崛起而读书"的人生理想；习总书记的就职演说中提到"为实现中华民族伟大复兴的中国梦而努力奋斗"。联想起来，高三（5）班的标语就可以理解为"为实现中华民族的伟大复兴而读书""为实现中国梦而读书"，引导学生志存高远，勤奋求学。这种爱国主义教育的作用会更持久。

针对目前学习任务，可以理解为，"我就是家，家就是我，改变自己，就是改变我家！"

"我就是5班，5班就是我，改变自己，就是改变5班！"

"我就是一中，一中就是我，改变自己，就是改变一中！"

心有多大，舞台就有多大！

班主任应该成为班级的精神领袖！

班主任应该豪迈地说："有我，班级就有希望！"

中学生不良学习习惯及矫正策略

著名教育家叶圣陶说："什么是教育？一句话，就是要养成良好的学习习惯。"这句话道出了我们教师在工作中所要担负的责任。那么，什么是学习习惯呢？学习习惯是指学生在长期的学习实践过程中逐渐形成的不需要意志努力和监督的自动化行为倾向。学习习惯不仅影响学生当前的学习，而且对今后的学习乃至工作都会产生很大的影响。学生一旦养成良好的学习习惯，就能建立起稳定有效的学习模式，使其终身受益。不良学习习惯则是导致学业不良的一个直接原因，是提高学生学业成绩的主要障碍。同是一个班的学生，为什么有的学生学习效果好，有的学生学习效果差呢？这里除了智力因素外，主要与习惯和方法有关。所以培养学生良好的学习习惯是教育的一个重要目标。

通过跟踪观察、问卷调查、个别交谈，目前中学生的不良学习习惯可以概括为以下几个方面。

一、不爱学习，被动应付

（一）课前不自学预习

大多数学生没有预习的习惯，学习缺乏目的性和主动性，老师讲什么就听什么，老师让怎么做就怎么做，被动学习。不做课前准备，预备铃响后，不准备书本和学习用具，无所事事，坐着讲话，甚至不带书本和学习用具。

（二）上课不专心听讲

教育心理学研究表明，上课不专心听讲是学生诸多错误行为中最为严重的一种。目前中学生上课不专心听讲的现象十分普遍。不跟着老师思路走，思想"开小差"；不积极思考，不主动回答老师提出的问题，很少参与问题讨论和学习交流活动；不主动记笔记；甚至做与学习无关的事，如睡觉、传纸条、照镜子、偷看手机、嚼口香糖、听随身听、点眼药水等。有的学生在校不认真学习，回家却让家长再请家教补课。

（三）作业不认真，支差应付

许多学生没有养成独立思考、独立完成作业的习惯，不是先复习后做作业；碰到问题就问同学，或者干脆抄袭同学的作业；写作业时注意力不集中，边聊天边做题，或者边听音乐边做题，作业错误率高；近年来利用网络抄袭作业的现象十分严重，在网上搜答案，让学习好的同学上传答案；做完作业不检查，写完了事；书写不认真。

（四）课后不及时复习

课后只完成老师布置的作业，不主动复习，边学边忘；知难而退，不懂不会也不问；基础不好，自暴自弃；情绪不稳定，耐挫力弱，不高兴就不学习；磨蹭拖拉，得过且过；等等。

出现上述现象的根本原因，是学生没有树立远大的人生理想和人生目标，学习缺乏动力。为此，首先要帮助学生树立远大的人生理想，增强学习的主动性，解决学生不爱学的问题。

理想是人生的奋斗目标，崇高理想是人生的精神支柱。要让学生从心底把学习当成自己的事，当成一种乐趣，那就需要我们帮助学生树立远大的人生理想，树立自己的职业理想和生活理想。我的做法如下：一是给学生播放励志视频，用学生喜欢的各行各业的有为青年，如世界冠军林丹、歌手李健、阿里巴巴集团创始人之一马云等人的事迹来召开主题班会，让学生感受到任何成功都是用汗水浇灌出来的，其背后都有许多不为人知的艰辛和坎坷，让学生明白只有今日勤学苦读，明日方可大有作为。二是在高一秋季学期放假时，给学生举办讲座，请本校优秀校友做报告，以本校优秀校友为榜样，使学生学有榜样，赶有目标。三是请本校大学毕业生为学生讲当前的就业形势，让学生树立自立意识、竞争意识、效率意识，增强学生的紧迫感和危机感。四是让学生调查本村（或邻村）、本社区考入大学的同学，采访他们对上大学的认识和感受，以及他们如何通过上大学成才成功、脱贫致富，并让学生确定自己心目中的理想大学，在学习园地中展出"我心中的理想大学"，以相互激励、相互竞争。对于学困生，我用马云的话来激励他们："梦想还是要有的，万一实现了呢？"让他们也能够确定自己的理想大学，明确自己的奋斗目标。

通过这些活动，用学生喜欢的有为青年的事迹和学生身边的鲜活事例，使学生逐步认识到：大学生就在自己身边，考大学、考好大学不是幻想，考大学、考好大学是大部分学生特别是农村学生成才成功的主要途径甚至是捷径,也是农村学生跳出农门、脱贫致富的捷径。慢慢地,学生的认识转变了,有了明确的奋斗目标,学习主动性增强了,良好的学习氛围形成了。

二、不会学习,事倍功半

(一)不制订学习计划

许多学生对每天的学习时间不做合理安排,乱翻书;哪位科任老师抓得紧,就学习哪一门课程,不喜欢的课程不主动学习或者不学习;自习课学习任务不明,学习效率低下;平时不及时复习,考前开夜车。学习、生活、作息不规律,无计划。

(二)不重视课本学习

由于目前各种学习资料太多,学生对课本的学习不系统、不全面,粗枝大叶;只看条条框框,掐头去尾,断章取义;死记硬背,不求甚解;甚至用学习资料代替课本。

(三)不及时归纳总结

大多数学生没有单元小结的习惯,不及时整理所学知识,没有形成相应的知识体系;"只拉车不看路",不善于总结,学习中感悟少,学习效果差;只埋头做题而不思考,不积累经典习题,不建立错题集;考卷下发后只关心分数,不总结得失,不会分析出现失误的原因。

(四)只动嘴不动手,只用眼不用心

"不动笔墨不读书"。目前学生在读书、做题时不动笔勾画、圈点、批注重点内容和关键信息;不重视实验、实践活动,动手能力差;不使用工具书,不查阅资料。学习缺乏钻劲,蜻蜓点水,浅尝辄止;不深思熟虑,知其然,不知其所以然;死记硬背,机械重复。

出现上述现象的根本原因,是学生没有养成良好的学习习惯,没有掌握适合自己的学习方法。因此,解决了学生学习的动力问题,还要培养他们良好的学习习惯,指导他们掌握正确的学习方法,纠正学生学习中长期形成的的各种不良学习习惯,让学生会学。

根据学生在校的各种表现,我们学校制定了中学生必须养成的十种良好的学习习惯和十种良好的思想行为习惯,简称"双十习惯"。其中,中学生必须养成的十种良好的学习习惯是:制订学习计划的习惯;自学预习的习惯;专心上课的习惯;记课堂笔记的习惯;独立完成作业的习惯;及时复习、单元小结的习惯;积极思考、善于提问的习惯;练后反思、整理错题的习惯;

限时限量做规范题的习惯；争分夺秒、讲求效率的习惯。这些学习习惯都是学生认知过程不可或缺的，对学生学业成绩的提高有着至关重要的作用。

培养学生良好的学习习惯，一方面，必须从方法上给予指导，行为上给予矫正。指导他们制订合理可行的学习计划，指导他们学会记笔记、做单元小结、练后反思及整理错题集；督促他们预习新课、专心上课、独立完成作业、及时复习；训练他们积极思考善于提问、限时限量做规范题、争分夺秒讲求效率的意识。另一方面，要重视校园文化建设，让"双十习惯""上墙"；让学生利用早操、早读时间朗读；要利用校园广播、晨会时间天天讲、时时讲，让这些习惯根植于学生的大脑，从而变成自觉的行动。

同时，还要帮助学生学会约束自己，说到做到，坚定不移。大多数学生能够认识到良好习惯的重要性，能够认识到自己的不足，也有强烈的改正不足的愿望，但他们大多比较贪玩，自制力差。因此，在学生各种习惯形成的过程中，老师要做学生的领路人、同行者，勤检查，勤督促，帮助学生坚定不移地落实计划。如计划每天要记10个英语单词，就一天不落地去记；认识到书写潦草、做题马虎的毛病，就在写字、做题时严加注意，确保字字工整、题题复查；再如有的学生已经认识到上网的危害，不想再继续上网了，可是，一靠近网吧就控制不住自己了。这就需要在老师、家长及同学的帮助和监督下，从控制自己的活动时间和活动空间入手来约束自己的行为。在时间上，从早晨起床一直到晚上就寝，都安排满有意义的学习内容和活动内容，不让一时空耗。在空间上，严格控制自己的活动范围，放学后直接回家，按照自己的计划去做。必要时还应借助外力，可以让家长早晚接送，或者让习惯好的同学与他（她）同路。这样，经过一段时间的训练，学生就能克服缺点，逐渐形成学习的习惯。

三、不善答题，成绩不佳

有些学生平时学习中对知识掌握不错，识记和理解基本过关，思维也比较活跃，但考试成绩与平时学习情况明显不符，这主要是答题方法问题。主要表现在以下几个方面。

（一）审题不清，随意下笔

一是不仔细审题，马马虎虎，抓不住关键词，导致一看就会、一做就错；二是不会审题，题目稍长，就审不清题目的指向和要求，读不懂材料的主旨和层次，提不出材料的有效信息，导致做题时会而不对、对而不全，甚至答非所问、不知所云。

（二）思维不活，要点不全

思路不开阔，不能多角度、全方位去思考和组织答案；思维不灵活，抓住一点，大肆发挥，不及其余；不会用所学知识分析说明具体问题，答题时只摆观点，不会结合材料分析说明，或者观点与材料"两张皮"，导致答案要点不全，影响得分。

（三）答题不规范

语言表述不规范，作答主观性试题时用文学化、生活化的语言，甚至用大白话答题，不能用规范的学科术语回答；回答问题无条理、无逻辑、无序号；书写格式、序号运用、纠错方法不规范；书写潦草，随意涂抹；不在指定位置答题。

解决以上问题，就要培养学生良好的审题、答题习惯和方法。下面以政治学科为例。

首先，要教会学生选择题的审题、答题方法。

解答选择题，要做到"三审"，即审查题干、审查题肢、审查题肢与题干的关系。审查题干，要抓住题干立意（中心思想），明确题干的规定性。审查题肢，明确题肢本身正误，排除错误题肢，将正确题肢保留下来。审查题肢与题干的关系，是将保留下来的正确题肢与题干对照，以干求肢。审查题肢、审查题肢与题干的关系，做到"两排除一择优"，即排错、排异、择优。

其次，要教会学生主观性试题的审题、答题方法。

不同类型的主观性试题，审题、答题的思路和方法会有所不同，但总的思路是，先审设问，后审材料；审清题意，题眼明了；围绕设问，展开思考；列好提纲，卷面排好。具体说有以下几点。

先审设问，能增强审读材料的针对性，提高答题效率。审设问要审清题眼，即审清知识范围、行为主体、设问角度。例如，"结合材料一，运用政府职能的知识说明国务院为什么要进行机构改革（2014年全国大纲卷）。"在这一设问中，"政府职能的知识"是知识范围，国务院是行为主体，"为什么要进行机构改革"是设问角度，"结合材料一"是其他限制。如果审清楚设问的这些规定性，就不会出现偏题背题、答非所问的现象。如果设问没有限定知识范围和行为主体，即为开放性试题，需要多角度、全方位考虑回答。

审材料要逐层分析，读懂每层的大意，在此基础上综合归纳出材料的中心思想。然后根据设问的规定性，结合具体材料，链接教材相关内容，回答相应问题。在下笔作答之前,要在草稿纸上列出提纲,明确要点及层次划分,以免发生遗忘。

总之,培养学生良好的学习习惯,不仅要解决行为问题,还要解决思想问题,是一项十分艰巨而复杂的系统工程,不能凭一时的兴趣,搞突击、搞形式。要求教师既要掌握学习习惯形成的过程与必要的心理规律,要有足够的教育智慧、耐心细致的工作态度,还要进行家校沟通,争取家长配合。因为学生平时所表现出来的各种不良行为习惯,在很大的程度上,与家庭环境、父母不良的个性与行为习惯、社会上的不良现象等有关。只有家校配合,形成合力,一环扣一环,严格要求,持之以恒,才能收到良好的效果。

第四辑

培训心得

培训之后谈体会

我有幸参加了甘肃省第三期首批省级骨干教师培训活动（2001年12月）。经过一个月的观察、学习和了解，我深刻地感受到：我们的教育教学已经落后了，我们的某些教育教学行为已不能适应教育发展的需要，教育改革的步伐比我们想象的要快得多，发达地区已经给我们展示了一个全新的教育理念，东西部地区的教育差距不亚于其经济差距……通过这次培训，一种强烈的紧迫感、压力感、危机感及对教育事业的责任感油然而生。下面我把自己的感触、体会写出来，供大家参考。

一、目前，教师面临的首要任务是学习

这次培训中我们学习的相当一部分内容对我来说以前是一片空白（如新教材改革的理念、现代教育学、心理学、化学前沿学科等），而这些内容恰恰是我们搞好教育教学工作非常需要的，所以通过培训，我强烈地感受到：要成为一位好教师，不学习实在不行了。具体来说，教师为什么要学习，我认为有以下几点。

1. 学习是教师生存的需要

随着教育改革的不断深入和科教兴国战略的不断推进，教育必将愈来愈放到优先发展的战略地位，教育竞争必将日趋激烈。每个教师的生存必将受到严重的挑战，教师下岗轮训可能就是明天将要发生的事。

2. 学习是教育改革的需要

面对新教育、新课程、新高考，自然就需要新教师，但我们对许多理念、方法、手段全然不知。毫无疑问，如果教师不学习，就不可能适应教育发展的新需要。

3. 学习是教师专业成长的需要

《教师专业学习与发展》一书中的一段话能十分恰当地表达我的认识："现代教师所面临的挑战，不但具有高度的不可预测性与复杂性，而且越来越

找不到一套放之四海而皆准的应变通则。因此，教师只有能随时针对自己所处的情境以及个人专业能力的发展状况进行评估，了解个人与环境间的动态关系，并据此制定与修正个人未来的发展方向。只有这样，才能更有效地促成教师专业潜能最大化的发挥，才能使教师不断地成长，不断发展。"培训中李瑾瑜老师的一句话使我感触颇深："没有一个人因经济而拥有很高的社会地位，不能因为有钱而有地位。"所以，教师要实现自己的人生价值，使自己不断成长，就要树立终身学习的理念与意识，保持开放的心态，将学校视为自己学习的场所，通过工作与学习的结合，不断对自己的教育教学进行研究，对自己的知识与经验进行重组，解决自身在教育教学中遇到的困难，从而使自己不断进步，不断成长。

二、没有教不好的课，只有教不好课的老师

在我们培训期间，有两节课给我留下了极为深刻的印象，一节是许信胜教授的"三个代表"专题讲座，另一节是胡德海教授的师德修养专题讲座。这两位老师把两节原本我们认为很没意思、很难讲、不想去听的课讲得非常精彩、非常受启发。许老师讲课，信息占有量非常多，很有实证性，令人信服，同时，风趣幽默，寓意深刻……听完这节课，我对中国目前面临的挑战有了深刻的认识，对"三个代表"的提出有了更深刻的理解。胡老师讲课，深入浅出，循循善诱，他以中国传统文化为背景，将深层次的理念问题说得合情合理，引人入胜，催人奋进，听胡老师的课，有"随风潜入夜，润物细无声"的感觉。这两节课使我强烈地感受到：只要坚持学习，潜心钻研，就没有教不好的课；反过来，课教不好，那的确是老师的问题。

回顾我们中学教学的现状，语数外三门基础课，迫于升学的压力，学生确实普遍比较重视，主观上有学好的愿望；而其他课程，如生物、历史、地理等，学生则往往不予重视。所以常有老师抱怨自己所教的课会考不考、高考不考、学生不爱学等。由于确实存在这些客观原因，这些老师对自己的教学得过且过，穷于应付，以至于到后来连正常的课堂教学也难以开展。所以我认为，教师不宜过分强调客观困难，而应转变观念，增强自身的主观能动性，加强学习和研究，不断提高课堂教学的效益。同时我们要坚信，只要我们坚持不懈地努力，我们的课（即使是学生以前不爱学的课）就一定会受到学生的欢迎。

三、校园文化同样会成为学校教育的一道亮丽的风景线

在培训期间我们参加的甘肃省化学年会上，兰州四中的校长向我们介绍了浙江几所学校（杭州二中、绍兴鲁迅中学、诸暨中学等）的办学特色，其中的一个共同点，就是他们都创办了自己丰富多彩的校园文化。如这几所学校都办有自己质量很高的校报，给他们的教师、学生创造了一个追求成功的天地；同时还有一所学校大力弘扬这样一种校园文化："不比聪明比勤奋，不比阔气比志气，不比基础比进步。"

同时西北师大的校园文化也着实让我很受感染。在师大每个学生宿舍楼楼道的墙壁上，贴着好多制作精致的名言、警句牌，如"书是人类最宝贵的财富""勤奋是学业成功的基石"等，学生长期生活在文化气息如此浓烈的环境中，他们能不上进吗！师大的每一块草坪上都插有很多警示牌，上面写着"心中有爱，足下留情""践踏的是草，损坏的却是您的形象"等，这种无声的教育实际上是最有效的！

在兰州一中参观学习时，有一点让我感触很深——一中教学楼内的墙壁上悬挂的是装潢很精致的学生的绘画作品。此刻，我感动于学校对学生成功的重视，感动于学校对学生成长的关爱！

教育是多层面、全方位的，同时教育又是一个潜移默化、润物无声的过程，不可期求于一朝一夕，不可期求于空洞的说教，创办富有特色的校园文化，同时让这种文化真正走进学生的心里，一定会收到很好的教育效果。

四、我们的课堂教学已经到了非改不可的地步

培训期间，李瑾瑜老师在给我们上"当代社会发展背景下的中国教育改革"一节课时，他的开放式、合作式课堂教学模式给我留下了很深的印象，我从中受到了很多教益。这节课上，他先给我们出了一道题：目前，中国的教育改革中存在的突出问题是什么？然后把我们分成十几个组，让我们以小组为单位共同探讨，合作学习，得出答案。最后组内选出一位代表在班上宣读答案并做出解释。由于以前从未上过这样的课，因此我感到很紧张——害怕老师提问我，害怕自己回答时表达不清楚……由于多数人怀着同样的心理，所以这堂课每个学员都十分努力、十分投入，课堂气氛很活跃。

反观我们的中学课堂教学，事实上很多教师仍习惯于满堂灌、注入式教学，造成学生被动学习，懒于思考，课堂气氛死气沉沉（学生可能感觉听也

可以，不听也可以，反正没有什么紧张感），教学效益十分低下。在大力推进素质教育、新课程改革的今天，积极倡导自主学习、合作学习与探究学习。那么，如何在课堂教学中落实自主学习、合作学习与探究学习呢？很显然，教师应坚决废弃注入式教学，采用开放式、合作式教学，努力使自己成为学生学习的参与者、指导者、组织者和促进者，以有效的教学唤醒学生沉睡的潜能，激活封存的记忆，开启幽闭的心智，放飞囚禁的情愫，从而从根本上改变目前课堂教学的现状。

我们的课堂教学的确非改不可了！

五、关注社会、关注生活、关注现实应成为现代教师必须具备的一种基本素质

这次培训中我们听了许多课，我感觉大学老师和中学老师在教学上有一个明显的区别，就是大学老师十分关注社会、关注生活、关注现实。他们可以自如地从《焦点访谈》说到《实话实说》，从《新闻联播》说到《新闻调查》，从《今日说法》说到《第二起跑线》，从环境污染说到学科前沿，从WTO说到"9·11"事件。引用现实素材得心应手，恰如其分，听他们讲课，很有一种从课堂走向现实、走进生活的感觉。而我们许多中学老师总是紧紧抱着课本，就概念说概念，就材料说材料，不敢越雷池半步。这样做好不好呢？我认为这样做至少有两点不适应。

1. 不适应新课程及高考改革的需要

新课程就是要改变原来课程内容繁、难、偏、旧和过于注重理论知识的现状，而要突出体现基础性、时代性、实用性和综合性，各门学科都力求精选终身学习必备的基础知识和基本技能作为主干内容，特别强调反映当代科学的最新成果，体现时代特色。各学科都注重与社会生活的联系，努力面向生活实际并服务于生活实际。各学科都力求与相关学科相融合，使课程内容跨越原"学科"间的道道鸿沟，最大限度地回归和体现知识的"整体"面目。由此可见，新课程不仅仅是学科，而是学科、儿童、生活、社会的有机整合。新课程改革特别强调，把学生的生活及个人知识、直接经验作为课程的内容。把火热的社会内容作为课程内容，充分挖掘家庭、社区、社会的课程资源。同时高考改革的一种趋势就是要培养学生良好的人文和科学素养，强调与生活、生产、科技和社会联系，关注社会热点。很显然，如果我们不去有意识地用现实生活丰富我们的课堂教学，就不可能适应新课程及高考改

革的需要。

2. 不符合中学生成长的特点

随着年龄的增长和知识的不断积累，学生的自主意识不断增强，他们更加关注人生、关注社会、关注国家命运，思考自己的权利、义务和责任；学生和社会的联系更加紧密，社会实践能力逐渐增强，初步具备了参与社会活动的能力。所以如果我们不注重联系社会生活现实，就难以更大程度地激发其对学科的兴趣，不利于培养其人文和科学素养，也就不能满足其成长的需要。

赴平泉中学参观学习有感

2004年11月，县教育局组织华亭一中及部分学校老师赴镇原县平泉中学进行了为期一天的参观学习交流活动，在听课交流中思考教学，在参观体验中感悟教育，其中深刻的感受有两点。

一、课堂教学充分体现新课程改革的理念，教师角色发生了很大转变

听了两节化学课，其中一节是高三复习课，另一节为高一新授课，两节课虽朴实无华，却又风格明显。两位老师都充分展示了其扎实的教学基本功，语言表述科学、规范、严谨、通俗，富有启发性，粉笔字十分漂亮……让我再一次深刻体悟到教学基本功对于教师、对于教学的重要性。同时作为一所农村学校，老师的教学理念之新，教师角色转变之快，也是我始料未及的。突出表现在以下两个方面。

1. 课堂教学实现了由重"结果"到重"过程"的转变

两位教师都能从学生的实际水平出发，将教学内容细化，层层分解知识点，降低思维难度，给学生精心搭建思维平台，让学生自己领会知识的形成过程，进而深刻理解知识脉络，做到了"不仅知其然，更能知其所以然"。在整个教学过程中，教师能充分展现自己的思维过程，能使学生很好地模仿教师的思维。

2. 课堂教学实现了由重教师的"教"向重学生的"学"转变

课堂上教师的一切活动是为了学生的学做准备，教师真正做到了不为教材服务，不是盲目完成教学任务，而是为学生服务。教师包办代替少，只是适时点拨、启发、引导；学生机械听讲少，动脑、动手、动口机会多，绝大多数的教学内容是由学生自主完成的。

我们常常去追求所谓课堂教学的高密度、大容量，这也许并不是一件好事。密度大了，容量多了，但是学生并没有消化吸收和理解掌握，这样的课

堂又有什么意义呢？

二、学校管理能充分发挥校园文化的隐性育人功能

平泉中学的校园文化搞得很好。学校里随处可以看到"光荣榜""英才榜""成果展"，他们真正做到了"用欣赏的眼光看学生，以尊重的态度待教师"；校园里随处有名言警句、鼓励语、警示语，如"上下楼靠右行""轻声慢语过走廊""静我校园，勿追逐喧哗""勿负父母，报效祖国""我们必须有恒心，尤其要有自信心"等。所以学生能随时随地"看到"激励的目光、"听到"鞭策的声音、"感到"犯错误的羞愧，从而能不断地自查、自省、自律，达到了潜移默化的育人效果。平泉中学还创办了自己的校报和网站，这对于一所农村中学来说是一件很不容易的事，这些做法，极大地提升了学校的办学品位。

参加 2006 年高考备考培训会的体会和思考

2005 年 10 月 22～23 日我校 29 名教师赴西峰参加了 2006 年高考备考培训会，通过两天的培训学习，我们从中得到了许多有用的高考信息，给了我们一些新的启示，增强了我校教师实施 2006 届高考复习方案的信心。同时我们也发现，在高考备考工作中，我们还存在着一些不足，这将促使我们改进复习方法，进一步提高高考复习效率。

一、培训会带给我们的启示

1. 启示之一：认真实施我校 2006 届高考复习方案，一定会使高考复习富有成效

通过培训，我们更加深刻地认识到，近年高考试题注重基本知识、基本技能的考查，凸现学科主干知识；注重学科思想、方法、能力的考查，体现学科特色；注重和社会、生活、科技、环境的广泛联系，体现时代特色和人文精神；注重学生动手操作能力和创新思维能力的考查，体现新课改的精神。

通过对高考试题的再认识，我们更加坚信，我校制定的 2006 届高考复习方案是可行的，符合我校校情。我们应在高考复习中坚决贯彻落实，具体做到以下三点。

（1）立足课本，强化"三基"（基础知识、基本技能、基本方法），牢牢把握"低起点、重基础、抓课本、练技能"的高考复习策略。

（2）深入钻研教学大纲、新旧考试说明、近年高考试题及各章节教材，使高考复习能够紧扣教学大纲、考试说明，以教材内容为线索，以考试重点、热点及难点为突破口，抓好基础，突破难点，跟踪热点，不盲从参考资料，使高考复习富有针对性。

（3）努力培养学生的良好习惯，解决学生答卷时审题不够仔细，书写不够规范，基础不够扎实，思维不够灵活，表达不够清楚，实验不够重视的问题；夯实解题基本功，在解题速度和准确度上下功夫，从根本上突破学生做题"会而不对，对而不全"的老大难问题。

2. 启示之二：转变教学观念，狠抓课堂教学，是提高高考复习效率的关键

近年高考在配合新课改逐年进行改革，集中体现在试题以知识立意向以能力立意转变，突出对学生自学能力、思维能力及创新能力的考查，而这些能力的形成，靠教师以讲为主的接受型课堂教学模式是远远不行的！因此，转变教学观念，确立为学生服务的思想（教学不能为教材、考题服务），变接受型课堂为自主型、探究型课堂，重视知识的形成过程，让学生在领悟知识的同时形成思维能力；同时，积极探索学科特点，研究学生认知特点，将学法指导有机地渗透在课堂教学中，使学生不断提高学习能力。只有通过这样的教学，才能大面积提高学生的成绩。

3. 走出题海，把时间还给学生，让学生始终把握高考复习的主动权，一定会使高考复习事半功倍

高考复习中，适度的练习是完全必要的，但若使学生陷于题海难以自拔，耗去大量的课余时间，一定会使学生面对高考复习无所适从，也就难以真正落实双基教学。因此，在基础复习阶段，让学生带着问题研习课本，领悟知识的形成过程，努力构建知识网络，做到有序储存，并合理复习记忆，在大脑中"生长"他们的学科知识，才能真正使双基教学落到实处，也才能使学生在掌握知识的同时逐渐提高思维能力。

二、高考复习中的不足

结合这次备考培训会，认真分析我校的高三教学，我们感觉还存在以下问题。一是部分教师不重视对考纲、考题的研究，课堂教学针对性不强，目标不明确，重点不突出，未能真正落实我校的高考复习思路。二是不注重课堂教学效率的提高，课堂上对学生的学习关注不够，未能很好地调动学生学习的积极性，加之部分教师追求课堂教学的"高密度、大容量"，造成部分学生"消化不良"，不能做到"堂堂清"，将问题推到课外，造成恶性循环。三是一些教师仍存在顽固的"题海战"心理，他们坚信，大量做题是提高学生成绩的有效途径，因此，盲目的习题教学使得学生在高考复习中十分被动，耗时费力，事倍功半。

三、几点具体建议

（1）深入钻研大纲、教材，认真分析考纲、考题，及时掌握学情，扎实备课，精讲精练，按照我校2006高考复习方案实施教学，务必做到高考复习"低起点、重基础、抓课本、练技能"。

（2）课堂教学中一定要多关注学生的学习行为，看看学生会了多少，做题对了多少，而不是教师讲了多少。我们宁可少讲一点，也要让学生多会一点，讲课时一定要注意调动学生积极的学习情感，并尽可能地留给学生思考问题的时间。

（3）不良的解题习惯是造成我校学生考试失分的一个主要原因。教学中一定要矫正学生不良的解题习惯，让学生亲自动手、动脑做题，强调限时限量做规范题，不能大而化之，养成"只看题、不做题"的坏习惯。

赴静宁一中参观学习体会

静宁一中是我的母校，可以说我在静宁一中度过了人生中最美好、最充实的三年时光。这次再随华亭县教育考察团（2007年9月）到静宁一中参观学习，我深切感受到我的母校教风更严谨，学风更浓厚，制度更健全，管理更科学，文化底蕴更深厚，学校有了大发展。

一、两点认识

（一）静宁一中真正形成了"管理育人、环境育人、服务育人"的育人格局

1. 管理育人

静宁一中在学生管理方面有明确具体的管理制度，最为典型的两个管理规定是《静宁一中学生管理条例》《静宁一中学生文明礼仪常规》。而更为重要的是静宁一中能严格执行这些管理规定，体现了制度的权威性。我们在学校宣传栏内看到了一则关于学生抽烟的处分决定：罚款50元，通知家长，停课反省。处分决定说理透彻，态度明确，言辞坚定，字里行间透露着制度的权威和森严，透露着学生对学校制度的不容争辩，也透露着学校领导对待违纪事件的态度和处理违纪学生的决心。同时静宁一中为了切实培养学生的文明礼仪习惯，学校将每学年的9月份确立为"文明礼仪教育月"，并通过多种形式的活动，教育学生从小事做起，从现在做起，杜绝各种陋习，如不迟到、不早退；不随地吐痰，不乱扔垃圾；不毁坏花草树木，不穿越绿化带；不乱涂墙壁；不说脏话；不在教学区内追逐打闹；不染发，不着奇装异服；等等。所有这些，我们在参观学习时都感受到了。我们对静宁一中学生的印象是，彬彬有礼，温文尔雅，朴素大方，勤学上进。"让文明成为习惯，用细节展现魅力"在静宁一中得到了很好的诠释。

2. 环境育人

有三个关键词可以很好地体现静宁一中环境育人的特色，那就是激励、示范、陶冶。凡是好的、上进的同学，都能在学校的宣传栏、教室的学习园

地等位置给予宣传和表扬，所以每一个学生都时时处在被集体关注的氛围中，你说他能不进步吗？他能不主动竞争吗？静宁一中的教师时时处处用自己的言行感染教育着他们的学生。例如，他们公示的每一块黑板上，教师的粉笔字都写得非常好，这对学生作业的规范书写起到了很好的示范作用；在校园内，我们看不到有老师在抽烟，看不到有老师不修边幅……教师的行为就是无声的命令，教师的公众形象就是一本好书。一中建筑独特、环境幽雅，名言、警句、警示语、提醒语随处可见，校园内每一处都渗透着人文关怀，学生身处其境，耳濡目染，一定会向善、向真。

3. 服务育人

说到底，教育就是一种服务。这一点，我们在静宁一中就能真切地感受到：无论是学校的科任教师，还是学校的领导、教辅人员，对待学生的态度，都是一种发自内心的真诚和关爱，学校的每一位长辈和同辈，都是学生学习生活的帮助者，他们时刻给人一种安全感和温暖感，学生自然会用同样的方式去服务和帮助别人。

（二）静宁一中真正体现了"以德治校、科研兴校、质量强校、特色立校"的办学思路

1. 以德治校

静宁一中师德建设方面，一贯执行"坚持学习、加强教育、整顿纪律、转变作风"的管理措施，学校坚持"教师发展学校"的办学理念，努力打造一支乐于奉献、敬业爱岗、教学严谨、深受学生敬仰和爱戴的事业型、学者型、专家型的教师群体，使其成为学校的立校之本、质量之基、强校之源。静宁一中虽然一再淡化诸如查办公情况、点名等常规检查，但是教师都有一种内在的对工作负责、对学生负责的事业心和内驱力。

2. 科研兴校

学校十分重视教研教改和教师的校本培训工作，制定了十分完备的管理制度，如《静宁一中教育科研管理办法》《静宁一中校本课程教材课程标准》等，通过强化校本研究，使学校顺利走上了"科研兴校、教研兴教"的良性轨道。学校通过实施"青蓝工程""名师工程"等措施，推动教师走专业化道路，培养了一批教育教学骨干，为学校的可持续发展奠定了良好的基础。

3. 质量强校

对一所普通高中来说，高考质量几乎是学校质量的全部。在抓高考方面，学校每年都在动员各方力量全力攻坚。例如，每学年静宁一中都要召开由县领导、全体高三学生家长、全体高三教师及高三学生参加的高考攻坚誓师大会，以统一思想，凝聚人心，形成全县上下群策群力抓高考的良好局面，收到了很好的效果；每年的高考复习工作，高三年级组、各个高三备课组及班主任和带课组都要制定完善的复习方案，以形成明晰的复习管理思路；静宁一中高三年级的课堂教学特色明显，学校坚决奉行"低起点、重基础、抓课本、养习惯、重启发、练技能"的复习策略，高质量的高考复习过程换来了优异的高考成绩。

4. 特色立校

静宁一中能把常规管理抓成规范，这本身就是学校的一大显著特色；骄人的高考成绩，使得学校早已跻身"陇上名校"的行列，这也是静宁一中的一大特色。

通过对静宁一中的参观学习，我能深切地感受到：一个地方的教育，体现着政府的意志、学校的水平、社会的氛围、家庭的渴望。学校教育确实不是孤零零的东西。至少目前，在我们这里，经济强县仍是教育穷县，我们能建起全省一流的休闲广场，却没有建起全市一流的学校；我们能动员全社会招商引资，却至今没有真正形成全社会尊师重教的良好风尚，没有真正形成每一个家庭对教育的真正渴望。我们有信心把华亭打造成生态文化山城、绿色能源之都，我们也应该有能力把华亭打造成一个教育品牌。所以要提高我县的教育质量，政府、学校还有更长的路要走，尤其是我们学校内部要正视现实，励精图治，振奋精神，强化改革，真抓实干，真正把学校办好，真正把质量提高。

二、三点建议

（1）要在全县范围内切实加强教师队伍建设。要引导教师把学习、反思、研究、改革作为自己工作的基本状态。

（2）要在全县范围内用行政推动的办法强力推行课堂教学改革，从根本上解决我县普遍存在的课堂教学效率不高的问题。

（3）要狠抓学生的生活行为习惯及学习习惯的养成教育。尤其要切实减轻小学、初中学生的课业负担，把工夫花在学生生活习惯及学习习惯的培养上。

体验　感悟　收获
——赴河北衡水中学参观学习有感

作为学校主管教学的副校长，受学校行政会的委托，2009年11月，我带领张海军（大）、马尚义、赵志敏三位老师赴河北参加了由衡水中学举办的全国高考复习研讨会。这也许是我从教18年来去过的最好的学校，校园建筑之宏伟，学校文化之高雅，师生精神之振奋，学校管理之精细，办学追求之高远，办学质量之辉煌……都给我带来了强烈的震撼和冲击力。返校后，应学校要求，于11月23日晚自习期间，我们四人就衡水之旅为全校教师做了专题报告，我的报告的主题是"体验、感悟、收获"。

一、体验——我眼中的衡水中学

1. 这是一所历史并不十分悠久，但却已经拥有伟大成就的学校

衡水中学始建于1951年，当地环境并不优越，经济也比较落后，教师队伍十分年轻，但就是这所办学历史并不悠久、经济欠发达地区的学校，却有着敢为天下先的魄力和勇气，他们遵循"以人为本、科学管理、求真务实、质量第一"的指导思想，按照"创国际化名校、育复合型人才"的办学目标，创造了一个又一个办学奇迹。匆匆两天，所到之处，映入我们眼帘的是设计一流的校园楼群，卓尔不同的办学理念，震撼人心的学校文化，激情燃烧的校园精神，优秀学子的宣传简介，匠心独具的各色活动，琳琅满目的教研成果，深度合作的海外交流……这些都给我们展示了这所学校的与众不同、卓越超群。

2. 这是一所以提高人的精神品位而著名的学校

"学校应该是一个'精神特区'""让校园成为激情燃烧的乐园"，是衡水中学的两大核心理念。丰富教师的精神内涵，让教师享受教育的幸福；丰富学生的精神内涵，让学生享受幸福的教育。他们是这样说的，更是这样做的，我们参观了号称"天下第一操"的衡水早操，那喊声震天的口号，刚劲有力

的步伐，整齐划一的队列，更有那满脸洋溢着青春朝气的脸庞，都让我们深深感受到生活在这里的学子所沐浴的精神熏陶和人生历练。衡水中学的贺一丹同学说："在衡中，没有人会惊叹你的废寝忘食，因为永远能找到比你更勤奋的人。而且并不觉得辛苦，每天都过得充实快乐，学校的活动激发了你的热情，让你心甘情愿地为梦想而付出着。"卢苇同学在感悟衡中生活时说："无论怎么努力都可能失败，无论怎么失败都可以更加努力，这就是高三精神。"这些言语，就是对衡中人精神生活的诠释和表白，行走在衡中校园，我们感受到的是一种时不我待的紧迫，一股超越不凡的力量，一种充满活力的激情，这种精神在不知不觉中感染着我们，也在时时刻刻激励着我们。

3. 这是一所以严格管理而成功的学校

有人说："看一所学校的管理怎么样，就看这所学校的厕所和门房。"衡水一行，深有同感。先说说门房管理吧，参观学习后，我们颇感意犹未尽，未达目的，于是第二天又乘坐出租车专程去学校探底，门卫大叔态度和蔼，为人友善，只让我们进值班室歇息取暖，硬是不让我们踏进校园半步，理由只有一个：正常上课期间，未经许可和预约，任何人都不得进入。校门口写着"进入文明校园，请您不要吸烟"，整整一个早晨，我们目睹了门卫大叔只要烟瘾发作，就会自觉地到校门外去抽烟。一个寒冷的早晨，虽未踏入学校，但从这位大叔身上，我们体验到了这所学校的严格，更感悟到了这所学校的魅力，心中升腾起对这位大叔深深的敬意。终于熬到了12点，张文茂校长走出校门，我一个健步冲上去，说明来意后，张校长为我们的真诚和执着所感动，拿出自己的食堂就餐卡，安排学校管理人员领我们去学校餐厅就餐，还为我们的参观大开绿灯，并欣然答应和学校建立友好学校。再说说学生厕所吧，参观学习中，我们去了学校操场边上的一处厕所，这是一个由红砖青水泥砌成的简易厕所，但是里面的干净程度令我们十分吃惊，用一尘不染、物见本色一点也不为过，卫生工具笤帚、拖把清洗得干干净净，摆放得整整齐齐。毋庸置疑，连一处小小的厕所都管理得如此到位的学校，学校其他方面的管理就更不用说了。"管理就是第一生产力"……这些说辞在衡水中学体现得淋漓尽致。无疑，这所学校的成功与其严格的管理密不可分。

4. 这是一所以精细化运作而辉煌的学校

精细化是严格的具体体现，严格是精细化的基本保障，在衡中，精细化无处不在。在我们参观学习期间，每一个细节都有人落实：迷路者有人领，抽烟者有人制止，问卷调查有人发放，等等；仅有的几顿衡中就餐，我们都能深切感受到餐厅"精心制作每一餐，热情服务每一天"的服务理念；每次模拟考试后的满分卷、失分统计和各学科的规范做题要求，体现了这所学校对学生应试能力的精细化指导……在他们介绍高三复习经验时，其中有一条经验是多渠道反馈找措施。具体的办法是领导干部开展"九个一"活动，即每天至少和一名老师进行交流；每天至少发现一个问题；每天至少发现一处亮点；每周至少参加一次教研活动；每周至少听班主任的一堂班会；每周至少和一名学生进行一次交谈；每周至少对负责工作进行一次反思总结；每周实施一项工作新举措；每周提出一项工作好建议。这"九个一"活动，足见这所学校谋事的精细和做事的到位。如此的精细化管理，就不难出精品，就不难成辉煌。"高站位决策、低重心运行、走动式管理、近距离服务"是他们精细化管理的真实写照。

缘何如此精和细？"三有""四要"道根本。"有困难的地方有领导干部，有师生的地方有领导干部，有师生的时间有领导干部""要求老师做到的领导首先要做到，要求老师做好的领导首先要做好，领导干部能够做到的要尽职尽责，领导干部能够做好的要尽善尽美"。

5. 这是一所以改革创新而卓越的学校

在学校的莘元馆内，赫然写着"教育是事业，其意义在于奉献；教育是艺术，其意义在于创新；教育是科学，其意义在于求真"，我们能够深深感受到衡中教育艺术创新者的姿态。"创国际化名校、育复合型人才"的办学目标，就昭示着这所学校改革创新的胆略和勇气；"学校应该是一个精神特区；素质教育更能提高升学率；管理就是沟通、服务和引领；让校园成为激情燃烧的乐园；以终身难忘的教育培养和谐的人"这五大核心理念的创新和践行，引领这所学校走上了前所未有的精神高地，使这所学校成为全体师生栖息的精神家园；做到"三个转变"，落实"三个要求"，打造"三个特色"，实现"三个发展"的"四个三"课改工程，使这所学校的新课改工作走到了全省前列，成为河北省普通高中课程改革样本学校……理念上的创新与发展，工作中的改革与进步，给衡水中学带来了无限的生机和活力，造就了衡水中学的卓越与超凡。

6. 这是一所以团结高效而领跑河北教育的学校

在听取衡水中学化学高考复习做法时，高三化学组组长特意强调他们多年来着力打造和谐备课组，高三理综备课组提出的口号是"理综全体一家人，一个声音喊到底，一个拳头握到底，一个信念干到底"。无独有偶，我们在听取高三年级组的经验介绍时，年级主任同样特别提及他们全力打造"三个质量利益协作体"的做法，即全力打造年级质量利益协作体、学科质量利益协作体、班级质量利益协作体；全力开好"三个考后质量分析会"，即年级考后质量分析会、学科考后质量分析会、班级考后质量分析会。我在翻阅衡水中学的有关资料时无意中发现，他们在打造学校"精神特区"时，对领导干部提出了"六个相互"的基本要求，即"相互尊重、相互信任、相互配合、相互支持、相互谅解、相互补台"。多年来，正是由于衡水中学致力于打造团队文化、团结精神，才使得学校的各项工作能精细化运作、高效化实施。至2009年，单就高考质量而言，衡水中学已经连续10年位居河北省第一名，连续15年蝉联衡水市第一名，是一所名副其实的河北教育的领跑者。

二、感悟

衡水归来，收获良多，感悟颇深。

1. 质量就是福利，质量就是待遇

衡中两天，我深切地体会到，要是成为衡水中学的一名教师，该是多么荣耀和自豪！走进衡水中学，我们赞叹衡水中学教师的福利待遇，我们更羡慕衡水中学教师的精神享受，而这一切，都源于全体衡中人经过多年艰苦努力所换来的骄人的办学质量。对一个国家而言，国家好，民族好，我们大家才会好！对一所学校而言，道理也一样，那就是，学校好，集体好，教师个人才会好！身处任何学校里的任何一位老师，都应该懂得学校与个人之间的这种辩证关系。质量就是福利，质量就是待遇；工作不养闲人，团队不养懒人；先别惦记怎么赚钱，先学着让自己值钱。这是我衡中之行的最大感悟。

2. 越是浪漫和诗意的学校，越要在浪漫情怀和诗意中追求更为艰苦的努力

在衡水中学高品位的办学背后，在这所看似浪漫和诗意的学校里面，其实浸透的是全校师生辛勤的汗水和智慧的努力，是对学校办学目标的矢志追求。他们为学校发展所做出的努力，只有他们自己才最为清楚。浪漫的底色总是艰苦的付出，诗意的情怀更是精神的坚守。

3. 严格是最大的关爱

看似冰冷的制度，却是温情的关怀；看似严格的管理，却是最大的关爱。正是衡水中学这种严格的规范管理，才使得聘入衡中的每一位老师都能快速成长，才使得考入衡中的每一个学子都能快速进步。要办成名校，造就名师，育出名生，就要向严格管理要质量。

4. 工作是干出来的，不是喊出来的

思路有了，措施定了，落实就成了最关键的问题！落实有几分，成功就会有几分；落实到什么程度，成功就到什么程度。这点子，那点子，其实不如落实一点子。

5. 心有多大，舞台就有多大

我们再来重温衡中人追求办学理想的足迹，"创中华名校，育民族英才""立足现实，心系未来，胸怀华夏，放眼全球""创国际化名校、育复合型人才"。这是何等的气魄和胆识！衡水中学腾飞的足迹，再次印证了"心有多大，舞台就有多大"的道理。思想有多远，事业就能走多远。

三、收获

1. 我们收获了自信

此次衡水之行，更坚定了我们办好教育、发展学校的信心和决定。尽管我们的教育基础很薄弱，但我们的办学质量却有了很大提升，以高考为例，我们 2009 年本科上线达到了 41.66%，学校实现了北大、清华零的突破……对照反思我们的工作，其实我们目前的思路、措施、办法都是正确的，只要我们很好地坚持，一定能取得更好的办学成绩；同时，这些名校的经验告诉我们，小地方、穷地方也能办大教育！

2. 我们还要做深层次反思

反思我们目前的办学现状，我认为可以简单概括为，人有我有，人无我有，人精细我粗放，人实践我理念。理念型、体力型、应付型、粗放型仍是我们目前办学的基本状态。反思我们目前的工作状态，也可以简单概括为，办教育缺乏应有的野心和霸气；干工作夹杂太多的个人情感；谋事情缺乏应有的执着和韧劲；合作中缺乏应有的协作和体谅……

3. 明确了我们要努力的方向

切实加强领导班子队伍建设；切实加强学校精细化管理；切实加强校园精神文化建设；切实加快改革创新步伐。这些应该是我们今后努力的方向。

感悟 启示 任务
——赴天水一中学习有感

2011年10月底,作为高三年级组包级领导,我带领2012届全体高三老师赴甘肃名校天水一中进行了为期三天的交流学习。在此期间,受到了天水一中领导和老师的热情接待,天水市副市长(曾任华亭县政府县长、县委书记)郭奇若同志还专程来饭店看望我们。天水一中朴实的领导作风、朴实的教风、朴实的学风、朴实的校风给我留下了深刻的印象!返校后,应学校要求,于11月6日晚自习期间,我们精选教师代表,就天水一中学习交流情况为全校教师做了专题报告,我报告的主题是"感悟、启示、任务"。

一、四点感悟

(一)创办名校要遵守同一法则

这些法则主要有以下几点:

1. 要把严格管理作为创办名校的首要法则

天水一中的办学实践再次让我深刻领悟到:管理是第一生产力,质量首先是管理出来的;严格是最大的关爱,严格是最大的公平。这些管理集中体现在学校对领导班子的严格管理、对教师的严格管理以及对学生的严格管理方面。可以说严格管理是名校校园文化的一个最重要的组成部分。

2. 要把精细化管理作为创办名校的主要抓手

同许多名校一样,天水一中主要采取扁平化管理,管理机构十分健全,一个年级组就是一个管理实体。学校及年级组的每一件事情有计划、有安排、有落实、有检查、有反馈、有整改,精细化程度很高。我们实地观摩了学校近线生的辅导、名优学生的辅导、满分卷的实施等高三工作,深感抓法很细,措施很实,效果很好。

3. 要把课堂作为创办名校的主要研究对象

天水一中在课堂教学方面做了很多研究,收到了实实在在的效果。他们开展了"教学过程五环节"课题研究工作，把课堂教学向两头延伸，细化了课前预习、课后作业、复习、总结整理反思等环节，有效改善了学生的学习状况。

4. 要把教师队伍建设作为创办名校的关键

毋庸置疑，教师是学校发展的根本！天水一中多年来达成了"培训是最大的福利"的共识，采用"走出去、请进来"的思路，积极实施教师培训计划。学校每年都有100多名教师走出校门在国内外参加各种各样的培训，为教师的专业成长搭建了广阔的平台，增强了学校的办学活力和发展后劲。

5. 要把不断提高教师待遇作为创办名校的持续动力

学校尽可能提高和改善教师的精神享受和物质待遇，引领教师"追名逐利"，让老师在提高物质待遇中得到满足，在不断满足精神需求中持续前行，从而为学校的发展注入了持续的发展动力。

（二）教研的深度决定了教学的高度

在听课交流中，我们普遍感觉天水一中老师知识功底扎实、教学能力出众。每位老师的教学都能给学生创设很好的知识情景，课堂教学生动有趣，效果良好，如语文老师杨映武、历史老师张聿军等。高三百题集的编写、近线生的辅导等工作都充满智慧，极富成果。究其原因，是学校深谙"教不研则浅，研不教则枯"的道理，采取了多种措施狠抓教师的教学研究工作，把问题课题化，把教研常态化，有效促进了教师教学水平的提高。

（三）大凡名优学校，都经历过或者正在经历着艰苦的创业历程

去过衡水中学，走过天水一中，感悟这些名校的发展足迹，我总能深受启发：浪漫和诗意的教育，其底色总是艰苦的！我们在感叹天水一中高水平办学质量的同时，也钦佩全体领导及教职员工的无私奉献。仅就教师授课量而言，语数外学科带三个班的老师不在少数；学校的好多班子成员既干行政事务，又担任班主任工作，同时基本承担两个班的教学任务，其工作量之大可想而知，观察他们的工作状态，是辛苦并快乐着，付出并享受着！

（四）质量会赢得尊重，质量可提升形象（略）

二、两点启示

（一）我们要学会坚守

1. 坚守我们的办学追求

曾几何时，学校张永峰校长提出了华亭一中要创办陇上名校的办学追求。

回顾我们这些年做过的工作和取得的成绩，对照我们学习过的一些名校的办学历程，我们应该充满十足的自信：创办陇上名校绝有可能！天水一中、杜郎口中学、洋思中学、衡水中学……它们都经历了一次"拨乱反正、重建机制、改革创新、奋发图强"的奋斗历程，经历了一番瞄准目标、矢志不移的爬坡过程。我们坚信，只要我们沿着正确的方向持之以恒，陇上名校指日可待！

2. 坚守我们行之有效的做法

我们要坚守成功教育理念，扎扎实实开展成功教育"十个一"系列活动；要坚守教师队伍建设的成功做法，扎扎实实落实"结对子、压担子、搭梯子、设台子、找路子"的教师培养工作；要坚守课堂教学改革的成功做法；要把学生自主管理、"双十习惯"培养、学法指导工作落到实处，取得实实在在的成效。

（二）向名校看齐，我们还有很大差距

1. 我们差在管理上

不够严格、不够精细、落得不实，仍是我们面前存在的最大的管理问题！

2. 我们差在业务上

对照名校，我们的老师不缺少理念，但我们缺少对本学科专业知识的深入钻研，缺少对本学科价值体系及学科思想的透彻理解，缺少对本学科高考导向的准确把握。

3. 我们差在生源上

我们的生源是由华亭县情所决定的，抱怨生源毫无意义。唯有通过我们出色的工作来改变现有的生源现状。

三、任务

（一）要重新思量我们的质量目标和办学追求

创办名校不能仅依赖高考升学率。要实现"队伍固本、课程育人、文化塑魂"三大战略，关注教师的精神世界，促进教师的专业成长，让教师享受教育的幸福；尊重学生个性，注重因材施教，要大力开发课程，注重全员育人，实现全面育人；打造学校精神文化，塑造学校文化品牌；等等。

（二）要积极借鉴天水一中成功的办学经验

在教师队伍建设、学校精细化管理、校本课程开发、高考复习教学诸方面，天水一中给我们提供了许多可资借鉴的东西，我们要深入学习，潜心领悟，积极借鉴，为我所用。

赴银川、兰州考察新课程实验工作的几点体会与思考

2011年4月10~14日，我有幸随全市省市级新课程实验样本校校长考察团赴银川、兰州两地对六盘山高级中学、银川一中、兰炼一中（兰州市58中）、西北师范大学附属中学四所重点高中新课程实验工作进行了为期五天的考察学习，感想很多，收获不少。

一、本次考察学习的几点体会

（一）新课程实验工作必须以全面提高高考质量为目的，而不是以降低质量为代价

考察中我们不难发现，四所重点中学都努力把提升高考质量作为学校发展的核心工作来抓，面对新课程实验工作，它们无一例外地采取了"积极实践，稳步推进，突出特色，提升质量"的原则，最令这些学校深感自豪的，并不是它们在新课程实验工作中的一些典型做法、特色品牌，而恰恰是它们骄人的高考成绩！其实这点根本不难理解，在现实环境中，在目前国情下，对普通百姓而言，也许孩子考上理想的大学才是最大的民生，在这种社会背景下，西北师大附中的"鸿宇"理科实验班、"北辰"人文实验班、"国际英才"班恰恰为这些学有余力、学有特长的学生提供了更开阔的空间和发展平台，不失为一种因材施教的举措，值得我们借鉴学习。目前的新课程改革，眼下的新课程实验工作，用西北师大附中刘信生校长的话来讲，就是一个"在变与不变中渐进"的过程，"教育改革是一种进化，不是变革""不要轻易打破旧的教学风格"，因此，在目前教育质量评价体系还未发生根本性变化之前，学校的课程改革实验工作，就要紧紧围绕学校高考质量来开展，要通过卓有成效的实验工作，尽可能克服单纯应试的弊端，切实提高学校的高考质量，这一根本是不能动摇的。

（二）加强课程改革的宣传工作是搞好新课程实验工作的前提

考察中我们发现，这四所学校都非常重视新课程实验工作的宣传引导，

它们广开思路，积极利用网络媒体、大型集会、校园板报、出版课改手册、发行简报等形式，多途径向社会、家长、师生宣传课程改革的理念、方法及做法，为新课程实验工作的顺利开展营造了良好的氛围。如六盘山高级中学把新学年的校本课程以喷绘板报的形式公示在校园醒目位置，供学生参考选修。六盘山高级中学、兰炼一中都为学生下发了《学生选课手册》，等等，这些做法，对学校办学理念的渗透，学校新课程实验工作的有效推进起到了十分积极的作用。因此，对我们这些刚刚进入新课程实验工作的学校，加强宣传引导，开展有效培训就显得极为重要。

（三）校长的专家引领是搞好新课程实验工作的关键

温家宝曾多次谈到："要提倡教育家办学。"诚然，一个好校长就是一所好学校，有教育理想的校长就能办成理想的教育。我们考察的这四所学校，无一例外都在新课程实验工作中做了卓有成效的探索和尝试，取得了可喜的成绩，如银川一中的学生成长记录袋及丰富多彩的校本课程和社团活动；六盘山中学别具一格的升旗仪式及宿舍文化建设；师大附中极富针对性的校本选修课程及特长生培养模式；等等。无不渗透着这几所学校专家型校长的办学理念和智慧，无不彰显着这几所学校深厚的文化底蕴和教育理想。因此，特别是在硬件、师资相对薄弱的学校推行新课程实验，就更需要专家型校长的引领和带动。故而，加强学校领导团队建设，培养专家型有理想的校长，是顺利实施新课程实验工作的关键。

（四）加强校本研修是深入推进新课程实验工作的保证

推动课程改革深入实施的最大动力是教师，阻碍课程改革顺利实施的关键因素也是教师。教师是新课程的直接参与者和执行者，只有拥有一支高素质的师资队伍，才能确保新课改的顺利实施。在这一点上，这几所重点中学都有非常深刻的认识，它们都牢固树立了"教师第一""培训是最大福利"的理念，制订了系统的教师培训计划，开展了形式多样的校本培训，形成了教学、教研和科研三位一体的教学支持网络。如银川一中通过请专家来校诊课、指导，集体备课，教学行动研究系列活动，校本课程开发，师徒结对帮扶等校本研修活动，造就了一大批"精敬于业、乐融于群、追求卓越"的优秀教师团队，为学校新课程的顺利实施奠定了坚实的基础，这些都是我们可资借鉴的好做法。

（五）深化课堂教学改革是新课程实验工作的根本追求

本次课程改革的核心理念是"以人为本"，实现教师教学方式的转变和学生学习方式的转变，是本次课程改革的核心。积极深化课堂教学改革，"把时间还给学生，把方法教给学生"，让学生从被动接受、机械记忆的学习方式中解放出来，养成自主、合作、探究的学习习惯，是课堂教学改革的根本追求。考察中我们听了六盘山高级中学、西北师大附中的两节课，一个共同的感受是，教师的教学素养很好，专业功底十分扎实，教学民主、亲和，但是课堂教学仍以传授式为主，我想这和新课程的要求并不相称，应是我们努力改变的。

（六）尽最大努力搞好校本课程的开发对提高学校办学水平会起到强有力的推动作用

考察中，四所学校的校本课程开发、校本选修课程的开设、研究性学习及社团活动的开展，给我们留下了极为深刻的印象，这些活动，极大地开阔了学生的课程视野，开发了学生的潜能，为学生全面发展、特长发展提供了广阔的天地，也极大地促进了教师的专业成长，提升了学校的办学品位。在这一点上，我们应该积极借鉴学习。通过这次考察，我有一个强烈的感受，那就是，素质教育更能提高高考升学率。积极开设校本课程、开展社团活动和积极备战高考复习，应该是磨刀和砍柴的关系。

二、对我校今后工作的几点思考

本次考察活动结束后，14日在静宁一中召开了简短的小结会，郭宏局长对如何进一步推行新课程实验工作做了三点指示，即明确一个认识——坚定课改，不可急功近利；坚持一个原则——稳步推进；把握一个关键——不能生搬硬套。面对我校今后的新课程实验工作，我们要以本次考察学习活动为契机，按照市局课改办侯永杰主任的具体要求，积极思考，大胆实践，稳步推进，突出特色，提高质量。具体来讲，我们将着力抓好三项工作。

（一）搞好两个"完善"

一要积极借鉴外校成功经验，完善《华亭一中新课程实验方案》，从而使我校的新课程实验工作有法可依、有章可循；二要积极探索，建立并完善我校新课程实验工作的各种保障机制和措施，如新课程背景下的教师考核评价机制等，为我校的新课程实验工作提供制度保障。

（二）抓好三项工作

一要抓好实验教师的有效培训。采用"走出去学习、请进来指导"，师徒结对帮扶，开展课改论坛等方式，不断提高教师的专业素养，增强实施新课程的能力；二要努力创建高效课堂，要坚决按照《华亭一中课堂教学改革实施方案》的基本要求，扎扎实实推行课堂教学改革，切实提高新课程的课堂教学效率；三要抓好校本课程的开发开设工作。要立足学校实际，充分利用学校现有的教育资源，开发开设具有学校特色的校本课程、社团活动，为学校的持续健康和谐发展注入新的活力。

（三）做好四点"探索"

一要探索学生综合素质评价办法，促进学生全面健康成长；二要探索学生学分认定工作；三要探索学校教师工作考核评价机制，以激发教师推行新课程实验工作的积极性；四要探索新课程背景下的校本教研及研究性学习活动，使之真正起到促进教师、培养学生的作用。

《普通高中思想政治课程标准》学习之我见

在学校统一要求下，我认真学习了《普通高中思想政治课程标准》，经过学习，才发现新课标带给我们的不仅仅是教学理念、教学思路、教学目标等方面的指导，更重要、更具有可操作性的是对我们的教学内容有具体的目标要求，并且有实施目标的提示和建议，还为我们设计了可以直接使用或借鉴的演示、讨论、模仿、讲演等课堂互动题材。如果我们在进行每一节课的教学内容时，都以新课标为依据去备课、上课，去评价我们的教学是否达成应有的目标，那教学的效果一定比现在好很多。

下面我从新课标的主要内容、思想政治课程改革的背景、新课程的基本理念、课程目标、内容标准等几个方面谈谈我的粗浅认识。

一、新课标的主要内容

新课标共由四部分组成：前言、课程目标、内容标准、实施建议。前言分为课程性质、课程的基本理念、课程设计思路。课程目标分为总目标、分类目标、内容目标。内容标准分为必修课程和选修课程。实施建议分为教学建议、评价建议、教科书编写建议、课程资源的开发与利用建议。

四部分内容中，尤其对教学目标的定位更加全面，有课程总目标，有分类目标，有内容标准，从不同层面对我们的教学设定目标，使教学目标更具可操作性。教学理念则完全颠覆了以往以"教"为中心的"灌输式"教学，改变了教师"满堂灌"、唱独角戏的教学现状。倡导用多种多样的方式评价学生，而不是单一地以学习成绩为评价标准。

二、思想政治课程改革的背景

（一）时代背景

当今世界，国际竞争的实质是以经济和科技为核心的综合国力的较量，经济与科技竞争的背后是人力资源的竞争。一系列数据和事实都可以证明，我们在国际科技和人力资源的竞争上，实力还不强，要培养出更能适应时代发展要求的人才，必须实施教育改革。

（二）客观形势的变化发展

正如课程标准的前言所说："我国已进入全面建设小康社会、加快推进社会主义现代化的新的发展阶段。随着改革开放和社会主义市场经济的发展，社会经济成分、组织形式、就业方式、利益关系和分配方式日益多样化，给人们的思想观念带来深刻影响；世界多极化和经济全球化趋势，日新月异的科技进步，使我国的发展面临着前所未有的挑战与机遇。"

与时俱进、紧密联系实际、联系中学生成长与发展的实际是思想政治课的一个突出特点，时代在变化与发展，教育也必然要发生改变。

（三）思想政治课本身存在问题

在内容上，繁难偏旧，成人化、简单化、概念化、学科化，不符合学生的认知规律。在方式方法上，重灌输、轻引导。在教育领域中，重课堂、轻实践，从理论到理论。可以说无论采用何种教学方法，都不可能从根本上解决学生主体地位的发挥这一困扰目前教学发展的深层次问题。

面对时代的发展、中学生成长的特点、国家对思想政治课的要求，目前的教材与教学方式显现出了不适应，因此，改革势在必行，只有改革才能发展，只有发展才能真正地坚持。本次教材改革就是在这样的时代大背景下，同时顺应整体课程改革的基本要求，力图在社会需要、国家要求、学生发展、课程改革的关系中寻找新的支撑点。

三、新课程的基本理念

（一）坚持马克思主义基本观点教育与把握时代特征相统一

坚持这一理念就是要体现马克思主义与时俱进的理论品质。坚持这一理念必须贯彻"少而精、讲管用"的原则。要力求紧密联系我国社会主义现代化建设的实际，采用马克思主义的新思想、新观点、新论断。

（二）加强思想政治方向的引导与注重学生成长的特点相结合

坚持这一理念就是要处理好"坚持灌输"与"讲求实效"的关系。"引导"，就是要鲜明地提供正确的价值标准，把握正确的政治方向。"特点"，就是要坚持贴近实际、贴近生活、贴近高中学生群体的原则。

（三）构建以生活为基础、以学科知识为支撑的课程模块

这种课程模块，强调学生从现有知识经验出发，自主获取新知识的过程

与方法。主张用富有意义的案例来呈现问题，提供问题发生的情境和分析问题的思路，以帮助学生在解决问题的过程中活化知识。注重认知工具的给予，注重学生生活逻辑的主导，以促进学生知识、能力、态度及情感的和谐发展。体现基础性与选择性的统一，既坚持综合素质的培养，又提供基于兴趣、情趣、志趣进行自主选择的机会。

（四）强调课程实施的实践性和开放性

这一理念要切实加强实践环节；要从以"教"为中心转向以"学"为中心；要倡导研究性学习的方式。例如，设计真实的、具有挑战性的、开放的学习环境，引导和推动学生积极主动地探究，使他们感悟读书是学习，实践是更重要的学习；要创建学习共同体，鼓励师生之间相互信赖、平等沟通；学生之间乐于分享、勇于参与、寻求共赢，使他们在学习中学会合作，在合作中实现发展。

（五）建立促进发展的课程评价机制

这是改进课程评价的追求。评价的目的不是排队，而是发展；探讨对思想政治素质进行评价的途径；探讨把形成性评价与终结性评价结合起来的方法；探讨学生、教师和家长共同参与评价的方式；探讨多种多样的评价形式。

四、课程目标

课程目标有总目标、分类目标、内容目标，从不同层面对我们的教学设定目标。分类目标是从知识与能力、过程与方法、情感态度与价值观三个维度来表达课程总目标，这是这次课程改革各科都遵循的规范。它反映了由过去过于注重知识传授和学科体系到目前更为注重学生能力发展和情感、态度价值观的培养的转变。这既使教学目标更加全面、更具可操作性，但同时也要恰当处理这三者之间的关系，无疑是我们教学实践必须不懈探索的课题。与过去相比较，把握课程目标，在内容选择上，过去是学科概念决定知识点，现在是思想政治观点决定知识点。在组织方式上，过去只遵循理论逻辑，现在不违背理论逻辑，更合乎生活逻辑。

五、内容标准

内容标准分为必修课程与选修课程，这里我主要谈谈对必修课程内容标准的认识。

（一）要把握确定必修课程各模块内容目标的基本思路

《经济生活》：体现经济生活以人为本的理念，结合学生的生活关切，合乎学生认识事物的逻辑和实际需要，从而使他们更能品味到经济知识的有用性、经济思想的科学性、道德教育的实在性，进而领悟社会主义的根本任务是发展社会生产力，坚持以经济建设为中心，树立"全面、协调、可持续的发展观"等重要的思想政治观点。

《政治生活》：以公民政治文化素养的提高为着力点，以正确政治观点的形成为目标，促使学生思考有序政治参与、行使民主权利的具体过程与方法。其间，特别强调了中国共产党的执政地位是历史和人民的选择，贯穿着"发展社会主义民主，建设社会主义政治文明，最根本的是要把党的领导、人民当家做主和依法治国有机统一起来"的思想。

《文化生活》：课程所使用的文化概念，以十六大有关文化建设的提法和要求为基本依据；课程所强调的文化的力量，实质上是精神的力量。"在当代中国，发展先进文化，就是发展面向现代化、面向世界、面向未来的，民族的科学的大众的社会主义文化，以不断丰富人们的精神世界，增强人们的精神力量"的要求，这是课程全部目标设置与实施的核心内容。

《生活与哲学》：走出以往课程的学科框架，以"求真务实"的辩证唯物主义和历史唯物主义的科学精神为主导，以当前经济、政治、文化生活中的问题和事例为基础，讲授马克思主义哲学原理和方法论，集中进行"三观"教育。这既是体现"模块式"课程整合的特定要求，又是体现本课程进行理论教育的特定要求。

（二）要理解和把握必修课程内容标准的基本规范。

作为基本规范，内容标准由"通栏""左栏"和"右栏"共同构成。"通栏"：用具有整合意义的主题表达一级内容目标，呈现课程的组织体系。"左栏"：用行为目标的陈述方式表达二级内容目标，呈现具体的内容标准；既反映特定知识的要求，更注重思想政治观点的把握；具有指令性、规范性；行为主体是学生。"右栏"：从内容要点的把握和教学活动的开展两个方面，对相应内容目标的实施做出"提示与建议"；具有指导性、开放性和选择性；行为主体是教师。

（三）必修课内容标准的呈现方式的特点和优点

从组织体系上看，与学科分类体系的内容结构不同，采取划分教学专题、细化能力目标的方式呈现课程内容。相关学科的概念和逻辑是课程内容的支撑，而不是组织课程内容的框架。为了达到规定的内容目标，可以采用不同的教材组织方式，选择不同的教学方法。

从陈述方式上看，对内容标准的实施提出行为要求，通过不同的行为动词的使用表达操作过程（过程性）和预期表现（结果性）两个方面的要求，是它的主要特点。这种方式的特效在于：把"了解""理解""运用"这类抽象的要求，转化为具体的、有个性的、有限定的操作行为，并通过这一行为的完成，来表现学生的实际水平。采用行为目标的陈述方式，使内容要求外显化、个性化、目标化，既可把握、可考评，具有更强的规范效力，也是控制教学总量的主要手段和方式。

（四）必修课的内容标准对教学总量的控制

新课程的内容调整并不仅仅反映在建构思路上，也表现在对教学总量的控制上。根据高中课程方案的规定，高中思想政治课四个必修模块共144课时，而旧人教版思想政治课三门课程共192课时。与现行课程相比，就其相对应的新课程，即经济、哲学、政治三个模块，所用课时大体相当于原有课时的一半。对此，新课程对教学总量的控制，并不单纯地表现在知识点的增减上，而是通过"内容标准"采用行为目标的表达方式，对学生的学习行为提出了具体要求，以此在深度和广度上对相关知识点的把握做出了程度和范围的限定，包括要求的侧重不同、难易不同、详略不同，实际上降低或限定了教学要求。

以上就是我学习《普通高中思想政治课程标准》的一些粗浅认识。在以后的教学中，我还要边教边学，随时学习，要用新课标的理念指导教学，积极采纳新课标中关于实施内容目标的提示和建议，力求达成新课标各个层次的目标要求。

应对新课程高考的几点做法
——赴银川一中学习感悟

有机会参加这次交流会,向全市政治教师学习高考复习的经验和做法,我感到很荣幸。9月份我们学校组织去银川一中学习,这次学习给我的触动很大,在学习过程中,我充分感受到银川一中先进的教育教学理念,感动于银川一中扎实细致的工作作风,更震撼于银川一中精细有效的高考备考工作。现将自己赴银川一中学习的一些感受和体会,结合自己的教学实际,与各位同人交流分享。

一、转变课堂教学理念,提高课堂教学效率

宁夏一中亢老师说,我们教师理念转变得越快,行动得越早,学生受益就越多。假如不是当初他们领导严格限制教师上课讲授时间,他们肯定又回到以前的老路子上去了,就不会形成现在百花齐放的生态课堂。因此,她强调在课堂教学中要贯彻新课程理念,教师要少讲,把时间交给学生,因为在没有时间保障的情况下培养学生的能力是一句空话。另外她提倡课堂3分钟演讲,为什么要这么做?因为高考能力要求中有描述和阐述事物的能力及获取有效信息的能力,让学生平时就要把这些能力培养起来。同时,她强调要灵活高效地运用课本,淡化概念教学,注重理论联系实际及知识的生成和运用,抓核心词,培养学生的发散思维等。

结合自己的教学,我认为,我们和他们最大的差距不是理念的差距,而是实际教学运用的差距。我们学校经过五年多的课堂教学改革,我们的课堂教学模式、教学理念相比省内其他学校超前了很多,很少有"满堂灌""满堂吼"了,我们重视学生的主体作用,采用先学后教,注重当堂训练、当堂检测,等等。但在实际教学运用中,学生自主学习、合作学习的方式还很单一,课堂不够活跃,学生主动参与的热情不高;仍然用旧教材的理念处理新教材的内容,更多的是注重学生对知识的理解和识记,忽视了对学生发散思维和

解决问题能力的培养；对我来说，在新教材的内容、结构、内在联系的把握上几乎是一片空白。

因此，在以后的课堂教学中，首先，要充分发挥学生的主体作用，给学生足够的时间，让学生自己想、自己说，注重问题的生成，形成学生自己分析和解决问题的能力。正如亢老师所说，新课程下的教学就是学生先要把老师教给的东西变为自己的东西，考试的时候再把自己的东西而不是老师的东西写在试卷上。其次，要重视新教材上的一些辅助材料，如情景导入、相关链接、专家点评、名词点击等小栏目，改变过去只注重课本正文的错误做法，尤其是每一框第一个探究问题非常重要。因为新课程是站在学生的角度编写的，那些内容都是学生自主学习的必需材料（而不是辅助材料）。最后，还要提前备课，尽快熟悉新教材的内容和结构。

二、加强备课组建设，分工协作打整体战

亢老师讲座一开始就强调，她讲的东西不是她一个人的成果，而是他们整个银川一中所有政治老师共同探索和总结出来的东西。同时，银川一中每次月考试题的命制都是由好多老师合作完成的。先由几个老师各自命题，然后对几个老师的试题进行重新组合，组合后还要由比较有经验的老师审定，也就是说一份月考试卷至少由三个以上的老师共同完成。高三最后三次的模考题必须是原创题。而且这几个命题人既有同课头的高三教师，也有其他年级的教师。再如，高考复习的学案制作、热点的搜集和整理都是提前分工的，分到任务的老师提前进行准备，等复习到这一部分内容的时候按时发给大家。用亢老师的话来说，在信息量这么大的社会中，要应对高考，靠一个人单打独斗肯定是不行的，要靠团队的力量，这样既可以减轻个人的负担，又能优势互补，使教学资源得到合理配置。

结合我们自己的实际，我们也有备课组合作，但我们的合作很多时候是统一进度、统一作业，或者是对有争议的知识点协商解决，这种合作还停留在一种低层次上。因此，在以后教育教学中，要重视打造我们的备课组团队，强化我们的团队合作意识，创新我们团队合作的方式。

三、深入透彻地研究高考，增强复习的针对性

"抓细节、抓过程、抓落实"，这是我们再熟悉不过的话，但听了银川一中的高考备考的具体做法，才真正体会到我们的教学工作原来还可以抓得如

此细。亢老师说，对《课程标准》一定要认真研读，虽然有点枯燥，但越读越有味道；对每年的《考试说明》要对比研究，特别是对《考试说明》中的示例题要非常重视。对历年高考试题从选择题到非选择题都要逐题逐考点进行详细的对比、分析和统计。对高考的考核目标与要求不仅自己研究细致，而且对学生做详细的解释，并要求学生必须熟记于心，要在练习时体会和运用。她说，一位老师把学生带到高三，如果学生对这些高考的目标要求不能脱口而出，那他的教学是有问题的。

回顾自己对高考的研究（根本谈不上研究），只是一点皮毛而已。自己在教学中对《课程标准》的内容和《考试说明》中的考点及例题，只是泛泛地看看，时间长一点也就忘了。对高考的考核目标与要求没有让学生内化为对自己的目标和要求，对高考试题更多的是按考点整理和做一下而已，根本未进行详细的对比、分析和统计，也就谈不上对高考命题趋势的把握了，高考复习的针对性可想而知。何况现在面对的是新课程高考，我们在这方面的研究就是一片空白，以后的教学中一定要多下工夫。

现在必须马上动手的是，尽快把2007~2012年宁夏卷和新课标全国卷试题按考点分类整理，共144道选择题、30多道主观性题，作为第二轮复习的主要资料。在整理中要多做一些分析对比，多做一些研究。

四、细致入微地指导学法，训练学生规范答题

亢老师说，我们一定要培养学生良好的审题、答题习惯，做到规范答题。审题的时候要做到"眼看、嘴动、手画、脑思"，这样可以避免学生的舌尖现象和考试过程中不必要的漏洞。提倡文科生也要养成用草稿纸的习惯，随读随记，以免读题时读得很清楚，答题时想不起来。同时，一开始就要培养学生多读书的习惯，这对文科生很重要，一方面可以扩大学生的信息量，另一方面可以提高学生理论联系实际的能力。因为高考的每一道试题都蕴含着丰富的知识背景，考生答题的知识来源要求更为广泛：一是教材中的知识；二是自主学习过程中获得的重大时事和相关信息；三是"自己的知识库"中有关的知识和技能。

尤其是他们给学生提供的具体细致的应考指导，更是让我惊叹。在下午的报告中，一位校长强调在平时的训练和考试中一定要重视选择题的训练，强调要重视百分之八十的基础题和中档题，用他的话说："宁可做不完，也要全做对。"这位校长是教物理的，他教给学生答最后一道题的方法既简单又实

用。他们的老师把某一道题如果不会做就选哪一个选项都教给学生，而且都是有根据的，如理综第 21 题，如果不会做就选 A。他们把开考前的两三分钟要干什么都交代得很具体；他们在考题很难时，逐个给学生打电话，消除学生紧张沮丧的情绪。例如，2011 年高考数学题很难，他们在考完数学后，逐个打电话告诉学生："今年高考成功的人，不是数学考得好的人，而是能战胜数学考试的影响，考好后面各门课的人。"他们在平时的考试中就教导学生高考是一种排名考试，每次考完试不要纠结于题难还是简单，让每个人树立一种思想，即"我难人亦难，我不畏难，迎难而上；我易人也易，我不大意，认真仔细"。

回顾自己在学生学习方法、答题方法的指导上，对学生有要求，但要求还不够具体细致，对学生的干预力度不够大。我一直强调学生要养成勤动笔的习惯，审题要做到眼到、手到，圈注试题中的关键词；主观性题要边读题边写出答案要点。但仍有相当学生没有做到，试题做过了，但试题上面看不出勾画、圈点的痕迹，对此我也没有进行强力干预。在后面的教学中，一定要严格要求，强力干预，抓细抓实。

参加 2013 年甘肃省高考研讨会心得体会

为了帮助高三教师把握高考命题的新动态，增强高考复习的针对性，学校组织参加了由省教科所举办的"2013 年高考《考纲》解读研讨会"。本次研讨会，我有幸聆听了来自河北石家庄二十四中、甘肃兰州一中资深政治教师的精彩讲座，获益匪浅。现将收获总结如下。

一、研读《课程标准》和《考试说明》，明确考点和考试方向

《课程标准》和《考试说明》，是高考命题的框架和依据，也为高考的复习指明了方向，是高考的风向标。两位老师在各自的讲座中都把对《考试说明》的研读作为高考复习的依据。通过认真研读，明确 2013 年常用考点的分布状况、热点范围及复习方法。

二、夯实基础知识，强化知识整合

分析近三年的高考政治试题，不难看出，高考政治试题的编制和答案的组织都是基于教材的，部分试题甚至直接用教材中的知识命题。所以，必须十分重视教材基础知识的掌握。

1. 善于总结归纳

总结复习的主干提纲，日常做题、上课、学习过程中遇到的易错易混、难于理解的知识点，经常翻阅、背诵、记忆。

2. 重视课堂提问

通过课堂提问，了解学生对知识结构的把握情况，纠正、完善学生的知识结构体系，督促学生及时巩固所学知识，提高课堂效率。

3. 加强对知识的整合和重组，真正做到融会贯通

采用"总—分—总"的思路进行，即先总体构建知识体系，然后对考点进行逐条分析，理清知识之间的内在联系，最后对知识进行梳理，形成严密知识网络，以知识带热点，强化理解记忆。基础知识要过关，必须做到以本

为本，对基本概念和基本原理要熟练记忆、正确理解、灵活运用，做到烂熟于心。例如，要正确回答"如何看待电子产品价格下降"，必须全面掌握导致商品价格变动的各种因素，包括商品的价值、供求关系这两个课本明确讲到的影响价格的因素，还包括货币本身的价值、纸币的发行量、国家的政策等课本没有明确讲到的因素，还与课本后面讲到的消费心理、企业营销策略等有关。

4. 限时限量做规范题，增强学生考试的时间观念（略）

三、综合训练要力求做到"三精"，提高效率

1. 精选

例题、材料要精选，要体现"通法通则"，即包含最基本的学科思想方法的代表性题目。同时在选题时要注意知识的内在联系，所选的题目应有不同的层次与梯度。

2. 精讲

例题要精讲，要突出教师的主导性。该讲的内容必须讲深讲透，并强化分析过程。例题教学的目的不是求得解答结果，也不是展示解题过程，而是要通过对题目的解答过程，为学生提供分析问题、解决问题的方法或模式，教会学生如何找准答题切入点。既然是精讲，就不能满堂灌。教师不能独霸课堂，一讲到底，要启发、引导学生，给学生留出一定的时间和空间，让学生自己领悟、总结，还要留出学生自主探究、合作交流的时间，这样才能真正提高复习的效率。

3. 精练

在精选的基础上，让学生精练，要引导学生善于总结同一类题的做题方法和体会，达到举一反三、触类旁通的效果。切忌不加选择地滥发试卷，使学生陷入题海而乱无头绪，越学越差。

四、关注时政热点，培养学生分析和解决问题的能力

党和国家大政方针一直是高考的热点问题。关注两会、专题讲座、热点分析等时政教育是课堂教学的延伸，考查能力成为高考命题的主要功能，培养能力成为教学改革的重点课题。这就要求教师在教学中应注重贯彻理论联系实际的原则，要引导学生关注生活、关注社会、关注热点，并培养学生运用所学知识分析、解决现实问题的能力。教师在教学过程中，要让学生熟悉

政治语言，使学生在潜移默化中感受国家意志、党的方针政策。

五、处理好新旧教材之间的关系

新课标教材相对于旧教材而言，更贴近生活，更容易被学生接受。但新教材与旧教材相比，缺少系统性。所以，教师在上课的过程中，要处理好新旧教材之间的关系，对于关乎高考的时政热点，可以适度补充旧教材的内容，但又要把握教学重点，不能喧宾夺主。

本次高考研讨会，内容充实，信息量大，对我指导高考复习有很大的启发，其精神和方法必将融入我具体的高考复习过程当中，期望能收到满意的教学效果。

赴静宁一中学习感悟

2015年9月13~14日，在王校长带领下，我校高三年级三十多人赴静宁一中参观学习。期间，共听了三节课，参观并学习了静宁一中学生的笔记本、纠错本、第一次模考试题及答题卷，翻阅了政治老师的教案、纠错本，聆听了静宁一中崔校长、王校长的讲话。触动很大，感触很多，疑惑也很多。下面就我这次学习中的所见所想谈一些粗浅的认识。

一、从听课中看到的、想到的

本次学习共听了三节课，分别是高三（4）班、（3）班、（2）班的试卷讲评课。遗憾的是没有听到他们文科实验班的课。这三节试卷讲评课的共同特点如下。

（1）老师在讲评前对试卷做了详细的分析和统计。不仅统计了各分数段的学生人数，还分析了各分数段学生学习中存在的问题，统计了错题及错误率。记载了学生试卷中出现的错别字和答题不规范的种种表现，如术语不规范，答题缺乏层次，没有序号，笔误较多，等等。雷老师说做这些工作他用了一整天的时间。

（2）试卷讲评有针对性，重视答题方法的指导。试卷讲评之前，老师事先标注了要讲评的题目，不是逐题讲解。对主观性试题的讲评不是就题论题，而是答题共性方法的归纳总结；讲评过程中还时时强调学生要用以前总结过的方法答题。

（3）试卷讲评之前，学生重新做了一遍试题，并且在每个试题旁边标注了考查的知识点和考查方式。

（4）对一些较难理解的过程复杂的试题有必要的答题步骤、关键词等板书。

静宁一中老师的试卷讲评课给我的启发如下：

（1）试卷讲评课功在课前。一定要重视对学生试卷的分析和统计，只有这样，才能讲到点子上，讲到精要处，增强讲评的针对性，提高试卷讲评课的效率。

（2）无论试卷讲评还是复习知识点，都要重视学生学科思维的培养，如辩证分析法、阶级分析法、比较分析法、归纳法、演绎法等，既要给学生总结共性方法，又要使学生自己会分析会总结。

（3）在后面的模考试题命制中，要借鉴他们的题量、分值设置、试卷结构和答题时间要求。

二、从学生笔记本、纠错本、复习资料中看到的、想到的

静宁一中学生的笔记和我们学生的笔记的不同之处，一是书写非常整洁、规范，严谨认真，从不随意乱写乱画；二是使用双色笔，内容很详细、完整，有图示，有表格。从学生笔记中可以看出他们的一轮复习比上新课还要详细。课间和他们教师交流得知，他们的一轮复习从2015年4月开始到2016年3月结束，时间整整一年；其中必修一他们用了四个月时间，必修一我们用了一个月时间。

纠错本有错题记载，有考查的具体知识点记载，有错因分析，有正确解答过程，还有目录和页码。就本次模拟考试，后排一名学生在纠错本上记载了六页半内容。

从这些方面就能看出他们学生的学习习惯：严谨细致、有条不紊、有始有终。

静宁一中学生的笔记本、纠错本对我触动很大，使我认识到教育学生、培养学生良好的学习习惯必须重视细节，从一点一滴抓起，持之以恒，方可见效。

（1）训练学生的书写。从课堂笔记、作业、考试各个环节抓起，让学生说普通话，写规范字（我们的学生说普通话没问题，规范字还要加强训练）。

（2）指导学生记笔记，纠正错题，建立错题集。要让学生明白，记笔记要有自己的思路和思考，主要是梳理知识线索，记载补充的、扩展的内容，对比区分易错易混知识，归纳总结零散知识及答题的共性方法，而不是把书上和资料上现成的东西机械地搬来搬去。错题集不仅要有错题记载，有考查的具体知识点记载，有错因分析，有正确的解答过程，有试后反思，还应该有时间记载和目录。

（3）从学生的笔记和错题集入手，培养学生的学习习惯和学习品质。尽

管已经升入高三，但只要从现在开始，亡羊补牢，为时未晚。

三、从两位校长的讲话中想到的

王校长的讲话，有两点对我很有触动。一是对文科普通班的高考定位，由于他们文科普通班中有全年级的音体美学生，所以高考定位是 750 分乘以 60% 等于 450 分。这个定位还是很高的，我们的文科普通班没有音体美学生也达不到这个标准。二是对高三教师的要求：上好复习课，以课堂赢得学生的尊重。是啊，还有什么比课堂更能体现教师水平的？

崔校长的讲话对教师更有指导意义，如课堂与课后辅导都要跟上，备考策略的制定要有具体的操作措施，高中课堂要让学生感到很"痛苦"，等等。

两位校长的讲话给我的启发如下。

（1）对学生要高标准、严要求，对自身也是一样。当我们抱怨学生时，要多反思自己，反思我们的课堂有没有吸引力，能不能赢得学生的尊重。

（2）在备好课上好课的同时，要加强课后辅导，多对后进生、问题生做有针对性的指导和帮助。

（3）要制定详细的具有可操作性的复习方案，装订在教案前面，随时翻阅，以指导自己的教学过程。

（4）要提高课堂效率，要有足够的容量和一定的难度，要让学生有深度思考，让学生感到很紧张很艰难很疲劳，否则就不是高三学生。

以上就是我在静宁一中学习的所见所想。另外，我还有一些疑惑：一是他们一轮复习从 4 月份开始，时间从哪里来的？二是他们政治课每周五节课（不包括周六），课时是怎么安排的？三是他们的学生有课堂笔记（非常详细）、有纠错本，每次考试完在老师讲评之前学生又要重做一遍试题，那么，学生的时间从哪里来？我看到静宁一中高三（2）班班主任对学生的一次考试之后的班级情况分析，她班学生政史地学科是优势学科，语数外是弱科，尤其是语文，是拖学生后退的学科，这跟我们学校截然相反。但我们在课时安排上政治、历史、地理每周各四节课，跟静宁一中明显有差别，他们如果不是有课时保障，不可能从 4 月份就开始一轮复习，也不可能把一轮复习当新课再上一遍。

第五辑

教育碎思

表扬的功效
——有感于一名后进生的进步

在好多年前的一节化学课上，我针对一道化学计算题，先是引导学生用常规思维方法计算，但过程复杂，耗时费力。于是便问："同学们，这道题还有什么更好的方法解决吗？"待学生思考片刻后，我叫了几名平常化学学得较好的同学回答，结果都不尽如人意。正当我准备讲解时，突然发现前排有一位同学满脸通红，跃跃欲试，但又缺乏勇气，正在眼巴巴地望着我。于是，我便立即叫他起来回答，不料他很干脆地说："这道题可以用电子守恒法一步求解。"我想得到的答案竟让平日里化学学得并不很好的同学回答得如此完美，喜出望外之余，我充分表扬了这位同学。然而正是由于这名后进生一次"不小"的成功和老师的及时表扬，使他树起了学好化学的自信心，后来成了本班名副其实的化学尖子；也正是这次表扬，我找到了开启学生心扉、转化后进生的金钥匙——坚持不懈地表扬学生。

在后来的教学实践中，我更加深刻地认识到：绝大多数差生并非差在智力上，而是差在心理上。由于学习成绩一时不理想，他们逐渐丧失了学习的自信心，加之一些老师和家长对他们不够耐心，方法不当或者冷眼相看，甚至粗暴训斥，致使一部分后进生心理障碍日益加重，自暴自弃，其道德行为和智能发展跟其他学生的差距日益明显。因此，教师应对后进生多一些鼓励和表扬，使他们及早克服自卑，树立自信。

教师在表扬学生时，应注意做到以下几点：

1. 表扬学生要公正

教师往往喜欢学习好的学生，所以在上课或班级事务中总爱表扬好学生，而不善于发现后进生的闪光点，所以常常使后进生倍受冷落。长此以往，一会助长好学生的骄傲心理和虚荣心；二会大大挫伤后进生的自尊心；三会严重损害教师在学生心目中的形象。因此，作为教师，在表扬学生时，一定要做到一视同仁，表扬面前人人平等。

2. 表扬学生要及时

后进生的进步往往是微不足道的，但也往往是学生付出了巨大努力才取得的，同时也可能是为赢得老师和同学的表扬而做的努力。因此，教师一定要对学生的点滴进步善于及时捕捉，并及时加以肯定、表扬。否则，这些难得的闪光点就可能稍纵即逝，以至于失去一次次宝贵的转差机会。

3. 表扬学生要耐心

后进生的进步往往是很缓慢的，甚至往往会出现反复，必须经历一个由量变到质变的过程，因此，教师要做好打"持久战"的心理准备。实践证明，那种"毕其功于一役"的做法是不现实的。教师应对学生的每一次小小的进步给予充分肯定、表扬和鼓励。在平常的教学中，我总是利用各种机会和场合，用不同的方式激励后进生。例如，对于学生作业中的进步，我总是不厌其烦地在其作业后面写上一两句简短的"表扬语"；在课堂教学中，总是有意识地设计一些适合于后进生回答的简易问题，使他们能经常性地感受到成功的喜悦和得到老师的肯定，处于一种倍受关注的亲切氛围中。同时，对学生出现的过失不应妄加指责，应多一些宽容和耐心，做好正面开导，促使他们自省、自查，从而自觉自愿地改正错误。只有这样，才能真正唤起学生成功的欲望，使他们战胜自我，克服自卑，迎头赶上。

一次早读的观察、思考和感悟

周四课后我给学生布置了阅读课本,掌握氮族元素基础知识的学习任务,并要求按时将资料上的学案部分作业完成。为了检测这次作业完成的质量状况,同时也为了提高早读的质量,我精心设计了几项作业,并打印下发,要求所有学生在早读的 20 分钟内按时完成。

为了引导学生深入反思自己的学习状况,我还特意写下了以下两条提示语:

你有没有按老师的要求完成基础知识的复习任务,其实你心里最清楚,高考的差距就是这样造成的。

这样的检测能很好地帮助你反思学习,研究自己的学情,看看你到底学得踏实不踏实。

现将这次学习活动记录如下。

一、作业

(1)默写氮族元素的名称、符号、原子序数及画出最后一种元素的原子结构示意图。

(2)写出下列微粒的电子式:P、N_2、NH_4Cl、N_2H_4、PCl_3、$-NH_2$、NH_2^-。

(3)画出 N 元素、P 元素的知识主线。

(4)用"辐射线法"归纳 NH_3、铵盐、HNO_3 的性质及制法,并对应写出课本出现的主要的化学方程式。

二、观察

(1)5 分钟过去了,还有不少同学未将第 1 题做完,而且错误百出。

(2)第 2 题除 N_2 的电子式未发现出错外,其余均有形形色色的错误。这些知识点其实好多已反复练过。

(3)第 3 题对构建单元知识网很关键,它是"由线引点,由点连网"法构建单元知识的第一步，但好多同学未能按我的要求完成第 3 题。

（4）第 4 题许多同学未完成，做了的同学思考很肤浅，归纳很不完整，方程式的书写错误不少，同时也没有很好地把握住重点。这是用因果线索掌握知识点的最佳办法，要求学生会联想、会推理，并且已经多次训练、示范过。

三、现场随笔

（1）你（学生）感受到自己学习的无能和低效了吗？

（2）你们（学生）的学习，如果用一个字去概括，那就是浮；用两个字去概括，那就是很浮；用三个字去概括，那就是浮得很！

（3）没有做就没有体验，不去写就不会有感受。

（4）要对学生进行十分有效的针对性训练、模仿性训练，特别是学法指导、习惯培养方面的训练。

（5）练比讲重要，熟练就是练熟。

（6）限时限量规范训练肯定要比缺乏指令的随意性训练效果好。

（7）只有当学生真正意识到你所布置的作业的重要性时，他才会努力认真完成作业，如何培养这种意识呢？那就是通过检测让他感受到自己的不足和浮躁。

四、思考和感悟

（1）只有将学习任务落实到学生头上的教学才是最有效的教学。讲得越多，学生可能学得越少。

（2）引导学生勤奋自主地学习，是提高教学成绩的唯一途径。

（3）动脑、动手的学习可能是最真实的学习。

（4）学生缺乏真实的学习体验可能是教学效率低下的主要根源。

细微之处　异彩纷呈

时光荏苒，转眼间我已在教育教学战线奋战了 19 个春秋。回想我 19 年的教育历程，平凡但不平庸，平淡却很充实。前些天教研室要一篇关于"我的名师理念"的文章，我迟迟拿不起笔来，因为我感觉自己与"名师"还有不小的距离，何谈"名师理念"？想来想去，就把我这多年来教学中自己认为重要的一些想法和做法写出来，以期和我的同行共勉。

一、用心记住每一个学生的名字

每每在需要提问与交流时叫出学生的名字相对于不指名道姓的指与点，课堂效果会更好。教师上课时能熟记并且随时叫出学生的名字，学生就会感到获得了尊重，自然对教师产生信任感、亲切感，一下子拉近了师生之间的距离，否则，学生就会觉得你离他很远，甚或觉得你漠视他，这种微妙的心理对我们的课堂效果有着不可小觑的影响。

我每接一个新班，都给自己定下目标，必须在两周之内记住所有学生的名字。为此，我把所教班级学生的座次表写出来，贴在自己的教案上，上课时放在讲桌上，便于课堂随时提问学生，自习坐班时也可以对着座次表辨认学生，这样就可以尽快记住学生的名字，尽快了解每个学生。

二、用好课前两分钟

课间休息结束了，一节课开始了，教师应该尽快地让学生安静下来，兴致勃勃地投入"智力体操"的接力之中。教师要用行之有效的方法，用好上课前的两分钟时间，让学生做好课前准备，使学生对本堂课的学习高度重视，甚至产生浓厚的兴趣，这是上好这堂课的前提。

我通常让学生利用课前的两分钟时间，再次巩固上一堂课的识记内容，并且告知学生我在上新课前要提问检测。因此，我课前的两分钟时间学生知道该干什么，任务明确，并且为了争取能回答上老师的提问，学生记得热火朝天。而我，总是提前两分钟进教室，了解学生的情况，稳定学生的情绪，联络师生情感，督促学生复习上一堂课内容。

坚决杜绝的做法是对教室里的躁动无动于衷，只管一步跨上讲台，开口就讲。因为在学生情绪没有稳定下来前，课前学生准备不足，注意力没有集中，那你很难把课上好，课堂效率可想而知。所以，早到一两分钟，简单组织，就可以为一堂成功高效的课堂做好铺垫。

三、平衡公正的天平

人们总是不自觉地喜欢一些美好的事物，教师也是一样，对成绩好或是守纪律的学生总是有些偏爱，这无可厚非，但是我们更要时刻提醒自己：不能戴上有色眼镜去看待成绩和表现不佳的学生，我们不应该在这些后进生表现不尽如人意的时候只是一味地指责，更不能在他们犯错误时不问青红皂白地训斥或将错误全部归于他们。老师的不公或粗暴可能会引起学生之间的互相排斥，进而影响到集体的凝聚力。所以，教师要尽量做到公平，让每一个学生都能感受到老师的关心，让所有的学生都能在老师的带领下互帮互助，共同进步。

要使教育真正具有公正性，教师就必须具有一颗公正无私的爱心，要随时随地注意防止和克服自己认识上的主观性和片面性。

四、和学生有个约定

学生的可塑性是很强的，教师充满期待的眼神、和蔼亲切的笑容就能给学生以无形的赞扬肯定，就会温暖学生的心田，激发他们的自尊、自信、自爱、自强，激荡起学生幸福、欢乐、奋发向上的情绪，他们会显得特别活泼、开朗，与老师的感情也会特别相融，自然生发求知欲望。学生一旦与老师有了约定，被老师寄托了期望，在他的身上就会产生皮格马利翁效应，他们的智力、情感甚至个性都能健康成长，他们就会朝着老师期望的方向发展，学生个个都可雕琢的想法就会变成现实。

正如叶圣陶先生所说："你这糊涂的先生，在你的教鞭下有瓦特，在你的冷眼中有牛顿，在你的讥笑里有爱迪生。"所以，千万不要把任何一个学生"看扁"了，你对他们寄予什么样的期望，他们就会朝着什么样的方向发展。

和学生有一个约定吧！给学生一个肯定的期待吧！

五、拥有一个平和的心态

经常听老师们说课堂死气沉沉，教学效率不高，我觉得一个重要的原因就是教师的心态不平和，缺乏正确的教育观。当前，教师在各种任务指标的压力下，使教学这种塑造灵魂的高尚活动也蒙上了些许功利色彩。有些教师急功近利，对待学生缺乏耐心，上课时满脸不高兴，一开口就批评、抱怨、指责学生，那样，课堂上只有教师和学生紧张的糟糕的情绪，课堂气氛自然死气沉沉。这种情绪不利于学生开展积极有效的思维活动，只会使教学陷入恶性循环，教学效果越来越差。有些教师不从学生角度考虑问题，不考虑学生每天要学习好几门课程，只关心自己所教的学科，作业布置过多，学生在自己跟班的时间不学自己所教的学科，就跟学生过不去，结果经常跟学生发生冲突，师生关系僵化，到头来只能是耗时费力，出力不讨好，教学效果自然不佳。

教师保持平和的心态是正确对待学生错误，帮助学生有效改正错误，促进学生健康成长的关键所在；也是教师提高教学质量和教育境界的关键所在；还是教师有效克服职业倦怠，提升职业幸福感的关键所在。可谓一举多得，何乐而不为！

时间仓促，思考有限，肤浅和琐碎在所难免。但我尽心尽力的是一个个教学过程中的小细节，而正是常年对这些细微之处的留心与关注，才或多或少取得了一些成绩，这就是所谓的见微知著吧！愿和我一道奋战在教育战线的老师们，用一砖一瓦建造起我们期盼中的神圣大厦！

教育也要坚持科学发展观
——有感于我的一次成功教育

2008年秋，我接了新的班级——高三（13）班、（14）班。我接新班后，要做的第一件事就是尽快记住两个班学生的姓名，并了解每个学生的特点，以便能在课堂上直呼其名地和学生交流，这样我才能更加主动。我给自己定的期限是一周时间，在这一周时间里，我特别注意每一个学生上课的表现。

这是我接新班不到一周时发生的一件事。高三（13）班有一个学生上课的表现引起了我的注意：我讲时他在写；我让看黑板时他只抬一下头；我限时让学生识记，其他同学都在紧张地记忆，他却一副漫不经心的样子；我给时间让学生补全笔记，他却干坐着无事可干。多次观察之后，终于在一次让学生整理笔记时，我问他："你怎么不做笔记？"语气中带着责备。他的回答很干脆："我做好了。"口气硬邦邦的。我要过来看了他的笔记，的确不错！不仅内容全面，而且做了必要的归纳、比较，甚至把一些课后要完成的任务也在课堂上解决了，书写漂亮规范。我问他什么时候做的，他说就是课堂上。我终于明白了我讲时他在写什么，这家伙挺贼的！因为我一开始就对笔记很重视，要求他们必须记，坚持记，课堂上记不全的课后要补全，且要作为作业之一收交检查，所以他在课堂上宁可不听讲也要把笔记记全。面对这种情况，我就不能简单地批评了。我笑着对他说："我以为你是懒，不爱动笔呢，没想到你记得这么快，字又写得这么漂亮，课堂效率蛮高的嘛，不错！"说着还拍了拍他的头。接着我又说："如果你能再注意两点就更好了，一是在你记笔记时要注意老师强调的关键处和重点内容；二是在其他同学整理笔记时，你抓紧时间把已经整理好的东西当堂记下来。这样你的课堂效率就更高了，你说对吗？你能做到吗？"他笑了，点点头说："能做到。"其他同学都向他投来惊羡的目光，我也暗自庆幸能"化干戈为玉帛"。

这堂课上得很愉快！

课后我跟其他老师交流，才知道他叫袁发，是一个个性极强的男孩子，他聪明，有主见，学习有计划，学习成绩也很好；但就是脾气有些古怪，甚至有些孤僻，平时不爱说话，学习还不够用功，学习上也爱自行其是。批评他得谨慎，得让他心服口服，否则不但收不到预期的效果，还会跟你对着干。听后我暗暗得意：看来我今天的教育是成功的，做到对症下药、因材施教了。后面对袁发的教育我始终坚持以表扬为主、尊重商榷的原则，效果都不错，从未出现过不愉快。例如，每次晚读我都有明确的学习任务，并且提前几分钟写在黑板上，让学生限时完成。其他学生都能按照我的安排进行，只有袁发例外。我也不强求，只是提醒他说："注意老师黑板上的问题，如果这些问题你都解决了，你再按照自己的计划学习，好吗？"他也很痛快地按照我说的做了，而且后面都能这么做。

通过对袁发的教育，我真正认识到教育的对象是人，教育的目的是培养人，教育要培养人，就必须以人为本。以人为本是科学发展观的核心，全面协调可持续是科学发展观的基本要求，也是教育发展和人才培养的应有之义。坚持以人为本，首先，要尊重学生，尊重学生的个性特征，尊重学生的主体地位，尊重学生成长的规律。能够在教育实践中根据学生的个性特征采用不同的教育方式，培养学生的自主学习能力，调动学生的主动性和创造性；对于有主见、学习有计划的学生，要尊重，不必强求统一，用一个模式去要求学生。其次，要以表扬激励为主，教育才能收到事半功倍的效果，才能促进学生全面协调可持续发展。因为，没有不爱听好话的孩子，这是孩子的心理特点。即使是学生犯错误了，总能找到表扬他的方面。如果一味地指责、批评，甚至讽刺、挖苦，学生的自尊心、自信心全被挫伤了，这个学生不仅会成为学困生，而且在纪律、品德方面也会出现问题。这就是著名的皮格马利翁效应。

为此，教师首先要转变教育理念，要以学生为本，尊重学生的主体地位，学会机智地处理学生学习、生活中出现的各种问题。表扬学生要真诚，要多次进行、公开进行、具体进行，这样能增强被表扬者的自信心、荣誉感与成就感；批评学生要一分为二，不能"一棒子打死"，批评要少进行、私下进行、具体针对，这样有利于保护学生的自信心、自尊心，有利于学生心悦诚服地接受批评。要关爱学生，用理性的爱来温暖学生，用身体力行来感化学生，引导学生的行为。

我相信，用科学发展观指导我们的教学，只要方法得当，只要有爱相伴，再野性难驯的马儿，也会变成一匹温良顺从的好马。

牵手心灵的幸福
——读《教师的幸福人生与专业成长》有感

《教师的幸福人生与专业成长》是北京师范大学教育学院教授、教育学博士肖川老师的著名作品之一。肖老师在这本书里探讨了教师生命中最重要的两大课题：如何营造我们的幸福人生，如何促进我们的专业成长。肖老师对幸福人生的定位是"心中有盼头，手中有事做，身边有亲友，家中有积蓄"的"四有新人"。他认为，增强教师幸福感的关键是培养教师良好的专业素养，而教师专业素养的核心是专业心态，即人生态度，具体表现为接受现实、悦纳自我、心存感激、追求卓越。让教师在良好的专业心态中远离职业倦怠，在职业发展中体验幸福人生。语言凝练，思考深刻，见解独到，寓意深远。捧读这本书，感触颇多，共鸣颇多。

肖老师在第一章的卷首语引用了在西方流传很广的一首诗《我感恩》：

"有每夜与我抢被子的伴侣，因为那表示他（她）不是和别人在一起；

有只会看电视而不洗碗的青少年，因为那表示他（她）乖乖在家而不是流离在外；

我缴税，因为那表示我有工作；

衣服越来越紧，那表示我们吃得很好；

有阴影陪我劳动，那表示我在明亮的阳光下；

有待修理的草地、待修理的窗户和待修理的排水沟，那表示我有个家；

能找到最远的那个停车位，因为那表示我还能走路，且还有幸能有辆车；

……

最后，感恩过量的电子邮件，因为那表示有很多朋友在惦记和想着我。"

这朴实无华的语言，似一股暖流注入心田，柔软了我的心。什么是幸福？幸福就是以阳光的心态面对生活。"心态决定一切"，肖教授不是用高深的理论而是用鲜活的生活体验诠释了我们挂在嘴边却未必能理喻的许多道理。在许多看似不如意的琐碎生活中，就有着许多值得我们感恩的人和事，就有着许多让我们幸福的小细节。当你迷茫于自己人生时,那就在这本书中寻求你的方向!

肖老师对幸福人生的"四有"定位既重视物质幸福,更强调精神幸福和社会幸福。这"四有"使我们对幸福人生有了实实在在的感悟和体会。是啊,我们孜孜以求的幸福人生不就是这样吗?心中有期盼,脚下有追求,前方才能有成就。一个真正幸福的人,一定是对未来有憧憬有向往并为之不懈奋斗的人。手中有事做,就意味着社会需要你,你有实现人生价值的岗位和平台。人生的价值不在于你从社会、从他人那里获取多少,而是你能为社会、为他人贡献多少。一个人真正的幸福在于被需要而不是自己需要的满足。身边有亲友,因为人是社会的动物,需要有情感的归属。家中有积蓄,这是我们生存和发展的基础,是防范风险、保障生活的需要,幸福人生一定源于善好的生活。

肖老师认为,增强教师幸福感的关键是接受现实、悦纳自我、心存感激、追求卓越。这一论述如醍醐灌顶,唤醒了懵懵懂懂的我。海明威曾经说过,现实不一定总是美好的,但我们必须拥有一颗面对美好的永恒的心。面对现实,我们不能一味地沮丧和抱怨,而是应该接受现实。如果我们不与某些行业比收入,不与某些人比闲适,如果我们不去热衷于炒股理财,不迷恋麻将棋牌,也不沉迷酒吧K厅,我们何来失落与不平衡?如果我们能与农民工比生存现状,能与下岗失业人员比收入,能与农民比辛苦、比投入与产出,难道我们不幸福吗?难道幸福人生一定是住豪宅开豪车,锦衣玉食,无所事事吗?也许有人说,这样的说法是故作清高,太迂腐,是"吃不到葡萄说葡萄酸"。可我要说,教师就要有点清高之气,就要有点书卷气,如果教师整天打着经济算盘,一门心思想着升官发财,还有心思教学吗?家长、社会敢把孩子交给他教吗?

肖老师对增强教师幸福感的论述还使我明白,教师要有幸福人生,必须热爱教育,享受教育,把教育当成一件幸福的事去做,否则,只会是苦海无边。作为一名教师,如果能怀着一颗感恩之心去看待学生,你会被学生眼中饱含的渴望和纯真所鼓舞,为学生对你的尊重和认可而身心愉悦。当学生给你拿来野菜说"这是我妈妈挖的,不多,你尝一下"时,当学生在马路上看见你,隔着绿化带绕一大圈跑到你面前,就是为了要给你说声"老师,谢谢您"时,你会发现学生是如此可爱,自己是如此幸福。如果我们能够怀着一颗宽容之心多发现学生身上的闪光点,而不是一味盯着他们所犯的错误不放,我们就会少些烦恼多些快乐，少些狭隘多些豁达，那么，我们的职业就会成为一项光荣的事业，苦与累自然会淡出我们的视野。所以，常怀感恩之心和宽容之心的教师，一定是常带笑容，挺直腰板，给学生力量与信心的教师，一定是一个幸福快乐的教师。一个幸福快乐的教师，才会教出一群幸福快乐的学生。

肖老师认为，教师要在良好的专业心态中远离职业倦怠，在职业发展中体验幸福人生。这使我对教师专业成长的重要性有了进一步的认识——教师的专业成长不仅是教师教书育人的基本要求，是教师谋生的资本，也与教师的幸福人生息息相关。教师的幸福源于能与学生一起成长，不断提升自己。教书育人，共同成长，是教师的基本使命。那么教师如何实现自身的专业成长，享受自己的幸福人生呢？肖老师从完善知识结构、转变学生观、有效管理课堂与班级、建立家校沟通等方面为教师专业成长指明了方向。在实现教师专业成长的诸多途径中，最重要的途径就是读书。肖老师用一章内容来论述读书在教师专业成长中的作用，"掌上千秋史，胸中百万兵"是本章的标题。对教师而言，书籍是专业成长的源泉。只因肩负特殊的使命，书籍更是教师须臾不能离弃的职业伴侣，读书更是教师须臾不能懈怠的人生功课。教师的成长、教师的发展、教师的快乐，都可以从阅读中得到。

掩卷沉思，"接受现实、悦纳自我、心存感激、追求卓越"，肖老师凝练的语言，犹如春风拂面，清新悦目；他博大精深的学术造诣和乐观宽容的人生态度，深深感染着我，给我积极的心理暗示："我是重要的，我是能干的，我是快乐的，我是美好的。"拥有阳光心态，我们的心每天都会开出一朵花，芬芳着自己，也芬芳着学生。从现在开始，幸福人生已然上路！让我们用心去发现，轻轻叩响幸福的门！